VILLE DE PARIS

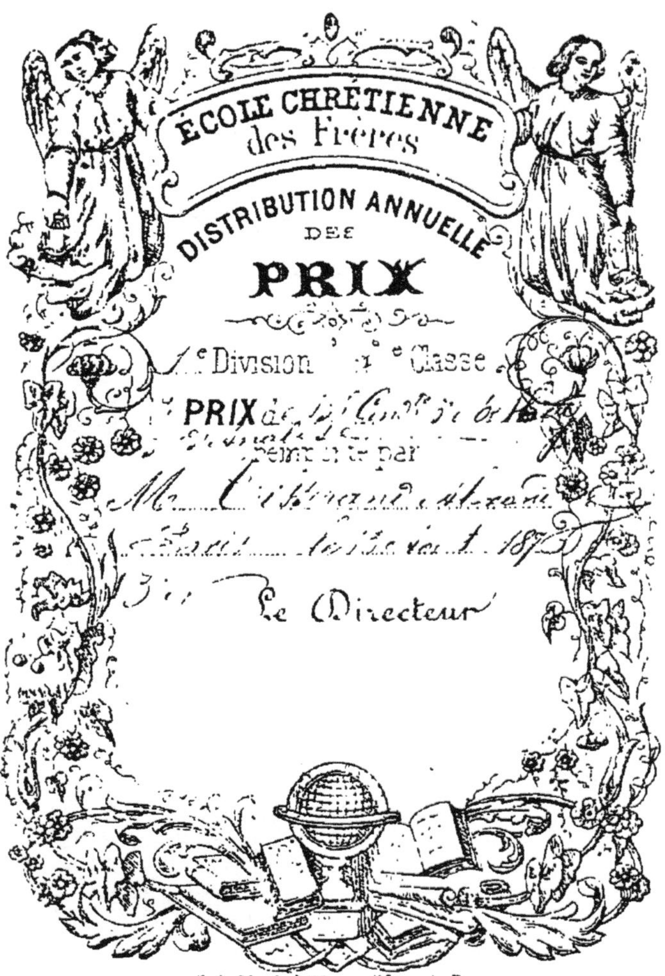

ÉCOLE CHRÉTIENNE
des Frères
DISTRIBUTION ANNUELLE
DES
PRIX
1.e Division   1.e Classe
PRIX
peint et te par
M.
1875
Le Directeur
Lith. Monckel, 18, rue S.t Placide, Paris

PREMIÈRES NOTIONS

D'ÉCONOMIE POLITIQUE

SOCIALE OU INDUSTRIELLE

PARIS. — IMP. SIMON RAÇON ET COMP., RUE D'ERFURTH, 1.

PREMIÈRES NOTIONS

D'ÉCONOMIE POLITIQUE

SOCIALE OU INDUSTRIELLE

SUIVIES DE

CE QU'ON VOIT ET CE QU'ON NE VOIT PAS

OU L'ÉCONOMIE POLITIQUE EN UNE LEÇON

PAR FRÉDÉRIC BASTIAT

LA SCIENCE DU BONHOMME RICHARD

PAR BENJAMIN FRANKLIN

ET D'UN

VOCABULAIRE DE LA LANGUE ÉCONOMIQUE, ETC.

PAR

M. JOSEPH GARNIER

Auteur du Traité d'économie politique, du Traité de Finances, etc.
Professeur à l'École des ponts et chaussées et à l'École supérieure de commerce.

———

4ᵉ ÉDITION
REVUE ET AUGMENTÉE

———

PARIS

GARNIER FRÈRES | GUILLAUMIN ET Cᴵᴱ
RUE DES SAINTS-PÈRES, 6 | RUE RICHELIEU, 14

1873

RAPPORT

A L'ACADÉMIE DES SCIENCES MORALES ET POLITIQUES

SUR LA PREMIÈRE ÉDITION

« Sous le titre d'*Abrégé des éléments de l'économie politique*[1], M. Joseph Garnier a présenté un résumé concis, mais clair, des principes fondamentaux de la science économique. Production, distribution, consommation de la richesse, il n'est pas un phénomène essentiel qu'il n'ait montré sous son vrai jour et dont il n'ait constaté les lois créatrices.

« Le mérite d'un abrégé, c'est d'être simple, de n'indiquer que les données fondamentales des questions, de distribuer les matières dans un ordre qui en facilite l'intelligence ; or, ce mérite, le travail de M. Joseph Garnier le possède au plus haut degré.

« Il est des doctrines dont la science est tenue de

---

[1] Titre de la première édition, 1859, in-32. — La deuxième, en 1864, in-32, a été publiée sous le titre actuel ; la troisième, en 1867, in-18.

s'occuper, non à cause de leur valeur intrinsèque, mais à cause de ce qu'a de mauvais l'influence qu'elles exercent sur les esprits, ou à cause du bruit qu'elles font dans le monde à certaines époques. Ces considérations ont déterminé M. Garnier à parler, à l'occasion de la répartition des richesses, des doctrines socialistes. — Il serait difficile de caractériser aussi bien qu'il l'a fait ce que ces doctrines ont de faux et de chimérique, de montrer aussi nettement combien est profond leur désaccord avec les grands principes de justice et de liberté qui, seuls, ont droit de présider aux décisions législatives, et dont chaque pas de l'humanité vers la civilisation, en les rendant de plus en plus distincts, est destiné à avancer la réalisation dans les œuvres des hommes.

« Évidemment, c'est dans l'intérêt des classes auxquelles manquent le plus complétement les connaissances de l'ordre économique que M. Garnier a écrit. — Nous souhaitons à son livre tout le succès possible, car nous en connaissons peu qui soient aussi propres à dissiper les erreurs et les préjugés que ces classes doivent à leur mode d'existence, à l'empire du jour faux sous lequel l'horizon borné où se renferment leurs regards leur montre d'ordinaire les intérêts qu'elles supposent être les leurs. »

(Extrait du rapport de M. HIPPOLYTE PASSY, ancien ministre des finances, membre de la section d'Économie politique, statistique et finances.)

AVIS

SUR CETTE QUATRIÈME ÉDITION

Cette quatrième édition, revue avec soin, et améliorée en divers points, contient de plus que la précédente :

1° La leçon d'inauguration des Conférences économiques de l'Association polytechnique, qui est à la fois un coup d'œil d'ensemble et un complément des Premières notions.

2° Quelques Pensées sur le travail qui trouvent leur place naturelle après le chef-d'œuvre de Franklin.

PRÉFACE

Utilité de ce volume. — Utilité des sciences sociales. — Caractère des autres opuscules contenus dans ce recueil.

« Un livre volumineux et d'un prix élevé peut être comparé à un vaisseau qui ne peut débarquer ses marchandises que dans un grand port ; — de petits traités répondent à de légers bateaux, qui peuvent pénétrer dans les baies les plus étroites et qui approvisionnent toutes les parties d'un pays[1]. »

« On pourrait ranger les sciences en deux catégories. Les unes, à la rigueur, peuvent n'être sues que des savants. Ce sont celles dont l'application occupe des professions spéciales. Le vulgaire en recueille le fruit malgré son ignorance ; quoi-

---

[1] Lettre de Richard Whately, archevêque de Dublin, économiste éminent, lors de sa nomination de membre correspondant de l'Académie des sciences morales et politiques.

qu'il ne sache pas la mécanique et l'astronomie, il n'en jouit pas moins de l'utilité d'une montre, il n'est pas moins entraîné par la locomotive ou le bateau à vapeur sur la foi de l'ingénieur et du pilote. Nous marchons selon les lois de l'équilibre, sans les connaître, comme M. Jourdain faisait de la prose sans le savoir.

« Mais il est des sciences qui n'exercent sur le public qu'une influence proportionnée aux lumières du public lui-même, qui tirent toute leur efficacité non des connaissances accumulées dans quelques têtes exceptionnelles, mais de celles qui sont diffusées dans la raison générale. Telles sont la morale, l'hygiène, l'économie politique ou sociale, et, dans les pays où les hommes s'appartiennent à eux-mêmes, la politique. C'est de ces sciences que Bentham aurait pu dire : « ce qui les répand vaut mieux que ce qui les avance[1]. »

Dans un volume qui contenait maintenant un certain nombre de fois plus de matière que celui-ci, je me suis attaché à concentrer un Cours complet[2], quoique résumé, de l'Économie politique à l'usage

[1] Fréd. Bastiat, *Sophismes*, conclusion.
[2] Intitulé d'abord *Eléments de l'économie politique*, et, à partir de la quatrième édition, très-augmentée, *Traité d'économie politique*, dont la sixième et la septième édition forment un fort vol. grand in-18, de 800 pages environ. — Les premières éditions, plus élémentaires, ont été remplacées par le présent volume des *Premières notions*.

de ceux qui veulent faire une étude assez approfondie de cette science de première importance.

L'expérience de l'enseignement m'a fait penser
qu'un choix beaucoup plus restreint des notions
élémentaires pourrait contribuer à vulgariser les
vérités les plus fondamentales , en s'adressant à
tous ceux qui ont moins de temps à donner à cette
étude.

Ce petit livre, qui ne m'a pas paru sans difficultés et que je n'aurais su faire avant d'en avoir
écrit de plus étendus, pourrait être mis fructueu-
sement, je pense, entre les mains des élèves les plus
âgés des écoles primaires, des élèves qui suivent
dans les colléges et les pensions les cours d'histoire et de philosophie, des ouvriers, voire même
des jeunes personnes, qui seront un jour les conseillères de la famille. Il convient enfin à tous ceux
qui veulent s'initier, par une courte lecture, aux
premières notions de cette branche de la philosophie morale qui rend compte de l'organisation naturelle des sociétés, des besoins des hommes et des
moyens qu'ils emploient pour les satisfaire : il établit un grand nombre de vérités utiles à connaître,
sinon indispensables, et dissipe les préjugés populaires si répandus et si dangereux en matière de
Travail, — de Propriété, — de Capital, — de Machines, — de Monnaies, — de Prix, — de Salaires,

— de Commerce, — de Crédit, — de Dépenses privées et publiques, — d'Impôts. — de Population,—
de Misère, — de Charité, — d'Association, — de
Devoirs des Sociétés et des Gouvernements en ce qui
touche la Condition, le Bien-être et les Droits des
diverses classes de la population.

J'ai joint à ce précis un **Vocabulaire** assez étendu,
qui a également réclamé tous mes soins et dans
lequel le lecteur trouvera réponse à un grand nombre de questions qu'il pourrait se faire, réponse
qu'il chercherait plus difficilement ou en vain dans
les Dictionnaires (et même dans plusieurs Traités),
où le sens économique des expressions, se confon-
dant avec d'autres, est souvent fort inexactement
formulé.

Comme il me restait, dans la première édition,
quelques pages à remplir afin d'éviter le timbre
exigé par la loi de 1852 pour les écrits d'économie
sociale ayant moins de 10 feuilles, j'ai eu la bonne
idée, je crois, de combler la lacune en reproduisant
une fois de plus **la Science du bonhomme Richard,**
inimitable précis de morale économique et usuelle
de l'immortel Franklin, et dont beaucoup d'apho-
rismes viennent à l'appui des notions exposées dans
cet Abrégé des éléments de l'économie politique.

J'ai de plus ajouté à la seconde édition l'excellent
petit écrit, intitulé : **Ce qu'on voit et ce qu'on ne voit**

pas, ou l'Économie politique en une leçon, que Frédéric Bastiat, le plus populaire des économistes et dont je citais les paroles en commençant, a composé en vue de redresser quelques-unes des erreurs économiques les plus répandues, à l'aide d'un procédé de démonstration qu'il nous a révélé, et qui est aussi simple qu'ingénieux.

PRÉFACE

DE LA TROISIÈME ÉDITION (1867)

A ceux qui demandent que l'économie politique soit une étude amusante.

Il n'est personne, dans quelque condition que ce soit, qui n'ait besoin d'avoir une juste idée dé l'organisation sociale et une certaine connaissance des notions fondamentales de la science économique, appelée par les uns Économie politique, par d'autres Économie sociale, par d'autres encore Économie industrielle, etc., selon qu'ils lui assignent un champ plus ou moins étendu.

Exposer ces notions le plus brièvement, le plus clairement possible, en même temps que d'une manière exacte, pour les personnes qui n'ont que très-peu de temps à donner à cette étude ou qui veulent être préparées par une première lecture à une étude plus approfondie, tel est le but que s'est proposé l'auteur dans ce petit abrégé de la science économique.

Les écrivains économistes entendent souvent répéter autour d'eux : Votre science est pleine d'utiles enseignements ; mais pourquoi n'en pas rendre l'étude attrayante, agréable même, en faisant plus de frais de style, en colorant les principes avec le prisme de l'imagination, etc.?

A cela l'auteur répond d'abord qu'il ne saurait, lui, faire mieux que ce qu'il offre au public pour la troisième fois ; que la méthode d'exposition et de déduction didactique convient mieux à la nature de son esprit, et que, tout bien considérée, cette méthode permet, plus que toute autre, de dire les choses avec le plus de clarté et de précision possible[1].

En second lieu, il va jusqu'à penser qu'il y a enfantillage et utopie à vouloir être *amusé* par un ensemble de vérités scientifiques qui s'adressent avant tout au jugement et au bon sens.

On peut, serait-il tenté de dire au lecteur exigeant, vous *intéresser*, si d'ailleurs votre esprit veut s'y prêter, en vous décrivant l'organisation sociale, en vous montrant les maux dérivant d'une erreur, les funestes conséquences d'un sophisme ou la beauté consolante d'une harmonie sociale ; on pourra retenir votre attention sur ce sujet, avec plus ou moins d'art, relativement ; mais on aura

[1] La forme de *catéchisme*, c'est-à-dire le mode d'exposition des principes par demandes et par réponses a l'inconvénient de rompre l'enchaînement des idées, et de donner plus de sécheresse au discours.

beau faire, jamais la Richesse, la Valeur, l'Utilité ne vaudront, pour vous captiver, les trois Grâces, et avec l'Intérêt, quelque puissant qu'il soit sur les cœurs, on ne parviendra jamais à produire le même effet qu'avec l'ingénieux Mercure, ou les séduisants enfants de Vénus et de Latone, ou bien encore avec *Les Trois Mousquetaires* ou toute autre création romanesque.

On a bien essayé de faire des *entretiens*, des *dialogues*, des *contes* même, qui sont, pour la plupart, des œuvres estimables[1], mais aucune de ces productions n'a eu jusqu'à présent le charme et l'attrait qu'on réclame. La lice est toujours ouverte; et les économistes seront des premiers à applaudir au succès des littérateurs vraiment amusants qui résoudront le problème en composant des *Lettres à Émilie* sur l'économie politique.

Mais sans se montrer aussi exigeantes, diverses personnes blâment les auteurs économistes de ne pas faire leurs exposés à la manière de Franklin et de Bastiat ; elles oublient ou ignorent que ces deux modèles n'ont pas été eux-mêmes bien féconds dans ce genre : en effet, leurs chefs-d'œuvre, que nous reproduisons, ne tiennent qu'une petite place dans ce petit volume.

L'un d'eux n'a guère fait qu'une collection de sages maximes du bon sens groupées d'une manière pittoresque dans *la Science du bonhomme Richard* ;

______

[1] Quelques-uns des *Contes* de miss Harriet Martineau, notamment.

le chef-d'œuvre de l'autre n'est que la réfutation d'une erreur qui se présente sans cesse au moyen d'un procédé original, qui consiste à signaler *ce qu'on ne voit pas* à côté de *ce qu'on voit* dans les phénomènes économiques.

Dans cette troisième édition, revue avec soin, quelques chapitres ont été placés dans un ordre plus rationnel ; quelques ajoutés ont été faits, notamment dans les chapitres traitant des Frais de production, de la Propriété, des Conditions favorables à l'industrie, de la Monnaie divisionnaire, de la Liberté du commerce, des Associations, du Crédit. Toutefois, l'auteur s'est attaché à ne pas trop augmenter ce volume, afin de lui conserver le caractère de première lecture, d'Abrégé, d'Éléments ou de Premières notions.

Il a fait suivre la Science du bonhomme Richard, dont la traduction a été améliorée, des conseils de Franklin sur le moyen de faire fortune, — et la Leçon de Bastiat d'une piquante critique du système protecteur sous forme de Pétition des fabricants de chandelles, etc., demandant qu'on les *protége* contre la lumière du soleil !

Ce volume des *Premières notions* a été conçu bien avant que l'on songeât à faire en France un programme de notions économiques comprises dans l'enseignement secondaire spécial ; il est donc rédigé sur un tout autre plan que ce programme, d'ailleurs susceptible de plusieurs modifications ultérieures ; mais il peut néanmoins remplir, à divers égards, le même objet que les Cours, Traités ou Manuels rédigés spécialement en vue du programme officiel.

PREMIÈRES NOTIONS
D'ÉCONOMIE POLITIQUE
OU SOCIALE, OU INDUSTRIELLE.

PREMIÈRE PARTIE
NOTIONS PRÉLIMINAIRES

CHAPITRE PREMIER
Ce qu'est l'Économie politique.

Ce que sont la Science sociale, — les Sciences morales et politiques, l'Économie politique, l'Économie sociale, l'Économie industrielle, etc., — la Richesse.

La physiologie de la Société, son organisation résultant de la Civilisation, ses besoins, ses moyens de les satisfaire conformément à la Nature des choses, constituent l'Économie politique.

L'Économie politique, la Morale, l'Histoire, la Législation et le Droit, la Philosophie, la Politique, etc., sont autant de sciences morales et politiques ou de sciences sociales concourant à former l'ensemble de la Science sociale, dite aussi Sociologie.

On dit : *sciences* pour exprimer un ensemble de connaissances ; *sciences morales*, pour exprimer un ensemble de connaissances qui se rapportent à la nature morale et intellectuelle de l'homme ; *sciences morales et politiques* [1], pour exprimer un ensemble de connaissances relatives à la nature à la fois physique et morale des hommes, et aux divers moyens d'association générale (États, Nations, Provinces, Communes, etc.) auxquels ils ont été conduits pour garantir leur Sécurité et l'exercice de la Justice entre eux, pour obtenir divers avantages communs et assurer la jouissance de leurs biens et des fruits de leur Travail.

La Science économique ou **L'Économie politique**, que plusieurs personnes appellent souvent aussi des noms d'Économie sociale ou d'Économie industrielle, ou même du nom impropre d'Économie publique, et que nous avons proposé d'appeler plus simplement l'**Économique**, est de toutes ces sciences celle qui se rend plus spécialement compte de la physiologie et de l'*organisation* ou de l'*économie* [2] de la société laborieuse, des besoins des hommes, des moyens généraux de les satisfaire, des maux du corps social dans l'ordre du travail, des causes de ces maux et des remèdes qu'on y peut apporter.

---

[1] Par opposition aux *sciences naturelles* proprement dites (la minéralogie, la botanique, la zoologie, etc.) ; — aux *sciences physiques* (physique, chimie, mécanique, etc.) ; — aux *sciences mathématiques* (arithmétique, algèbre, géométrie, etc.).

[2] Économie signifie à la fois organisation et épargne (Voy. p. 31.) *Économie sociale* est synonyme, d'une part, de Science sociale, et, d'autre part, d'Économie politique, ayant un sens plus restreint dans ce second cas. Il est à regretter que le nom d'Économie politique ait prévalu ; car la science économique, indispensable aux hommes politiques, n'est pas la *Politique*, qui a pour objet la constitution des États, leur défense, la confection des lois et le gouvernement des

Comme tout ce qui satisfait les besoins constitue la **Richesse**, l'*Économie politique* a été définie : la Science de la Richesse ; — ou mieux — la science qui a pour but de déterminer comment la Richesse est et doit être le plus abondamment produite, le plus équitablement répartie et le plus rationnellement employée, dans l'intérêt des individus comme dans celui de la société tout entière ; — idée que l'on peut encore exprimer en disant que la tâche de l'économie politique est la constatation des lois naturelles et harmoniques des Intérêts.

CHAPITRE II

L'homme a des Besoins physiques, intellectuels et moraux.

L'homme a de nombreux Besoins qui stimulent ses facultés productives et le poussent au Travail, à l'aide duquel il peut les satisfaire.

Les premiers Besoins qu'il ressent, en vertu de sa nature, sont ceux de :

La Nourriture, — l'Habitation, — le Vêtement.

intérêts généraux de la nation. *Économie publique* doit s'entendre, de préférence, de la gestion administrative des affaires de la commune, du département, de la province et de la nation, comme *Économie domestique* s'entend de la gestion des affaires de la maison (*domus*). *Économie industrielle* est souvent pris dans un sens plus restreint, plus technique qu'économie politique. (Voy. page 14, pour la signification du mot *Industrie*, et au Vocabulaire le sens des formules *Économie rurale* ou *agricole*, *Économie commerciale*.) — La confusion qui résulte de ces dénominations est une des premières difficultés de la science économique. Voy. d'autres explications dans le *Coup d'œil* qui suit les *Premières notions*.

Si ces Besoins ne sont pas satisfaits dans une certaine mesure, l'homme succombe de faim, de froid ou de maladie.

Incessamment, l'homme sent la nécessité de mieux satisfaire ces premiers Besoins, et d'en satisfaire encore d'autres de plus en plus nombreux :

Besoins de propreté, d'hygiène, de chauffage, d'éclairage, de meubles et de tout ce qui constitue le confortable ;

Besoins d'instruction, d'invention, de locomotion et de voyages, de perfectionnement moral, de propagande, de générosité, de charité, d'humanité ;

Besoins de famille, de relations amicales, de sociabilité, de prévoyance ;

Besoins de sensations du beau et du bien, de distractions et d'agréments artistiques, littéraires et scientifiques ;

Besoins de sécurité, de tranquillité, de justice, de protection pour obtenir en paix le maximum possible d'aisance et satisfaire le maximum de ses besoins ou de ses désirs physiques, intellectuels et moraux.

Tous ces Besoins individuels et collectifs, du corps, de l'esprit ou du cœur, vont en augmentant avec la Civilisation.

Cette progression est la conséquence de l'augmentation du travail, de la force de l'*habitude* et du sentiment de *dignité* qui s'accroît et se fortifie dans l'homme. — L'ouvrier anglais, qui est un des meilleurs travailleurs, consomme cent fois plus de toutes choses que le lazzarone napolitain. — L'habitude est une seconde nature ; aussi, dès qu'un besoin est satisfait, d'autres désirs, d'autres goûts, d'autres besoins surviennent, engendrés par cette première satisfaction. A peine l'homme est-il abrité et vêtu, qu'il veut décorer sa demeure, orner sa personne. A peine a-t-il satisfait les besoins physiques du corps, que l'industrie, les arts, les sciences, l'étude, ouvrent un champ sans limite à ses désirs et à ceux de sa famille.

Donc, les Besoins, loin d'être une quantité fixe et limitée, *sont essentiellement progressifs et indéfinis ;* — ils varient avec les mœurs et les usages des nations ; — ils changent encore avec l'âge, les goûts, les passions des individus.

Nous indiquons plus loin, en parlant de la Consommation[1], quels sont les guides à suivre pour déterminer dans quelles limites les Besoins doivent être satisfaits.

CHAPITRE III

L'homme satisfait ses Besoins au moyen de la Richesse qu'il obtient Directement par la production ou qu'il se procure Indirectement par l'Échange.

Richesse. — Utilité. — Valeur. — Diverses classes de richesses. — Propriété. — Intérêt individuel et social. — Échange et Troc. — Vente et Achat. — Monnaie et prix.

L'homme fait servir à la satisfaction des *Besoins* inhérents à sa nature et de ceux que la civilisation fait naître en lui :

1º L'innombrable quantité de *Choses* ou *Matières* di-

[1] Voy. au chapitre xxiv.

verses que la nature met à sa disposition et qu'il peut façonner de mille manières ;

2° Les *Services* que d'autres hommes sont susceptibles de lui rendre en échange de ses services, — c'est-à-dire le *Travail* que d'autres hommes font pour lui en échange d'avantages analogues, et en mettant en action leurs Facultés physiques, intellectuelles et morales.

Richesse. — Utilité. — Valeur. — Diverses classes de richesses.

L'ensemble des choses (Produits, Travail ou Services) propres à satisfaire les besoins physiques, intellectuels ou moraux, constitue la **Richesse** (ainsi que nous l'avons déjà dit), quelle qu'en soit la quantité. — Un clou est de la richesse ; un hectolitre de blé est de la richesse ; la leçon du professeur est de la richesse, comme le perfectionnement qu'il produit dans son élève ; l'habileté du travailleur et son travail sont de la richesse ; un gramme d'or est de la richesse.

En économie politique, le sens du mot Richesse est donc plus étendu que dans le langage ordinaire, où richesse est pris dans le sens d'*opulence* et d'abondance de biens.

Il en est de même du mot **Utilité**, désignant l'ensemble des qualités qui rendent les choses propres à satisfaire un besoin ou un plaisir quelconque, tandis que, dans le langage usuel, ce mot ne s'applique qu'aux choses nécessaires ou d'un emploi raisonnable [1].

Cette Utilité est — Naturelle ou Produite par les hommes.

---

[1] Voy. à ce sujet les explications données au commencement du chapitre xxiv,

L'*Utilité peut être gratuite*, — si elle est exclusivement donnée par la nature ; — si les objets qui en sont doués ne sont pas susceptibles d'appropriation, — ou si, étant susceptibles d'appropriation, ils sont à la disposition de tout le monde ; car personne ne consent à faire le moindre sacrifice pour obtenir ce qu'on a à sa portée sans peine. Telle est l'utilité de l'air, que tout le monde respire à volonté.

L'*Utilité n'est pas gratuite* si, étant produite par l'effort et le travail de l'homme, elle réside d'ailleurs dans une chose appropriable et existant en quantité limitée. — Dans ce cas, elle est la chose propre, le privilége de celui qui l'a produite, et qui peut en faire l'objet de transactions avec d'autres hommes.

Quand l'Utilité des choses n'est pas gratuite et qu'elle est susceptible de donner lieu à une appropriation, elle acquiert une autre qualité économique, qui permet au possesseur de l'objet, en lequel elle réside, d'obtenir une Utilité analogue *en échange*. C'est cette autre qualité économique, ce pouvoir des choses, qui prend le nom de **Valeur**.

La VALEUR comprend donc deux qualités : celle d'UTILITÉ et celle d'ÉCHANGEABILITÉ, c'est-à-dire : la propriété de servir à quelque besoin, — et celle de pouvoir être échangée[1].

La **Richesse** comprend toute espèce de choses ayant soit de l'Utilité, soit de la Valeur.

On peut donc distinguer parmi les Richesses :

Les Richesses matérielles et les Richesses immatérielles ;

[1] Il est traité de la VALEUR au chap. xv.

Les Richesses naturelles et celles produites par les hommes ;

Les Richesses à la fois naturelles et produites.

Les *Richesses matérielles* sont celles qui résident dans les *Choses*, comme les terres, — les aliments, — les habitations, — les vêtements, etc.

Les *Richesses immatérielles* sont celles qui résident dans les *Hommes ;* telles que les qualités ou les facultés de toute nature de l'ordre physique, intellectuel ou moral, — les services de toute espèce que les hommes se rendent entre eux, — les talents qu'ils acquièrent, — les clientèles qu'ils se créent, — le travail qu'ils font.

Les *Richesses naturelles* sont données, pour ainsi dire, toutes faites à l'espèce humaine par le Créateur de toutes choses.

Tels sont : l'air, la lumière, la force de la vapeur, l'électricité, et toutes les autres forces ou agents de la nature comprenant la force végétative et la richesse métallique des terres susceptibles de production (sols cultivables, prairies, mines, étangs, cours d'eau) ; — telles sont encore, dans un autre ordre, les facultés intellectuelles et physiques des hommes.

Parmi ces richesses naturelles, les unes, données en profusion par la nature, non susceptibles d'appropriation et de transactions entre les hommes, sont *communes et gratuites,* l'air, par exemple ; — les autres, susceptibles d'appropriation, ne sont pas communes et ne sont pas gratuites. Ceux qui les possèdent n'en cèdent la possession ou l'usage qu'à titre onéreux ; telles sont : les facultés physiques et intellectuelles de l'homme, les terres.

Les *Richesses produites*, dites aussi *artificielles* ou *so-*

ciales, sont obtenues par les hommes au moyen d'un concours de moyens qui n'est pas gratuit, qui nécessite des efforts, des travaux, des peines, des souffrances, des sacrifices ; — ce sont les aliments, les vêtements, les habitations, les améliorations faites sur le Sol, les outils, les semences, les matières premières, les Produits de toute nature, ainsi que les talents et services de toute espèce.

Pour en jouir, il faut les avoir créées ou obtenues en échange d'autres biens.

Il y a des *Richesses* qui sont à la fois *naturelles* et *artificielles*.

Les Terres cultivables, et toutes les parties du sol susceptibles d'une exploitation quelconque, présentent le double caractère de richesses naturelles et de richesses produites ou sociales. Ce sont des richesses *naturelles* par leur fécondité naturelle, leurs qualités physiques, leur situation, leur exposition; ce sont des richesses *produites*, par les améliorations dont elles ont été l'objet par le travail et l'industrie de leurs possesseurs. Comme richesses sociales, elles ne sont pas gratuites; elles ne le sont pas non plus en tant que richesses naturelles, dans les pays dont le territoire est entièrement occupé, où ces terres, celles de bonne qualité surtout, ne sont pas, comme l'air et la lumière, à la disposition de tous.

En effet, pour en assurer la culture, il a fallu en garantir la jouissance exclusive aux familles qui les possèdent légitimement, soit par suite d'une libre transmission de la part de ceux qui, les premiers, les avaient cultivées, soit (ce qui est le cas presque universel) parce qu'elles les ont acquises en donnant en échange à ceux qui les possédaient des valeurs égales sous une autre forme [1].

Les facultés naturelles de l'esprit et du corps présentent le même caractère, sous le rapport économique ; elles sont à la fois naturelles et acquises à l'aide des efforts de ceux qui les possèdent ; et les services qui en résultent ne sont pas gratuits.

La possession exclusive et la jouissance de ces Richesses, soit produites, soit naturelles, constituent le droit de **Propriété**, reconnu et garanti par la société. Ce droit est d'autant mieux garanti et protégé que la Civilisation est plus avancée ; et la civilisation est d'autant plus avancée que la propriété est plus respectée. Civilisation et Propriété sont synonymes.

Ce droit de Propriété est la clef de voûte de l'édifice social. C'est un des principes fondamentaux que la science économique invoque et démontre.

Il a sa source dans l'**Intérêt** *privé* ou *individuel*, c'est-à-dire dans cet instinct naturel qui préside à la conservation de l'individu et de la famille, et qui, maintenu par la **Justice** ou respect de l'intérêt d'autrui, est le moteur universel du genre humain, et forme par sa multiplicité l'*Intérêt social*.

L'idée de *Propriété* se rattache à l'idée de *Richesse* créée par l'homme travaillant, c'est-à-dire appliquant ses facultés à la production des choses propres à satisfaire les Besoins inhérents à sa nature, et que le Créateur n'a pas voulu répandre à profusion, comme l'air et la lumière, comme l'eau, dans beaucoup de localités.

On a vu également naître (page 6) l'idée d'**Échange**

---

[1] Il est question de la PROPRIÉTÉ au chap. VIII.

inséparable de celle de Travail, de Propriété et de Richesse ; car les facultés et, par conséquent, le pouvoir de l'homme étant très-limités, il ne sait et ne peut faire tout ce dont il a besoin. Mais, par compensation, la nature lui a donné un instinct qu'elle semble avoir refusé à tous les autres êtres animés ; en le créant propriétaire, elle lui a indiqué la voie de l'*échange* pour se procurer les Produits, le Travail, l'aide ou les Services des autres hommes.

L'homme peut ainsi obtenir les diverses richesses (autres que les richesses naturelles et communes) de deux manières :

Il les produit lui-même *directement* par divers procédés, analysés au chapitre suivant.

Ou bien il se les procure, en donnant les produits qu'il obtient lui-même à d'autres qui lui en donnent d'équivalents obtenus par eux [1].

Cette manière *indirecte* d'obtenir les produits, qui prend le nom d'*Échange*, se décompose en deux actes : la *Vente* et l'*Achat*.

Le cordonnier, échangeant avec un chapelier deux paires de souliers contre un chapeau, fait un échange : il vend ses souliers et achète un chapeau ; et réciproquement, le chapelier vend le chapeau et achète les deux paires de souliers. Toutefois, cet échange direct ou *Troc* ne se pratique que dans l'enfance des sociétés, chez les peuplades à demi barbares ou dans les localités pauvres et isolées ; dans un pays civilisé, il est relativement exceptionnel et serait, dans une foule de cas, pour ainsi

---

[1] Les richesses obtenues par don ou héritage ont eu pour origine la production directe par le travail: en les conservant, le donataire concourt à la production directe.

dire, impossible. Un libraire, par exemple, qui n'a que des livres, ne peut guère payer son boulanger, son cordonnier, etc., avec des volumes. En admettant que ces fournisseurs voulussent se prêter quelquefois à ce troc, ils ne tarderaient pas à être pourvus de livres.

Heureusement, il y a dans la société deux marchandises plus généralement acceptées, à raison des qualités qui leur sont propres, que les acheteurs de volumes donnent au libraire, que celui-ci peut redonner à ceux qui lui vendent; il en résulte que le troc se complique d'un échange intermédiaire.

Les marchandises qui jouent depuis longtemps ce rôle intermédiaire ou de **Monnaie**, dans les pays les plus avancés en civilisation, sont l'Or et l'Argent, pour des raisons qui seront détaillés plus loin [1].

Dans le cas pris pour exemple, le libraire échange son volume contre des pièces d'or ou d'argent, et c'est avec ces pièces qu'il rachète d'autres volumes, ou les objets et les services dont il a besoin.

Le troc d'un produit ou d'un service contre des pièces de monnaie constitue la Vente; le troc de la monnaie contre des objets ou des services constitue l'Achat [2].

La valeur d'une chose exprimée en valeur d'or ou d'argent, c'est-à-dire en une quantité de pièces monétaires, constitue le **Prix**.

---

[1] Voy. au chap. XVI.

[2] Il est de nouveau traité de l'Échange, de la Valeur et du Prix aux chapitres XIV et XV.

DEUXIÈME PARTIE
PRODUCTION DE LA RICHESSE

CHAPITRE IV

Comment l'homme produit Directement la Richesse par son Industrie.

Comment s'opère la Production. — Des différentes Industries ou manières de produire. — Produits immatériels. — Instruments de production. — Leur rôle dans la production. — Rôle de l'homme. — Ce que coûte la production et comment progresse l'Industrie.

Comment s'opère la Production.

Produire de la Richesse, c'est-à-dire l'ensemble des Choses qui satisfont les besoins des hommes, c'est créer de l'Utilité et de la Valeur[1], sous forme de **Produits**, de **Travail** ou de **Services**, dénominations, à divers égards, synonymes[2].

On produit directement[3], — en donnant de l'Utilité aux Choses ou aux Hommes qui n'en ont pas, — ou bien en augmentant l'Utilité que les choses ou les hommes ont déjà.

---

[1] Qui dit Valeur, dit Utilité.

[2] On dit aussi des Utilités ou des Valeurs, au pluriel, comme synonymes de Produits et de Services.

[3] La production indirecte s'opère par l'Échange, comme cela vient d'être dit. Voy. p. 11, chap. XIV.

Dieu seul a pu *créer* la matière. L'homme, la chimie nous l'apprend, est incapable, soit d'en créer, soit d'en détruire la plus petite parcelle. C'est donc dans le sens restreint que nous venons de dire qu'il faut entendre l'action de *produire* ou de *créer* ou la **Production**.

L'ensemble des moyens de Production, à l'aide desquels on obtient les Produits et les Services, est ce qu'on appelle l'**Industrie**.

Les procédés à l'aide desquels s'exerce l'Industrie humaine sont innombrables, mais ils se ressemblent tous au fond ; car, partout et toujours, l'homme ne pouvant créer la matière, son action se borne à séparer ou à rapprocher, — à combiner ou à décomposer, c'est-à-dire *transformer* les molécules dont elle se compose, — ou bien encore à la *transporter* d'un lieu à un autre.

Le *cultivateur* prend des semences, des engrais, les met dans un *champ*, et, à la suite de certaines opérations que la science et l'expérience lui ont enseignées, il trouve que les principes contenus dans la terre et les engrais, joints à ceux que lui fournit l'atmosphère, se changent en végétaux, en fourrage, par l'action de la nature. Ensuite, à l'aide d'un autre instrument (*mouton*), ce même cultivateur modifie les particules qui composent son herbe, et la transforme en laine, toujours la nature aidant.

Le *manufacturier* achète la laine de ce cultivateur, la dégraisse, la carde, la file, en fait un tissu qui, après avoir été teint, foulé et apprêté, forme nos vêtements [1].

Le *voiturier* (par terre et par eau) fait subir à cette laine ou à ce tissu, ou encore à l'indigo qui doit les co-

---

[1] En dégraissant, en cardant la laine, on sépare la matière ; on la réunit par la filature et le tissage ; on la combine par la teinture.

lorer, l'opération du transport, qui met ces objets sous la main du fabricant et procure ainsi à ce dernier la possibilité de s'en servir.

Le *commerçant* les réunit des divers points à la portée des consommateurs. En leur faisant subir divers petits arrangements ou manutentions pour les mieux approprier aux besoins de ces derniers, il exerce aussi une action complexe qui participe de celle des deux précédentes.

Après chacune de ces opérations, l'Utilité et la Valeur de la laine se sont accrues.

Ces opérations ont de l'analogie entre elles. Lorsqu'un teinturier combine dans ses cuves de l'eau, de l'alun, de l'indigo et d'autres *matières premières*, n'exerce-t-il pas une industrie semblable à celle du cultivateur qui, suivant les procédés de son art, combine de l'eau, des engrais, des sucs, que lui fournissent la terre et l'atmosphère? Le teinturier favorise ses combinaisons à l'aide de la chaleur d'un fourneau; le cultivateur profite de la force végétative du sol; le transporteur fait servir la force vitale des animaux ou l'action mécanique des moteurs inanimés; le teinturier confie son étoffe à sa chaudière, comme le cultivateur confie ses semences à son champ.

L'analogie ne s'arrête pas là. — Ce cultivateur, ce manufacturier, ce voiturier, se bornent à modifier, à façonner, par des procédés au fond identiques, les produits sur lesquels s'exerce leur industrie, semblables au potier qui façonne l'argile. — De même, lorsque le professeur agit sur son élève, la façon nouvelle qui en résulte pour celui-ci est une modification analogue à celles que nous venons de rappeler; c'est un produit qui reste, tout comme la forme imprimée à l'argile, au tissu, à la laine, aux végétaux. Le médecin, le prêtre, l'orateur, l'artiste, produisent de même, en effectuant des modifications analogues sur la santé, la moralité, l'intelligence, le goût, les qualités des hommes.

On peut aussi considérer cette action productive sur l'homme comme un travail, une peine, un effort tout à fait analogue au travail, à la peine, à l'effort d'un travailleur dans les industries agissant sur la matière ; — ou bien encore comme un service rendu et qui s'échange et se paye, ainsi que le service de tout autre travailleur.

Il est à remarquer, d'ailleurs, que, parmi cet ordre de producteurs, un certain nombre créent des produits dans lesquels l'Utilité et la Valeur se fixent sur des objets matériels. Tels sont les dessinateurs, graveurs, peintres, sculpteurs et les écrivains, qui produisent des dessins, des tableaux, des statues, des livres, consistant en objets matériels et palpables.

Des différentes industries ou manières de produire.

D'après l'exposé qui précède, on voit qu'il n'y a au fond qu'*une seule industrie ;* mais pour mieux apprécier les phénomènes économiques, on peut classer les travaux humains en plusieurs catégories et distinguer :

1° L'*industrie extractive*, comprenant l'exploitation des mines, des forêts, des pêcheries, et, en général, tous les travaux qui ont pour but une *extraction* de la terre.

2° L'*industrie agricole*, comprenant l'exploitation et la culture des champs, l'élève des bestiaux et la production des céréales, des matières textiles, de la viande, etc.

3° L'*industrie manufacturière*, comprenant l'ensemble des travaux à l'aide desquels les matières premières sont transformées, par les arts, les métiers, les manufactures, en produits plus capables de satisfaire les besoins des hommes.

4° L'*industrie voiturière*, comprenant tous les travaux de transport, et qui donne aux produits une nouvelle valeur par le *déplacement*.

5° L'*industrie commerciale*, comprenant tous les travaux des marchands et négociants de toute espèce, qui font de l'action d'acheter et de revendre, de l'art d'échanger, leur *profession habituelle*, et qui ont pour effet de mettre, ainsi que les travaux de l'industrie voiturière, les produits à la portée des consommateurs.

6° L'*industrie* des *professions artistiques, scientifiques*, etc., dites aussi *libérales*, comprenant l'ensemble très-varié des travaux qui sont l'objet des arts agissant sur les hommes, et dont voici une nomenclature :

a. Les arts ayant pour objet la conservation et le perfectionnement de l'homme physique : la danse, l'escrime, l'équitation, la gymnastique, la natation ; — l'art du médecin, du chirurgien, du dentiste, etc. ;

b. Les arts qui travaillent à la culture de l'imagination et des facultés affectives : le dessin, la peinture, la sculpture, la musique, en un mot, les Beaux-Arts [1].

c. Les arts ou professions ayant pour objet la production de la *Sécurité*, et prenant part à la confection des Lois, à la garantie de la Justice, au maintien de l'Ordre, à l'Administration des intérêts généraux, en un mot au Gouvernement.

[1] A tout prendre, les beaux-arts confectionnent des produits ayant une forme matérielle ; nous venons d'en faire la remarque.

d. Les arts travaillant à l'éducation et au développement de nos facultés intellectuelles : les Sciences, la Littérature, l'Enseignement.

e. Les arts travaillant à la formation des habitudes morales : l'enseignement moral, le sacerdoce, et, à divers égards, la plupart des arts qui précèdent.

(Il faut prendre le mot Art dans son sens le plus élevé.)

f. Et encore les arts ou professions ayant pour objet l'agrément et les plaisirs : la musique, la déclamation, les représentations théâtrales.

Il est aussi à remarquer que l'*Échange* est une opération commune à tous les hommes ; que l'agriculteur, le manufacturier, l'artiste, le savant, le magistrat échangent constamment et régulièrement les produits de leur industrie (leurs services, leur travail), contre les objets dont ils ont besoin.

Produits matériels et immatériels. — En toute circonstance, soit que la production s'exerce sur les Choses, soit qu'elle s'exerce sur les Personnes, nous ne créons jamais de la matière et nous nous bornons à produire de l'Utilité, source de la Valeur, de sorte que les *produits* de l'industrie humaine, quels qu'ils soient, sont essentiellement *immatériels*. La forme, la figure, la couleur, qu'un artisan donne à des corps bruts, sont des choses tout aussi immatérielles que la science qu'un professeur communique à des êtres intelligents. L'un et l'autre ne produisent que des Utilités ; et la seule différence qu'on puisse remarquer entre leur travail, c'est que l'un modifie des Choses, et l'autre modifie des Hommes.

Ces Utilités obtenues sur les hommes, ces Valeurs, qu'à défaut d'autres mots, nous appelons *Produits immatériels*, *Produits-Services* ou simplement *Services*, ainsi

que le *Travail* dont elles sont le résultat, s'*échangent*
absolument comme les autres produits des industries
agissant sur les choses et le travail qui sert à les obtenir.
Leur Valeur et leur Prix varient en vertu des mêmes
lois[1], et c'est ainsi que vivent un grand nombre de citoyens dans les pays civilisés : tels que magistrats, prê-
tres, professeurs, administrateurs, militaires, écrivains,
avocats, médecins, etc.

Elles s'*accumulent* sous forme de talents, d'aptitudes,
de capacités de toute espèce, de goût, de vertus, de
moralité ou de bonnes habitudes morales ; — augmentant la puissance individuelle et sociale autant et plus
que les accumulations en machines, monnaies et autres
capitaux ou produits matériels.

En définitive, les hommes et les sociétés ne s'enrichissent que par la création parallèle de la Richesse dite
matérielle et de la Richesse dite immatérielle ou morale, formant ensemble la Richesse sociale, l'élément de
la Civilisation et du Bien-être.

Instruments de production. — Leur rôle dans la production.

La Nature a donné à l'homme, qui les perfectionne,
une force physique et une intelligence qui sont comme
un premier instrument de production de travail ou d'industrie, et que l'on désigne sous le nom de *Facultés
personnelles* ou simplement de **Travail.**

Ce mot désigne à la fois les Facultés en elles-mêmes
et les efforts d'où résulte leur action productive.

Mais l'industrie la plus grossière ne peut se passer
d'*autres instruments*. Le sauvage le plus dénué a besoin

---

[1] Offre et Demande, Frais de production. Voy. p. 25 et 83.

d'armes et de filets pour prendre le gibier dont il vit, d'outils pour façonner une hutte, de peaux pour se couvrir. Dans un État tant soit peu civilisé, le nombre de ces instruments est pour ainsi incalculable. Que de choses dans l'outillage du plus modeste compagnon, du plus pauvre paysan !

Parmi ces instruments, les uns sont *naturels* et *non appropriés*, c'est-à-dire ne formant pas de *propriétés*, et par conséquent *communs* et *gratuits*. Tels sont : — les routes liquides sur l'Océan et les rivières, que Pascal appelait des routes qui marchent ; — l'action de l'air et des vents ; — celle du soleil, — la force expansive de la vapeur, — celle de l'électricité, — la force végétative du sol et tous les autres *agents naturels* ou forces physiques.

D'autres instruments sont aussi naturels, mais sont devenus des propriétés, à l'avantage du genre humain tout entier, par suite d'une première occupation, ou de travaux ou de sacrifices de toute espèce ; ce sont : — la terre cultivable, — les gîtes métallifères, — les pierres de toute espèce, — les houilles, etc. Parmi les instruments de cette catégorie, le plus important est la Terre cultivable et exploitable d'une façon quelconque. Elle forme ce qu'on appelle le Fonds de terre, la Propriété Foncière ou simplement la **Terre.**

D'autres instruments ne sont pas de création naturelle, mais le fruit de l'Industrie de l'homme. Ce sont : — les bâtiments, — les constructions, — les outils, — les machines, — les bestiaux, — toutes les marchandises en général , — les sommes de monnaie, — et aussi — les talents, — les capacités, — les procédés, — les clientèles. Toutes ces choses aident l'action de l'industrie et concourent à la production. On les appelle du nom générique de *capitaux* ou de **Capital**.

Ainsi, l'on peut dire que l'ensemble des moyens de produire constituant l'Industrie se résume dans le jeu de trois instruments généraux :

Les Facultés ou le Travail de l'homme,

La Terre et les Agents naturels qu'il trouve sur le globe,

Le Capital ou l'ensemble des moyens qu'il se crée.

Deux de ces instruments sont naturels : le Travail et la Terre ; — un est de création humaine : le Capital.

Ces expressions ne sont pas aussi explicites qu'on pourrait le désirer. — Dans le langage usuel, le mot *Terre* ne comprend pas l'ensemble des forces naturelles appropriées. — Le sens du mot *Travail* est tantôt circonscrit dans celui du Travail manuel, et tantôt il est agrandi jusqu'à celui d'Industrie ; d'autres fois on l'applique aussi bien à l'Effort fait pour travailler qu'à la puissance ou à la Faculté de travailler, et même au Produit obtenu ou au résultat du travail. — Par *Capital*, on entend aussi trop exclusivement le numéraire, dans le langage usuel.

Il est à remarquer que, souvent, l'économiste doit considérer le Capital incorporé à la Terre sous forme d'améliorations de toute espèce ; ou fixé sur l'homme physique et moral, et constituant une habileté et des Talents variés.

En résumé, — la source de toutes les choses nécessaires ou utiles à l'homme, c'est la *Terre*. L'homme puise à cette source, avec le *Travail* intellectuel et physique, et à l'aide du *Capital*, résultat d'un Travail antérieur, c'est-à-dire avec les utilités accumulées sous forme d'outils, de constructions et de provisions[1].

La Production résulte de la mise en œuvre de ces trois instruments en proportions diverses. — C'est de leur action combinée que naissent les *Produits* de toute espèce, *matériels* et *immatériels*, les produits-choses ou les produits-services, la Richesse, en un mot.

La Terre sans Travail ne produit rien ou presque rien, en comparaison de ce qu'elle donne lorsqu'elle est cultivée avec intelligence; mais le Travail de l'homme serait impuissant à son tour sans capital, c'est-à-dire sans semences, sans engrais, sans provisions pour alimenter le travailleur en attendant la récolte, sans instruments de toute espèce pour cultiver, sans habitations pour remiser les récoltes et les bestiaux. En d'autres termes, l'action de la Terre et du Travail, qui sont nécessaires l'une à l'autre, ont besoin de celle du Capital pour produire toutes les matières premières sur lesquelles s'exerce l'Industrie humaine et toutes les substances qui servent à l'alimentation des hommes.

De même, toutes les transformations des produits par les arts et les manufactures, le transport, le commerce, toutes les créations ou tous les accroissements d'Utilité et de Valeur ne peuvent être obtenus sans Travail, ni sans les matières premières sur lesquelles s'exerce ce travail, ni sans les instruments et les moyens à l'aide desquels ce travail est possible, c'est-à-dire sans Capital.

---

[1] Quelques économistes, faisant de la Terre un Capital, ont pu réduire ces trois instruments à deux : le Capital et le Travail, le capital étant le résultat du travail; d'autres ont pu réduire les deux en un seul, le Travail. Mais ce sont là des abréviations qui obscurcissent les questions, plus qu'elles ne les éclairent.

Enfin la création des produits immatériels elle-même ne peut avoir lieu sans Travail et sans capital, c'est-à-dire sans avances, sans provisions, sans instruments plus ou moins nombreux.

Lorsque le fonds est un instrument naturel non approprié, c'est-à-dire lorsqu'il n'appartient à personne, comme dans la pêche maritime du poisson, des perles, du corail, etc., ou peut obtenir des produits avec du Travail et du Capital seulement.

Dans les industries manufacturières et commerciales, le Travail et le Capital suffisent également, et le fonds de Terre n'est pas absolument nécessaire, ou du moins il est de peu d'importance, puisqu'on ne doit donner ce nom qu'à l'*emplacement* occupé par les ateliers et les magasins. Mais il ne faut pas oublier que les matières mises en œuvre par ces deux industries ont la Terre pour origine et qu'elles sont voiturées sur la terre, en subissant leurs diverses évolutions.

Dans les professions qui donnent les produits immatériels, le Travail et le Capital fonctionnent aussi seuls directement ; mais il est évident que les produits qui forment ce Capital ne pourraient exister sans l'action de la Terre, plus ou moins appropriée et sur laquelle s'exerce l'activité du travailleur.

Rôle de l'homme dans la Production.

Dans cette mise en œuvre, les Hommes jouent des rôles différents :

Les uns exécutent sous une direction supérieure des opérations à l'aide de leurs forces musculaires ou de leurs aptitudes personnelles, avec plus ou moins d'intelligence, d'adresse ou de talents ; ce sont les *Ouvriers* ou *Employés*.

Les autres découvrent, étudient ou propagent les connaissances de toutes sortes que nécessitent les diverses branches de l'industrie humaine ; ce sont les ouvriers ou employés d'élite : *Artistes, Savants, Inventeurs, Ingénieurs, Architectes*, etc.

D'autres, enfin, dirigent la production ; — se procurent les matières premières ou les objets sur lesquels s'applique leur industrie ; —réunissent les instruments de travail ; — appliquent les procédés et les moyens de travail ; — tirent parti des résultats de la production ; — conduisent hommes et choses, — et courent tous les risques, ceux de la bonne comme de la mauvaise fortune ; ce sont les *entrepreneurs d'industrie* ou *employeurs* d'ouvriers.

Ces trois fonctions peuvent être exécutées par des personnes différentes ou par la même personne.

On les retrouve dans toute espèce d'industrie, dans la création de toute espèce de produit. La production d'un simple fruit n'exige-t-elle pas une série de connaissances et des procédés de culture (rôle du Savant); des manutentions diverses du terrain ou de l'arbre (rôle de l'Ouvrier); l'application de ces connaissances, la conduite des ouvriers, l'emploi des moyens de travail (rôle de l'Entrepreneur)? Si le fruit est le résultat des efforts d'un seul jardinier, c'est que celui-ci joue ces trois rôles différents. Autre exemple : un homme étudie le droit, il se fait savant ; il devient entrepreneur, lorsqu'il ouvre une étude d'avocat ; il est ouvrier, toutes les fois qu'il plaide ou qu'il se livre à une opération quelconque de son cabinet.

On retrouve le même classement des travailleurs dans

une *Association*. Lorsqu'un certain nombre d'hommes se réunissent pour mettre ensemble leurs capitaux et leurs facultés, pour courir ensemble les chances de l'entreprise et partager les profits, un ou quelques-uns d'entre eux se consacrant plus spécialement à la direction ou à la gérance, font fonction d'Entrepreneurs, et le plus grand nombre suivent leur impulsion comme simples Ouvriers ou Employés.

Nous ne parlons ici que de la Production ; nous verrons plus loin [1] comment les divers coopérateurs interviennent dans la Répartition.

Ce que coûte la production et comment progresse l'Industrie.

Il est naturel de penser qu'une bonne production, une production rationnelle, doit *donner un résultat*, c'est-à-dire des utilités dont la valeur totale soit équivalente à toutes les valeurs dépensées pour obtenir ce résultat, savoir :

La valeur du Travail de tous les coopérateurs, se résumant dans le *Salaire* ;

La valeur de la location de tous les capitaux employés (pour matières premières, outils), se résumant dans l'*Intérêt* ou le *Loyer*.

Sinon, il y a perte pour le producteur et pour la société.

Ces deux éléments constituent les *Frais* ou le *Coût de la production*.

Dans l'excédant, s'il y en a un, se trouve le *bénéfice* ou *profit* de l'entrepreneur.

La *rente foncière* ou revenu naturel du possesseur du sol ne fait pas forcément partie des frais de production.

____

[1] Aux chap. xix à xxiii.

Dans le *salaire* et l'*intérêt* se trouvent les frais de *transport* et l'*impôt* payé au gouvernement; car le transport et les services de l'autorité nécessitent du travail et l'emploi d'un capital.

L'habileté dans la production ou le **Progrès** dans l'industrie consiste à diminuer sans cesse les frais de production, c'est-à-dire à obtenir plus de résultats ou de meilleurs résultats pour les mêmes frais, ou, ce qui revient au même, à faire moins de frais pour les mêmes résultats. En agriculture, par exemple, le progrès consiste à faire produire plus de récoltes à un hectare avec la même peine et la même dépense ou à réduire le travail et la dépense pour la même récolte.

Ce progrès s'obtient par l'application des découvertes de toute espèce dans les sciences et les arts. Il profite d'abord à celui qui sait bien appliquer ces découvertes, et ensuite, par le fait de la concurrence et de la baisse du prix des produits, aux acheteurs ou consommateurs de produits, à la société tout entière.

L'intérêt individuel, l'appât du bénéfice, la crainte de la perte, stimulent ce progrès, que la concurrence étend et rend profitable à tous.

En faisant l'analyse de la production, nous venons de constater l'action de trois instruments généraux ou facteurs de la richesse, et la nature des qualités (Utilité et Valeur) qui la constituent, savoir : — les facultés personnelles en action, c'est-à-dire le *travail;* — les agents naturels et le sol cultivable et exploitable, c'est-à-dire la *terre;* — tout l'outillage créé par l'industrie et l'homme, c'est-à-dire le *capital.*

La nature du travail est suffisamment indiquée dans les

explications qui précèdent ; mais nous avons à revenir sur la nature et le rôle du Capital et de la Terre dans la Production.

CHAPITRE V

Le Capital auxiliaire indispensable du Travail dans la Production.

Nature et rôle du Capital. — Différentes espèces de Capitaux : Capital fixe, Capital circulant, etc. — Formation du Capital. — Moyen de faciliter les épargnes.

Nature et rôle du Capital.— Différentes espèces de Capitaux.

Nous avons dit (page 21) le rôle du Capital dans la Production, et nous avons vu combien il y était important et indispensable ; mais il est utile de préciser davantage sa nature ; car, sous cent formes diverses, il met en mouvement les forces sociales.

Rien ne peut mieux donner l'explication de ce mot tant employé, et pourtant si peu compris encore, que de faire l'énumération des choses qui sont du Capital.

Par CAPITAL il faut entendre tout produit, tout instrument, tout moyen dont l'industrie se sert ou peut se servir pour produire de nouvelles valeurs. — C'est la Richesse (autre que la terre et le travail ou les facultés de l'homme) destinée à la production, soit à titre de *matières premières*, soit sous forme d'*instruments* ou de moyens divers de transformation et manutention.

On voit tout de suite combien on s'égare, quand on confond le *Capital* avec le *Numéraire*, c'est-à-dire avec les espèces monétaires d'un pays, qui ne sont qu'une très-petite portion de son Capital[1]; en France, par exemple, où on évalue le numéraire à trois ou quatre milliards, tandis que le Capital national s'élève probablement à près de deux cents milliards. Et encore ne doit-on bien positivement classer au rang des Capitaux que la partie des trois ou quatre milliards qui circule dans les affaires, et fonctionne comme intermédiaire.

Les Capitaux, selon leur emploi et leur nature, constituent deux classes différentes : — celle des *Produits réservés pour la consommation* , — et celle des *Produits destinés à la reproduction*, lesquels se subdivisent en deux catégories : — l'une, comprenant les *Capitaux fixes ou engagés* — l'autre, les *Capitaux circulants*.

Les Produits réservés pour la Consommation immédiate sont : les *Aliments*, les *Habits*, les *Meubles*, les *Maisons* et les *Terres d'agrément*, les *maisons destinées aux besoins des familles*, — et tout ce qui sert à l'entretien, soit des travailleurs, soit des capitalistes.

Les uns se consomment tout entiers, comme les aliments; les autres sont plus ou moins durables, et on n'en consomme que l'usage.

Cette catégorie de produits peut être classée, soit parmi les Capitaux, parce qu'ils sont susceptibles de servir à la Production, soit parmi les Revenus.

Les Capitaux fixes ou engagés sont tous les Instruments de travail d'un déplacement difficile, qui *peuvent donner un revenu sans changer de maître ;* tels sont :

Les *Bâtiments* servant à la Production ;

[1] Quelques centièmes.

Les *Améliorations* et *Travaux* faits sur la Terre, et non confondus avec elle;

Les *Travaux* pour l'exploitation des mines[1];

Les *Voies de communication* de toute espèce;

Les *Machines*, *mécanismes* et *appareils* disposés pour un usage spécial.

Les Capitaux circulants ou mobiles sont ceux *qui ne donnent des profits que par des échanges successifs*; tels sont, à des degrés différents :

Les *Monnaies* et autres instruments de circulation, aussi désignés par le nom de *Capital roulant*[2];

Les *Matières premières* sur lesquelles s'exerce l'Industrie;

Les *Produits manufacturés* de toute espèce : les tissus, etc.;

Les *Approvisionnements* des boulangers, des bouchers, des fermiers, des brasseurs, etc.;

Les *Clientèles*, les *achalandages* des magasins, des cabinets, etc., — les *Procédés de fabrication*, secrets ou brevetés, — les *marques de fabrique*, peuvent, selon leur nature, être compris dans l'une ou l'autre catégorie, — ainsi que les divers *animaux*, productifs de travail ou de matières premières.

---

[1] La terre elle-même, les Mines et les Carrières, pour ceux qui à tort en font des Capitaux. (Voy. p. 22, note.)

[2] Ici il faut prendre garde de faire double emploi et de compter d'une part les Signes représentatifs (billets, lettres de change, actions, etc.), et les choses dont ils représentent les valeurs et qui appartiennent soit à la catégorie des Capitaux engagés, soit à celle des Capitaux circulants. Il est parlé spécialement de la monnaie au chapitre XVI.

Par l'effet du Crédit et le jeu des institutions du crédit, les Capitaux fixes peuvent être utilisés, à divers égards, comme des capitaux circulants [1].

De cette énumération et de cette classification ressortent en partie la nature et le rôle des diverses espèces de capitaux et du capital en général ; mais il est utile de faire observer que ce n'est qu'après avoir observé la nature et le rôle de la monnaie et des signes représentatifs [2], que l'on peut se faire une juste idée du fonctionnement du plus circulant des capitaux, en lequel les autres sont provisoirement transformés dans les évolutions de la production, de l'échange et de la répartition.

Suivant les professions, il faut des proportions différentes de ces deux espèces de Capitaux ; et c'est souvent pour ne pas bien choisir cette proportion que beaucoup de chefs d'industrie compromettent leur situation. Tous les jours, des marchands, par exemple, engagent trop de capitaux dans l'embellissement de leurs magasins, et appauvrissent leurs fonds de roulement.

D'après l'énumération ci-dessus, on peut aussi dire qu'il y a des *Capitaux matériels* et des *Capitaux immatériels*. Dans ces derniers on comprend souvent (avec les clientèles et les procédés), les qualités morales, les facultés industrielles et les talents des travailleurs, toutes choses que l'on a aussi désignées sous le nom générique de *Capital moral* ou *capital intellectuel*. Mais c'est là un langage figuré qui a conduit à plus d'une confusion ; et

[1] Voy. plus loin au chapitre xvii.
[2] Voy. chapitre xvi et xvii.

il vaut mieux réserver aux qualités et aux talents la dénomination d'Instrument-travail.

Formation du Capital. — Moyen de faciliter les épargnes.

Un point des plus utiles à considérer, c'est la manière
dont les Capitaux se forment dans le monde.

Étant donnés des revenus d'une provenance quelconque, les Capitaux s'obtiennent de la manière à la fois la plus simple et la plus difficile : par l'*épargne* ou l'*économie*; — c'est-à-dire par la réserve des Utilités ou des Valeurs provenant de l'excédant de la Production sur la Consommation pour la satisfaction des besoins, réserve que l'on destine à alimenter une nouvelle production. — Supposons une production des plus modestes, celle d'un ouvrier agricole, par exemple : si cet ouvrier gagne par an 400 francs et qu'il n'en dépense que 350, il fait une économie de 50 francs. Cette économie est, s'il ne la destine pas à ses besoins, un capital improductif en attendant un emploi; c'est un capital dans toute l'acception du mot, dès le moment où il parvient à le faire coopérer à une production.

La pratique de ce procédé si simple de l'économie, de l'*abstinence* ou privation, est cependant une vertu difficile, puisque la différence de la Production sur la Consommation ne peut être obtenue qu'à l'aide d'un effort moral et d'une résistance souvent pénible aux tentations des besoins qui se présentent toujours en foule, et à l'attrait du plaisir que leur satisfaction procure. Cet effort peut être considéré comme un véritable travail, et on peut dire aussi que le capital est doublement le fils du travail[1], parce qu'il procède d'abord du travail productif et ensuite de l'épargne résumant l'ensemble des efforts, des privations et des soins, que nécessitent la mise en réserve du revenu non consommé, sa conservation, son accumulation et finalement son placement.

Le capital a donc une origine essentiellement morale et respectable.

Un pays est d'autant plus civilisé, d'autant plus puissant, qu'il possède plus de cette force morale propre à provoquer la création des capitaux dont il a besoin et qui sont le levier de sa force, de son indépendance et de sa liberté. On comprend, de plus, que cet instrument de production ne puisse se former facilement que dans un pays où le travail est honoré, où la propriété est garantie, où la sécurité est profonde.

Mais ce serait une erreur de croire que le capital se forme toujours par une épargne de monnaie ou par une abstention de dépense. Il y a capital, sous quelque forme que soit la valeur créée, accumulée, économisée et destinée à la production ; cent francs dépensés à un achat intelligent dans l'intérêt de l'industrie qu'on exerce sont souvent mieux capitalisés que si on les conserve sous forme improductive de numéraire en caisse.

Toute amélioration dans l'industrie qu'on exerce, toute amélioration sur le sol, est une formation de capital ; car c'est un prélèvement sur la consommation, en vue d'une nouvelle production ou d'une production plus féconde.

Une autre espèce d'épargne est celle qu'on fait en se

---

[1] On dit, par figure de langage, que le capital est du travail accumulé ; le travail s'évanouit et ne s'accumule point ; ce sont les fruits du travail qui, réservés et accumulés, forment le capital.

procurant des talents personnels ou en élevant et instruisant un enfant ayant des facultés productives.

Mais il est à remarquer ici que le capital proprement dit disparaît pour faire place à d'autres instruments ; la Terre [1] ou les Facultés, qui deviennent ainsi des instruments plus perfectionnés.

Plus l'industrie qu'on exerce est féconde, plus les capitaux que l'on possède produisent de revenus, plus on peut se faire payer la location ou le service de ses facultés, plus les épargnes peuvent être abondantes et la formation du capital facile.

Cette facilité est encore augmentée, dans des circonstances exceptionnelles : par des spéculations aventureuses, par les chances du hasard ou par le jeu. Mais on a remarqué qu'en moyenne les opérations et les tentatives les plus chanceuses sont aussi les moins lucratives. A côté de quelques favoris de la fortune, il faut voir les nombreuses victimes.

En définitive, c'est par les efforts habiles, persévérants du travail d'abord, par l'abstinence et l'ordre ensuite, que se forme, dans toutes les professions et dans toutes les conditions de la vie, la plus grande partie des capitaux d'un pays.

Les capitaux, constituant des propriétés, se transmettent par don et par héritage. Dans ces deux cas, les nouveaux possesseurs sont, en vertu du droit de Propriété [2], substitués aux anciens, qui les ont formés eux-mêmes ou les tenaient d'autres qui les avaient formés. C'est ainsi

---

[1] Voy. le chapitre suivant.
[2] Voy. plus loin, chap. viii.

du moins que les choses se passent dans les pays civilisés, où règne la Justice. Car partout où la spoliation existe sous forme d'Esclavage, de Monopole artificiel, d'Abus, etc., il y a déplacement inique des rétributions légitimes. Néanmoins, ceux qui profitent de ces déplacements illégitimes ne peuvent, eux aussi, capitaliser que par l'abstinence, l'économie et l'ordre.

Moyen de faciliter les épargnes. — Pour faciliter les économies des petits producteurs, et pour les mettre à même de soustraire leurs plus petites épargnes à la sollicitation de leurs besoins, il a été imaginé des *Caisses d'Épargne,* institutions philanthropiques, qui, sous la surveillance de personnes capables d'inspirer confiance, reçoivent en dépôt les plus modestes économies. Ces diverses petites sommes sont réunies et versées en France dans les caisses de l'État, qui paye un intérêt annuel et qui rembourse ces dépôts toutes les fois qu'on les lui demande. Des sommes assez considérables ont été ainsi épargnées, par les citoyens les plus modestes, en Angleterre, en France et dans les autres pays[1].

Une caisse d'épargne concentre des économies qui s'évaporeraient sans elle; elle est comme une tirelire où les petits producteurs peuvent déposer les ressources qu'ils veulent réserver; elle est une école élémentaire où se créent de petits capitaux, où se forment d'intéressants propriétaires; elle est le condensateur de l'économie et des vertus qui l'accompagnent. On doit donc être re-

---

[1] La première caisse d'épargne a été fondée fen Angleterre en 1810; la première caisse d'épargne de France a été celle de Paris, fondée en 1818. — On peut évaluer à une quinzaine de milliards la totalité des versements opérés dans ces deux pays depuis l'origine de ces établissements.

connaissant envers ceux qui les ont fondées et propagées.

Les entreprises d'*assurances* et celles de *crédit* offrent des facilités pour la formation, la conservation et l'utilisation des épargnes et du capital[1]. De plus, elles les provoquent par les bénéfices qu'elles offrent avec leurs diverses combinaisons. — Il en est de même des *associations ouvrières*, qui parviennent à se constituer.

CHAPITRE VI

Le Capital sous forme de Machines.

Utilité des machines. — Leur influence morale. — Objections faites aux Machines et au Progrès en général. — Leurs inconvénients largement compensés par les avantages sociaux qu'elles offrent.

Utilité des Machines. — Leur influence morale.

Par Machines, il faut entendre tout outil, mécanisme ou appareil, servant d'auxiliaire à l'homme dans le travail, augmentant sa puissance dans la production.

Les machines permettent de faire concourir à la Production les forces de la nature; elles font des travaux que les hommes ne pourraient faire; elles font plus vite et mieux une partie de celui qu'ils savent faire; elles permettent d'obtenir plus de produits avec moins de travailleurs; elles ont pour résultats :

Célérité, — économie, — abondance, — bas prix.

[1] Voy. au chapitre VII.

Quelques faits saillants pris dans l'industrie ancienne et moderne [1] peuvent faire apprécier le rôle et la puissance des machines, ainsi que la fécondité de la production de nos jours, comparée à celle d'autrefois. — Autrefois un ouvrier, travaillant comme on le fait encore dans les Pyrénées, obtenait cinq ou six kilogrammes de fer. Aujourd'hui un ouvrier, travaillant à l'aide de hauts fourneaux, en produit 150 kilogrammes ou trente fois plus. — Du temps d'Ulysse, un homme faisait, en un jour, de la farine pour vingt-cinq. A Saint-Maur, près Paris, un seul moulin a pu produire de nos jours de la farine pour soixante-douze mille personnes, avec le travail de vingt ouvriers, soit de la farine pour trois mille six cents personnes avec le travail d'un ouvrier. Le progrès était donc de cent quarante-quatre pour un sur le temps d'Ulysse. — Avant 1769, il aurait fallu trois cent vingt fileuses pour faire autant qu'une ouvrière d'aujourd'hui qui conduit (en compagnie de quatre autres) deux métiers de huit cents broches. — Une fileuse faisait juste la moitié de la besogne d'une broche.

Les machines émancipent l'esprit humain, en permettant qu'une partie des hommes s'occupe des arts, des sciences et de tous les travaux qui n'ont pas pour objet la culture du sol.

Si les diverses façons que réclame le sol ne pouvaient se donner que par le moyen de la bêche, si nous ne pouvions faire concourir à ce travail la charrue et les animaux, qui sont aussi des machines, il est probable qu'il faudrait employer à la production des denrées alimentaires la totalité des bras qui s'appliquent actuelle-

---

[1] Voy., pour de curieux détails, Michel Chevalier, *Cours d'économie politique*, t. 1, p. 80.

ment aux autres travaux. La charrue a donc permis à un grand nombre d'hommes de se livrer aux sciences, aux arts, à la culture de toutes les facultés de l'esprit et du cœur.

Grâce aussi à l'intervention des machines, l'ouvrier est successivement débarrassé des travaux les plus pénibles et les plus dégoûtants, de ceux enfin qui peuvent l'abrutir, le ravaler davantage. L'état duquel il faut constamment se rapprocher, c'est celui d'une société où toute action machinale serait exécutée par des animaux, ou encore mieux par des machines, et où tous les ouvriers ne seraient que des inspecteurs de ces travailleurs aveugles.

Objections faites aux Machines. — Leurs inconvénients largement compensés par les avantages sociaux qu'elles offrent.

On a fait à l'introduction des machines des objections faciles à réfuter.

On a dit que leur invention était nuisible toutes les fois que la production suffit à la consommation. — Mais les économistes ont répondu que toute machine nouvelle, donnant les produits à plus bas prix, ouvrait une plus grande marge à la consommation. Dès que les bas n'ont plus valu que un franc ou moins la paire, presque tout le monde a pu en avoir peu ou beaucoup, et la consommation des bas s'est augmentée, comme la facilité de les produire.

On a dit que les machines tendaient à remplacer les hommes sur la terre, et qu'il valait mieux que les pays fussent peuplés d'hommes que de machines. — Mais les économistes ont répondu, d'abord, que les machines ne consommant ni comestibles ni fourrages, et, la population n'étant limitée que par la quantité des subsistances alimentaires[1], l'augmentation des machines ne pouvait avoir d'influence pour diminuer le nombre des hommes. Les économistes ont encore montré que les occupations créées par les machines sont, la plupart du temps, plus considérables que celles qu'elles suppriment.

Les machines, il faut l'avouer, ont un inconvénient, mais cet inconvénient est heureusement passager, bientôt atténué et, finalement, compensé et au delà par leurs avantages. — Elles obligent les hommes dont elles font le travail à changer d'occupations, ce qui est une peine; et elles les exposent à un chômage plus ou moins long, ce qui peut être une cause de misère et de souffrances. Mais bientôt leur effet est, par la baisse des prix des choses qu'elles produisent, d'augmenter la consommation de ces mêmes choses; dès lors plus d'hommes sont demandés pour la surveillance des machines ou pour les travaux accessoires qu'elles engendrent, et les ouvriers déplacés trouvent une nouvelle occupation, soit dans l'industrie de la machine nouvelle, soit dans les autres branches de travail.

Au reste, l'introduction des nouvelles machines est un fait qui ne se produit ni d'une manière imprévue, ni sur une grande échelle. — Les inventions ne réussissent pas du premier jet; — les inventeurs ont à triompher de la routine et des habitudes prises; — les chefs d'industrie ne risquent pas, sans longue réflexion et sans tâtonnements, les avances nécessaires au renouvellement de leur matériel.

---

[1] Voy. chap. xxvi, sur la Population.

Des esprits superficiels ont quelquefois proposé de proscrire l'introduction des machines dans un pays. Mais ils n'ont pas réfléchi que cela était simplement impossible, pour diverses raisons : — la première, c'est que cette prohibition serait nulle, si elle ne s'étendait pas au monde entier, car sans cela certains pays profiteraient seuls des idées nouvelles ; — la seconde, c'est qu'il y a des machines dont on ne peut se passer, telles que les pendules, les presses, les pompes, les armes, la charrue, etc. ; — la troisième, c'est qu'on serait logiquement conduit à proscrire tout outil qui dépasserait les ongles. Ce qui serait non-seulement barbare, mais absurde.

Nous venons de parler des travaux que les machines font naître en compensation de ceux qu'elles remplacent. L'histoire de l'industrie moderne nous démontre cette action par de nombreux et frappants exemples.

Il n'y a plus de comparaison possible entre la maigre industrie des copistes d'avant le quinzième siècle et les nombreuses industries auxquelles l'imprimerie a donné naissance : celles des auteurs, des fabricants de papier, des ouvriers compositeurs, des imprimeurs et correcteurs, des brocheurs, relieurs, fondeurs de caractères, clicheurs, etc. Assurément il y a aujourd'hui plus de copistes employés par les auteurs qu'il y en avait à l'époque où l'imprimerie n'existait pas. Quels immenses résultats ! et cela, sans tenir compte des incommensurables résultats politiques et moraux que l'humanité a retirés de l'invention de Gutenberg.

Avant l'invention des machines à filer le coton, il n'y avait en Angleterre que 5,200 fileuses au petit rouet et 2,700 tisseurs ; total, 7,900 ouvriers. Dix ans après, en 1787, on comptait, tant dans la filature que dans le tissage, 352,000 ouvriers, ou quarante fois plus. Par suite des nouveaux perfectionnements des mécanismes et de l'introduction de la vapeur dans cette industrie, le nombre des ouvriers en coton n'a cessé d'augmenter. Il était déjà, en 1833, suivant un relevé qui n'a pas été refait, de près de 500,000; de 800,000, en y comprenant ceux des industries latérales, tels qu'imprimeurs sur coton, fabricants de tulles, brodeurs, etc.; de 1,500,000, avec les vieillards, les femmes et les enfants; de 2 millions, avec les menuisiers, serruriers et maçons occupés à fabriquer les usines, les métiers et les machines.

Le perfectionnement des voies de communication et les chemins de fer produisent en ce moment des effets analogues; ils ont déplacé les travailleurs de plusieurs industries, mais ils ont créé des travaux immenses capables d'occuper non-seulement les travailleurs déplacés, mais encore beaucoup d'autres.

En résumé, les machines produisent un grand bien social, en mettant les produits à la portée d'un plus grand nombre de consommateurs; elles augmentent les occupations des travailleurs et elles compensent par des avantages généraux et considérables l'inconvénient (passager, restreint et bientôt atténué) qu'elles occasionnent en forçant *quelques* ouvriers à changer d'occupation, — ou quelquefois en les exposant à un chômage, *temporairement.*

Tout ce que nous venons de dire des *machines* s'applique aux *découvertes* de toute espèce, aux **Progrès** de tout genre, à tous les *perfectionnements*, à toutes les *améliorations, — mécaniques, — chimiques, — économiques, — politiques, — administratives,* etc., qui permettent de faire **mieux, plus vite et à meilleur marché**.

CHAPITRE VII

La Terre, troisième instrument de l'Industrie humaine.

Nature de la Terre comme instrument de travail. — Grande et petite propriété; — grande et petite culture. — Faire valoir, métayage, fermage. — Division du sol.

Nature de la Terre comme instrument de travail.

Dans la *Terre* il y a deux choses à considérer : la force naturelle et productive qui est en elle ; les facultés productives que l'homme lui communique ou qu'il augmente par des améliorations de son fait.

Sous le premier rapport, la Terre est un Agent naturel approprié.

Sous le second, la Terre peut être considérée comme un Capital; mais c'est un capital tellement important et qui a des qualités si particulières, que les économistes ont été conduits à l'étudier séparément des deux autres, pour éviter les confusions.

La Terre proprement dite comprend la surface du sol cultivable, les forêts, les pâturages et autres terrains susceptibles d'une utilisation quelconque, les gisements des houilles, des minerais et des carrières en général. Dans les discussions économiques, on parle surtout du

Sol cultivable ; mais les conclusions auxquelles on arrive en ce qui le concerne sont aussi applicables aux autres moyens productifs de la terre, et à l'**Emplacement** sur lequel s'exercent les diverses industries.

Le Capital proprement dit s'incorpore avec la Terre, sous forme de nivellements, de canaux, de fossés, de clôtures, de bâtiments, de plantations, etc. ; il s'y attache sous forme d'outils, d'instruments aratoires, de machines, de bétail, d'engrais, de semences, etc.

Le Travail se combine, pour ainsi dire, avec la Terre, non-seulement sous forme de travail musculaire, mais encore sous forme de travail intellectuel, d'observations et de science.

La Terre, jusqu'à un certain point, peut être considérée comme une *machine* ou plutôt comme une collection de machines de forces inégales. — En effet, il existe une grande différence entre une terre et une autre, soit à cause de sa fertilité naturelle, soit à cause de sa position climatérique, soit encore à cause de sa proximité du lieu de la vente des produits, soit enfin à cause de toute autre circonstance favorable ou défavorable. Un hectare dans le département du Nord et un hectare dans les Alpes; une propriété isolée dans les terres et un champ dans la banlieue d'une grande ville, près du centre de consommation, sont autant de machines de forces très-diverses et très-inégales.

La terre ne livre tout le produit qu'elle peut donner qu'à l'aide des deux autres instruments, le Travail et le Capital. Ses produits spontanés sont sans importance, comparés à ceux qu'elle fournit avec le concours judicieux d'un travail habile et d'un capital suffisant. Mais, s'il est vrai qu'à un moment donné un travail et un capital doubles, appliqués à la terre, donnent des récoltes doubles, cela n'est pas vrai d'une manière continue ; et il est probable qu'un second doublement du travail et du capital produirait une récolte moindre que le double, et ainsi de suite. — En cela, l'*industrie agricole* diffère des autres, où les produits sont plus souvent proportionnels à la quantité des capitaux et du travail qui les met en œuvre.

Grande et petite Propriété ; — grande et petite Culture. — Faire valoir, Métayage, Fermage. — Division du sol.

Les économistes et les agronomes se sont souvent demandé s'il valait mieux, pour un pays, que le sol appartînt à de grands propriétaires ou que la possession des terres fût morcelée ; — ils se sont également demandé lequel valait mieux de la grande ou de la petite culture [1]. Mais il n'a pas été répondu d'une manière absolue à ces questions. — Il n'y a pas de règle générale ; la règle varie avec les pays, avec les climats, avec le caractère des habitants, avec la législation économique du pays. Il faut remarquer, toutefois, que — grande propriété et grande culture, — petite propriété et petite culture, — ne sont pas des idées qui se traduisent nécessairement l'une par l'autre. L'Irlande, par exemple, est un pays de grande propriété et de petite culture ; et, d'autre part, la propriété pourrait appartenir à de nombreux propriétaires et être l'objet d'une grande exploitation.

Il n'y a pas de règle générale non plus au sujet de la

[1] Ces expressions sont élastiques, et leur sens varie selon les pays. Au-dessous de 15 hectares, la culture est dite petite ; de 15 à 30, elle est moyenne.

préférence à accorder aux modes d'amodiation ou de location et d'exploitation du sol.

Les systèmes les plus généraux sont les suivants :

Celui de la culture par le paysan propriétaire et la famille, ou celui du *faire valoir*, dans lequel le propriétaire d'un plus grand domaine conduit diriger l'exploitation de la terre, avec des capitaux qui lui appartiennent ou qu'il emprunte et avec des ouvriers libres [1].

Dans ce système, le propriétaire réunit à lui seul les qualités de propriétaire, de capitaliste, d'entrepreneur d'industrie et d'ouvrier.

Dans le *métayage*, les cultivateurs sont des travailleurs à *moitié* fruit, à qui le propriétaire du sol fournit les capitaux, et avec lesquels ils partage, par moitié ou autrement, les récoltes et les produits. — Ce genre d'exploitation est usité dans les pays où le sol est plus ingrat, et où, les cultivateurs capitalistes étant rares, les grands propriétaires ne peuvent pas même louer à de petits entrepreneurs.

Dans le système de *fermage* proprement dit, le culti-

______

[1] Ou avec des travailleurs *esclaves* à divers degrés, comme dans l'antiquité et au moyen âge et, plus tard, dans les colonies modernes, comme c'est encore malheureusement le cas dans plusieurs pays, au Brésil, à Cuba, en Égypte, et généralement en Asie et en Afrique. Dans cette triste catégorie, nous citions encore, dans les deux premières éditions, la Russie, où s'accomplit, depuis 1861, la réforme du Servage, et les États-Unis, qui n'ont procédé à l'émancipation des esclaves qu'après une effroyable guerre civile (1862-65). Il a été décidé, au Brésil, qu'à partir de 1872, tous les nouveau-nés d'esclaves seraient libres. — Ce n'est qu'en 1848 que la France a émancipé les esclaves de ses colonies. L'Angleterre avait émancipé les siens en 1834. L'expérience a démontré que l'esclavage n'était pas seulement le plus immoral, mais le moins productif des procédés de culture : Le propriétaire se démoralise et se ruine; L'esclave travaille le moins possible et reste abruti.

vateur loue une terre à bail pour un temps déterminé et entreprend la culture à ses risques et périls. Il est alors entrepreneur agricole, susceptible de jouir seul du bénéfice de la culture, s'il est habile, si les circonstances lui sont favorables, s'il ne paye pas trop le loyer de la terre.

La question des avantages et des inconvénients de la culture par propriétaires, du fermage et du métayage, n'est, nous le répétons, pas susceptible non plus d'une conclusion absolue, mais on peut dire que le fermage ne peut avoir les avantages qu'on lui reconnaît que si le bail est conclu pour un assez long terme[1], et si le fermier peut se réserver une part dans la plus-value du sol obtenue par les améliorations de son fait ; — qu'il en est de même du métayage, si le propriétaire sait faire les avances nécessaires et si le métayer sait en profiter ; enfin, que l'exploitation par propriétaires est évidemment le meilleur des systèmes, puisque le cultivateur réunit les qualités de maître du sol à celles de capitaliste et de travailleur agricole, si toutefois il a l'intelligence et le capital nécessaires à son exploitation.

Division du sol. — On s'est encore beaucoup préoccupé du morcellement des héritages et de l'influence qu'il pouvait avoir sur la richesse du pays. Ce morcellement s'est opéré sur une grande échelle, en France surtout depuis la Révolution de 1789, à la suite de la loi

---

[1] 27 ou 50 ans. La durée peut s'étendre jusqu'à 99 ans ; alors le bail est dit *emphytéotique*.

En Écosse, le fermage est souvent évalué en grains et payable au prix du marché. Le propriétaire et les fermiers y courent la même chance de la bonne et de la mauvaise fortune.

qui a prescrit le partage égal des successions entre les enfants. Mais on a remarqué que le morcellement n'avait pas suivi depuis 1815 le chiffre de la population. Il y avait dix millions de cotes foncières en 1815 et vingt-neuf millions d'habitants; il n'y avait que douze millions et demi de cotes foncières en 1855, avec trente-six millions d'habitants, dans la même proportion avec le nombre d'habitants. Il ne faut d'ailleurs pas prendre le nombre des cotes foncières pour celui des propriétaires, qui payent souvent deux ou plusieurs cotes; et d'autre part, la moitié des cotes se rapporte aux propriétés bâties, dont le nombre va en s'accroissant.

Le morcellement semble être arrêté ou provoqué par la nature des cultures, celle-ci étant déterminée par les profits qu'on y trouve, et par la libre initiative des propriétaires et des cultivateurs.

La diversité de l'étendue des terres est nécessaire. Les petites, les moyennes et les grandes propriétés se forment par le cours naturel des choses, et il suffit de ne pas mettre obstacle aux transactions sur les terres, pour qu'il ne se produise ni excès d'agglomération ni excès de morcellement.

CHAPITRE VIII

L'Industrie de l'homme ou l'action du Travail, du Capital et de la Terre rendue plus féconde par l'appropriation, par la Propriété.

Origine du principe de propriété. — Propriété du travail, du Capital, de la Terre. — Propriété obtenue par Échange, Don ou Héritage. — Première occupation. — Invention.

L'étude de la nature humaine et l'expérience démontrent que le plus grand stimulant pour exciter l'homme à travailler, à se priver et à former du capital avec les fruits de son travail, à améliorer le sol, à développer toutes les branches d'industrie, c'est la libre disposition de ce qu'il obtient par ses efforts, de ce qu'il acquiert par l'échange ou le don, de ce qu'il parvient à posséder; enfin, c'est le droit de propriété ou simplement la **Propriété** [1].

Il s'ensuit que le droit d'appropriation, la garantie de la possession, la libre disposition de la chose possédée est donc la condition par excellence de l'industrie humaine et de l'activité sociale. Voilà pourquoi nous avons dit, dès le début [2], que le droit de propriété, c'est-à-dire le droit d'user de ce que l'on possède légitimement, selon sa volonté (pourvu qu'on ne nuise pas aux autres) est la clef de voûte de l'édifice social ; et voilà comment il se fait que la civilisation est proportionnelle à la garantie de ce droit.

[1] Ce mot désigne à la fois le *droit* de posséder et d'user, les *choses* sur lesquelles porte ce droit, et la *qualité* des choses d'être appropriables.

[2] Voy. page 10.

L'homme, dès la plus tendre enfance, a la notion du tien et du mien, c'est-à-dire de la propriété.

On trouve la propriété à l'origine de toutes les peuplades ; et partout on voit l'homme s'approprier tout ce qui lui est nécessaire et ce qu'il produit, d'abord son arc et ses flèches, puis sa cahute, et plus tard, sa maison, son jardin, sa terre. A mesure que l'homme se développe, il devient plus attaché à ce qu'il possède ; à mesure que la société progresse, elle sent plus le besoin de garantir la propriété. L'esprit propriétaire et le besoin de sécurité augmentent parallèlement. D'autre part, c'est un fait, constant et universel, que la richesse est moins abondante et moins bien distribuée, que la civilisation est moins avancée, partout où la propriété individuelle est moins bien garantie, partout où ses titres ne sont pas nettement formulés, soit que l'État ait des droits exagérés sur elle, soit que l'organisation sociale permette la spoliation sous forme directe ou indirecte.

L'homme a dans ses Facultés personnelles, physiques ou intellectuelles, c'est-à-dire dans sa personne, une propriété incontestable.

De l'exercice de ces facultés naissent l'Effort, la Peine, le *Travail*, qui donnent droit au résultat de cet effort et de cette peine. De là, une seconde propriété des fruits du Travail, qui est incontestable, bien qu'elle ait été et qu'elle soit encore violée, comme la première, de la manière la plus outrageante — par l'esclavage et le servage [1].

En troisième lieu, quand l'homme ne consomme pas

____
[1] Voy. la note du ch. vii, p. 44.

de suite ce qu'il produit ; s'il épargne, s'il économise, s'il s'impose la privation et l'abstinence, le résultat de cet autre effort, de cette souffrance, de cette non-satisfaction de ses besoins ou de ses goûts, ne peut lui être contesté. De là, une troisième propriété, la propriété du *Capital*.

En tout, trois propriétés : celles de la personne, des fruits du travail et des résultats de l'épargne ou capital, lesquelles se résument en deux : la propriété personnelle et la propriété mobilière, qui n'est pour l'homme libre qu'une manière de jouir de la propriété personnelle.

La propriété du Travail et du Capital est donc légitime ; mais elle doit être garantie au point de vue de la *Justice*, telle que nous la concevons ; — elle doit encore être garantie par une autre raison fondamentale, tirée de l'*Utilité sociale*.

En effet, supposez que vous ne respectez pas la propriété des facultés, la propriété personnelle ; la bête remplace l'homme, il n'y a plus de société. — Supposez que vous ne garantissez pas le privilége du producteur sur ce qu'il a obtenu par son industrie ; il n'a plus de stimulant, plus d'*intérêt* pour travailler, pour faire des efforts, prendre de la peine. — Supposez que vous ne garantissez pas la propriété des fruits du travail, l'accumulation de ces produits par l'épargne, le capital, enfin, et la source de cet élément indispensable, de ce levier de la civilisation, sera tarie.

Supposons maintenant que l'homme, par son travail, son capital et l'action de son industrie, défriche une terre n'appartenant à personne, qu'il y fasse diverses améliorations, qu'il y bâtisse une demeure, etc., il sera, en vertu des mêmes principes de Justice et d'Utilité, légitime propriétaire de ces améliorations. Quoi de plus juste qu'il ait la faculté d'en user, de les échanger et de les donner, de son vivant ou après sa mort?

Si la propriété directe du travail et du capital est légitime, au point de vue de la justice et de l'utilité sociale, il ne peut en être autrement de cette même propriété obtenue indirectement par la voie d'*échange*; car, pour l'obtenir, le possesseur donne une quantité équivalente d'une propriété analogue, qui lui a coûté des efforts et des sacrifices.

Le privilége de la propriété du capital et du travail, soit produite, soit obtenue par voie d'échange, qu'il est juste et utile de garantir, entraîne la libre disposition de cette propriété, d'où découle le droit de *don*, qui est une manière nécessaire d'user de la propriété. Il entraîne également le droit de la transmettre par *héritage* après sa mort, aux enfants et aux proches qui constituent la famille. La prévoyance du chef de la famille est un des liens fondamentaux de la société; elle est nécessaire pour l'existence de la famille; elle sert, en outre, de stimulant au travail, à l'épargne, à l'économie, à la formation du capital, qui féconde l'industrie au profit de son posesseur et au profit de la société tout entière.

En dehors de la voie du travail direct ou indirect (échange, don et héritage), les hommes peuvent encore acquérir légitimement par le fait de la première occupation, — par une invention, — ou par suite d'une bonne fortune.

Il est naturel que le fait de l'*occupation* d'une chose qui n'appartient à personne suffise pour rendre cette

chose la propriété de celui qui s'en empare. Ce principe
a été admis de tout temps dans la pratique des nations.
L'occupation la plus importante, celle qui a servi de base
à toutes les propriétés privées, est celle du territoire sur
lequel chaque nation s'est développée. C'est ce qui a
fait considérer par les jurisconsultes l'occupation comme
le principal moyen d'acquérir la propriété. — Le principal moyen aujourd'hui, dans les sociétés civilisées,
c'est le travail du possesseur ou de ceux qui lui ont
transmis la propriété.

L'*invention* d'une idée nouvelle, d'une application nouvelle, d'un procédé scientifique nouveau, chimique, mécanique, administratif, commercial, etc., a une certaine
analogie avec l'occupation. Il est à la fois juste et utile
que cette invention soit encouragée et récompensée par
la sécurité, donnée à l'inventeur, qu'il jouira des fruits
de son industrie, c'est-à-dire de son travail.

Toutefois, les droits de cette *propriété intellectuelle* ne
sont pas encore nettement établis. Les meilleurs esprits
se partagent sur la nature des services rendus à la société par les *inventeurs* et par les *auteurs* d'ouvrages littéraires ou artistiques ; sur la question de savoir si ces
services donnent droit à une propriété proprement dite
et perpétuelle, ou doivent être temporairement récom-
pensés, soit par de simples encouragements directs, soit
par des priviléges d'exploitation exclusive. En fait, la propriété littéraire et artistique, plus facile à délimiter, à
garantir, a obtenu une plus longue durée de ses droits,
pendant la vie des auteurs et après leur mort.

———

CHAPITRE IX

L'Industrie de l'homme rendue plus féconde par la liberté du Travail ou la libre Concurrence.

La liberté du Travail est un droit naturel. — Avantages sociaux de la libre Concurrence. — Ce qu'étaient les anciennes Corporations. — Réglementation, Organisation et Laisser-faire.

La liberté du Travail est un droit naturel. — Avantages sociaux de la libre Concurrence.

L'expérience a également démontré que l'industrie de l'homme, pour être féconde, doit être *libre*, et que les lois et règlements qui sont faits pour la limiter, la diriger, la réglementer, l'*organiser* enfin (pour nous servir d'un mot fort à la mode), agissent contre la nature des choses, et contribuent, par conséquent, à arrêter le progrès, à appauvrir les citoyens, à augmenter la misère.

L'Industrie et le Travail sont libres, lorsque tout homme a le droit d'exercer la profession qui lui convient, sans entraves, concurremment avec d'autres, à la seule condition de respecter la propriété d'autrui.

Ce *droit de travailler*, réclamé par les économistes du dix-huitième siècle, proclamé par Turgot[1], l'un des plus illustres d'entre eux (lors de son ministère), invoqué par la Révolution française et décrété par l'Assem-

---

[1] Turgot et Louis XVI disaient, dans leur mémorable édit de mars 1776, supprimant les corporations, ces belles paroles: « Dieu, en donnant à l'homme des *Besoins*, — en lui rendant la ressource du *Travail* nécessaire, — a fait du *droit de travailler* la *propriété* de tout homme; — et cette propriété est la première, la plus sacrée et la plus imprescriptible de toutes. »

blée constituante, est un *droit naturel*. Il fait partie de cet ensemble de principes, dits de 89 ; il est une des bases de la science économique, sous le nom de **Liberté du travail**, — *Libre concurrence*, ou simplement **Concurrence** [1].

La *concurrence est l'âme et l'aiguillon de l'industrie.* Elle stimule et éclaire à la fois le producteur ; elle le pousse sans cesse à faire mieux et plus économiquement. Les industries dans lesquelles elle n'agit pas suffisamment sont généralement arriérées.

C'est par le libre concours entre les acheteurs et les vendeurs que s'établit le prix des choses [2], et c'est la *concurrence qui met un juste prix au travail, aux services, aux marchandises, aux propriétés.*

C'est elle qui arrête les entreprises inconsidérées, qui prévient les monopoles, qui diminue les frais onéreux de fabrication, de transport, de magasinage, et l'intérêt des capitaux, et qui réduit à de justes proportions les profits des entrepreneurs.

La concurrence, considérée au point de vue du producteur seul, a les désagréments de tout stimulant. Mais cet inconvénient, inhérent à la nature des choses, est amplement compensé, soit dans l'intérêt des concurrents, soit dans l'intérêt de la société, par l'impulsion qu'il leur communique et par l'activité qu'il imprime à toutes les facultés physiques, intellectuelles et morales, se résumant dans leur faculté productive.

[1] On dit aussi : *Liberté des Professions,* — *Liberté des Transactions,* — *Liberté du Commerce;* mais ces deux dernières formules s'appliquent plus particulièrement au Commerce ou à l'Industrie commerciale ; et la dernière s'applique plus particulièrement à la Liberté du Commerce international.

[2] Voir au chap. **xv**.

Ce qu'étaient les anciennes Corporations.

Jadis, en France, avant la Révolution de 1789, la liberté de travail n'existait pas pour un grand nombre de professions organisées en **Corporations**, dites *jurandes* et *maîtrises*. Il en a été plus longtemps de même chez la plupart des peuples, et il reste actuellement, en divers pays, en Allemagne, notamment, des vestiges nombreux de ce système. — Dans cette organisation de l'industrie, les diverses professions sont limitées et circonscrites, c'est-à-dire qu'elles ne comprennent qu'une certaine quantité de travaux fixés par les règlements, et qu'il est interdit à un homme appartenant à une profession, à une jurande, de faire quoi que ce soit du travail compris dans une autre jurande, une autre maîtrise. Dans chacune de ces corporations, le nombre de maîtres est limité, ainsi que le nombre des ouvriers. On ne peut devenir maître dans un pays (ce qui ne donne pas le droit de travailler dans un autre) qu'après un assez long temps d'apprentissage, des efforts nombreux et diverses dépenses. En France, lorsque, sous le ministère de Turgot (1776) d'abord, ensuite sous la première Assemblée constituante (1791), ce système fut aboli, on s'était aperçu qu'il avait produit les plus grands maux : des querelles infinies entre les diverses corporations, une réglementation barbare et ridicule, la misère des travailleurs, la proscription des inventions. Lorsque Ami Argant, par exemple, eut conçu la lampe à double courant d'air dont nous nous servons, il eut à lutter avec les lampistes, les potiers, les chaudronniers, les serruriers de fer, les serruriers de laiton, etc., dont il utilisait les outils et les procédés. L'inventeur de la tôle vernie (1761) fut obligé de quitter la France. L'inventeur du papier peint aurait été obligé d'en faire autant, s'il n'eût obtenu le droit de s'établir exceptionnellement en « manufacture royale. »

L'histoire des guerres que les corporations se sont faites, celle des poursuites dirigées par les gens de justice contre les travailleurs pour violations de règlements minutieux et tyranniques, est vraiment lamentable. Ainsi s'explique, en grande partie, le progrès extraordinaire de toutes les branches de l'industrie après la Révolution française, sous l'influence fécondante d'un régime plus libre et plus propre au développement des facultés et de l'activité des citoyens.

Réglementation, Organisation et Laisser-faire.

Faute d'avoir suffisamment observé la nature des choses, on a souvent songé à revenir, en l'amendant, au système des corporations ou à soumettre l'Industrie et le Travail à une réglementation, ou soi-disant *organisation* artificielle et contraire à la liberté. Mais il est à remarquer que, dans une pareille entreprise, on se briserait toujours contre deux difficultés insurmontables.

D'abord, la division officielle des professions est impossible, aujourd'hui que les sciences et l'industrie ont fait tant de progrès et se prêtent un si mutuel appui. Vouloir dire où finit un art et où commence un autre, c'est aborder un problème comme celui du mouvement perpétuel.

En second lieu, les conditions d'apprentissage qu'on imposerait seraient, quoi qu'on fît, arbitraires et tyranniques. Quand un homme peut savoir son métier en deux ans, de quel droit en exigerait-on trois de lui ?

En troisième lieu, en supposant que les règlements .d'un métier et d'une corporation fussent d'abord aussi parfaits que possible, le progrès des sciences et des inventions, qui est incessant, ne tarderait pas à les rendre gênants et oppressifs pour les producteurs.

En résumé, *le travail, pour être le plus productif possible, doit être plus libre* dans toutes ses allures et dégagé de toutes entraves.

Une administration intelligente doit le *laisser-faire*, comme disaient les économistes au dernier siècle, et ne pas intervenir dans ses opérations. — Si l'autorité intervient, ce ne doit être que pour le protéger, pour lui garantir la liberté, l'ordre et la tranquillité ; plutôt que pour l'*aider à faire*, cas auquel elle ne tarderait pas à l'empêcher de faire ; — elle ne doit vouloir le surveiller que le plus rarement possible, seulement pour ce qui touche à la salubrité publique ; — et, dans ce cas, elle doit s'étudier à appliquer les moyens de *répression* par les tribunaux ou la *justice*, plutôt qu'à multiplier les moyens administratifs, *préventifs* ou de *police*, qui ont tous les inconvénients des règlements des corporations dont il vient d'être parlé.

CHAPITRE X

L'industrie rendue plus féconde par la Sécurité, principale mission du gouvernement, — par l'Instruction et les bonnes Habitudes morales.

Pour que l'Industrie vive et se développe sur toute la surface d'un pays ; — pour que le Travail soit fécond et même possible ; — pour que les ouvriers puissent employer leurs bras et leurs facultés, — les artistes et les savants, leurs talents, — les capitalistes, leurs capitaux, — les possesseurs de terres, de forêts, de mines, leurs propriétés foncières, — il faut avant tout de la **Sécurité ;**

La Sécurité dans un pays est d'autant plus grande, que la Police de la voie publique est mieux faite ; que la Justice est mieux rendue ; que l'action des pouvoirs publics est plus intelligente ; que les impôts sont mieux assis ; que les conditions de la *paix internationale* sont mieux établies ; or toutes ces choses sont synonymes d'un plus grand progrès dans les mœurs publiques et privées ; d'une Liberté plus réelle, d'une *Civilisation* plus avancée.

Dans les pays encore barbares, où le cultivateur n'est pas assuré de profiter de sa récolte, les champs restent en friche, et quelques individus vivent misérablement sur un sol qui pourrait en alimenter cent fois et mille fois plus. En temps de Guerre ou de Révolution, les champs ne sont plus ensemencés, les capitaux restent stagnants, le travail n'est pas demandé et la Misère produit ses ravages. A toutes les époques et partout où on a maltraité le commerce des grains, par exemple, cette branche de travail a cessé ; la nourriture n'a plus circulé ; la culture a été découragée, les transactions paralysées et les populations affamées. — A toutes les époques et partout où la foule ignorante, égarée ou coupable, a brisé des machines, incendié des établissements, détruit des travaux, l'industrie s'est arrêtée, le travail a disparu et les classes ouvrières ont subi les étreintes de la faim.

L'autorité publique, le Gouvernement, a pour principale mission de produire la sécurité, de maintenir l'ordre, de faire rendre la justice, de garantir la liberté, c'est-à-dire le respect des personnes et des propriétés, — avec des lois faites par le pouvoir législatif, interprétées par le pouvoir judiciaire, observées sous la surveillance du pouvoir exécutif, ayant à sa disposition divers services d'administration, une force publique terrestre et maritime, dont il salarie les agents avec des prélèvements sur les revenus des citoyens par un système d'impôts ou contributions. — Les attributions, le mécanisme et l'organisation rationnelle des pouvoirs publics constituent une des branches de la Politique.

L'Instruction accroît la force et l'habileté des organes matériels de l'homme ; — elle augmente la portée et la sûreté de son intelligence, — elle rend son travail et son industrie plus féconds.

Il en est de même de toutes les bonnes **Habitudes morales** qu'il peut acquérir, qui, lui donnant de l'empire sur ses passions, lui permettent de réprimer ses mauvais instincts, — de diriger son activité vers les occupations productives, — de ménager sa santé et ses forces, — de former du capital par l'économie, — de travailler sans cesse à son amélioration physique et morale, à son bien-être et à celui de sa famille, tout en étant de plus en plus utile à la société.

La civilisation et le bien-être progressent avec le maintien de l'ordre intérieur et de la paix internationale, avec le développement de l'instruction et des bonnes habitudes morales. La barbarie, la misère se produisent dans le cas contraire[1]. Une saine instruction amène la moralité ; la moralité féconde l'instruction ; toutes deux contribuent à la sécurité.

———

CHAPITRE XI

L'Industrie de l'homme rendue plus féconde par la Division du Travail.

Prodigieux effets de la Division du Travail. — Causes de cette puissance. — La Division du Travail dans toutes les professions, — entre les Industries, les localités et les Nations.

Prodigieux effets de la Division du Travail. — Causes de cette puissance.

L'expérience démontre qu'un judicieux emploi du travail des hommes et des capitaux peut augmenter d'une manière prodigieuse la faculté de produire. Le procédé général de la **Division du Travail** en est un exemple.

On désigne ainsi la séparation des occupations, au

[1] Voy. au chap. XXVII.

moyen de laquelle chaque personne fait toujours la même opération ou du moins un petit nombre d'opérations.

La puissance de ce moyen, judicieusement analysé par Adam Smith, se démontre par l'énoncé des merveilles qu'il produit.

D'abord les ouvriers acquièrent une habileté extrême. Si le forgeron, accoutumé à manier le marteau, entreprend de faire des clous, c'est avec peine qu'il en fait d'abord 200 ou 300 dans un jour. Peu à peu, il devient plus habile, et si habile, qu'on voyait, avant l'emploi des machines, de jeunes cloutiers à la main fabriquer jusqu'à 2,500 clous par jour.

Lorsque les aiguilles sortent de la trempe, elles sont légèrement recourbées, elles font le crochet. Ce sont des femmes qui les redressent au moyen d'un coup de marteau sur une petite enclume. Chacune de ces dresseuses, comme on les appelle, peut en redresser 4 à 5,000 par jour.

Naguère, lorsqu'on perçait encore les aiguilles à la main, à l'aide d'un poinçon sur lequel on tapait avec un marteau, un ouvrier pouvait en percer 2,000 par jour. Cette opération se faisait avec une rapidité extrême et une adresse incomparable; et il n'était pas rare de voir de petits enfants, faisant cette besogne, percer un cheveu et faire passer un autre cheveu au travers.

Par la division du travail, les ouvriers ne perdent pas de temps à changer — d'occupation, — de place, — de position et d'outils; — et l'attention, toujours plus ou moins paresseuse, n'a pas besoin de se préoccuper de sujets nouveaux.

En second lieu, nous l'avons dit, l'esprit et le corps acquièrent une habileté extraordinaire, même dans des opérations difficiles. Telle est l'adresse d'un pianiste, d'une plieuse de journaux, d'un calculateur, d'un compositeur d'imprimerie et de tous ceux enfin qui répètent souvent les mêmes opérations.

Troisièmement, la division de travail, en réduisant chaque tâche à une opération plus simple, en concentrant l'attention et l'observation, fait découvrir les procédés les plus expéditifs. — L'histoire industrielle nous apprend en effet qu'une partie des mécanismes et des procédés employés dans les arts sont dus à des ouvriers.

En résumé, *diviser* le travail, — c'est le *simplifier* et l'*abréger* ; — c'est encore augmenter la quantité des produits et la qualité des produits ; — c'est, en même temps, diminuer les frais à l'aide desquels on les obtient, le Prix auquel ils se vendent ; — et diminuer le prix, c'est augmenter la Consommation et l'Aisance des hommes, et par suite leur moralité.

C'est ainsi qu'Adam Smith a pu citer une fabrique d'épingles où déjà de son temps (en 1770) dix ouvriers, se partageant les soixante-dix-huit opérations que nécessitait la fabrication de ces objets, pouvaient produire 48,000 épingles en un jour, ou 4,800 épingles chacun. D'où la possibilité d'obtenir cet objet si utile à un prix si bas. De nos jours, grâce à une division encore plus étendue et à l'emploi des machines, on peut acheter vingt épingles pour 1 sou, quatre épingles pour 1 centime. — Les aiguilles, qui passent aussi par un grand nombre de mains et sont soumises à cent vingt opérations, coûtent aussi peu. Les plumes de fer sont dans le même cas. Dans la fabrique de Blanzy-Poure, à Boulogne-sur-Mer, 880 ouvriers, exécutant 15 à 21 opérations, et aidés de machines, fabriquent 2,200,000 grosses (12 douzaines) par an, soit 1200 plumes variées plus environ 65 porte-plumes par journée d'ouvrier.

La Division du Travail dans toutes les professions, — entre les Industries, les localités et les Nations.

On observe les heureux effets de la division du travail dans toutes les branches de l'industrie humaine : dans les sciences, dans les arts, en agriculture, dans le commerce, dans les manufactures.

Les sciences n'atteignent un haut degré de perfection que lorsque ce sont des hommes différents qui se livrent à un petit nombre de recherches auxquelles elles donnent lieu.

Dans les beaux-arts, dans la littérature, dans l'art de guérir, etc., il faut s'adonner à une spécialité pour acquérir renom et fortune.

Dans toute Administration, il n'y a pas de bonne organisation sans la séparation des occupations et la responsabilité individuelle. — En Politique, la division des pouvoirs et des fonctions est de rigueur pour éviter le despotisme, les abus et les malversations, et pour obtenir les bons effets d'un gouvernement rationnel.

La variété des saisons et les phases périodiques de la culture sont des obstacles à la division du travail ; mais pourtant il y a des hommes qui sont plus spécialement laboureurs ; d'autres plus spécialement batteurs de grains en grange ; d'autres sont préposés à la garde des bestiaux ; d'autres, à la conduite des animaux de trait, aux soins des troupeaux, à la culture des arbres, etc. — Au surplus, on voit la division s'étendre avec le progrès des cultures, avec l'introduction des machines, et réciproquement.

Dans l'industrie commerciale, on trouve non-seulement le commerce en gros, le commerce de détail, celui d'exportation, mais encore celui de chaque espèce et de chaque variété de marchandise. — Il y a, en outre, des commerçants dont toute l'industrie consiste à recevoir et à payer pour les autres, ce sont les Banquiers ; d'autres qui ont pour unique industrie de mettre les acheteurs et les vendeurs en communication, ce sont les Courtiers ; et, dans chacune de ces professions, les fonctions et les occupations sont très-divisées.

Mais c'est dans les manufactures que la division du travail peut s'appliquer davantage, comme le démontrent les exemples que nous avons indiqués et mille autres encore que nous pourrions citer. C'est aussi pour des manufactures qu'on en constate mieux les avantages, par le perfectionnement des procédés, la rapidité du travail, le bas prix des produits.

La division du travil est donc plus ou moins étendue, selon la nature des industries.

Elle dépend aussi de la facilité avec laquelle les produits et les services s'écoulent ou se vendent, et, comme on dit, de l'étendue des *débouchés*[1].

Dans une petite localité où les produits s'écoulent difficilement, plusieurs travaux de nature souvent fort différente sont exécutés par la même main. Un médecin y est à la fois pharmacien, chirurgien, dentiste, oculiste. — On voit l'épicier de village obligé d'être à la fois barbier, mercier, faïencier, cabaretier, et même écrivain public, tandis que, dans une grande ville, chacune de ces professions se subdivise, au point que l'on voit des ma-

---

[1] Voy. au chap. xiv ce qui est dit sur les Débouchés.

gasins spéciaux pour les thés, les huiles, les vinaigres, la moutarde, etc.

La *spécialisation* des diverses industries est un autre aspect de la division du travail, par suite de laquelle la plupart des produits sont le résultat de la *coopération* de plusieurs professions. C'est ainsi que la charrue nécessite le concours du charron qui fait le mancheron et du forgeron qui fait le soc, et avant, le concours du producteur de bois et du producteur de fer, etc.; les coopérateurs d'un habit sont innombrables. On a calculé qu'un kilogramme de coton, récolté dans l'Inde, travaillé en Angleterre, et réexporté dans l'Inde, passe par cent quarante mains et fournit la matière d'un tissu à la portée des plus pauvres, grâce à cette grande division du travail qu'il a fallu pour le mettre en œuvre.

La division du travail s'établit non moins avantageusement entre les diverses parties d'une même contrée, entre les divers pays, entre les divers continents, selon leur climat, la nature de leur sol, les aptitudes et les mœurs de leurs habitants.

C'est par l'effet de cette division, et à l'aide du commerce et des échanges s'établissant entre les diverses localités, — que les consommateurs de tous les pays obtiennent les meilleures qualités en toutes choses et au plus bas prix, — que l'homme du Nord et l'homme du Midi participent chacun aux avantages réciproques de leurs pays.

C'est là une des grandes lois de la Nature physique et sociale, dont l'application produit l'aisance et favorise la civilisation, dont la violation aux frontières des États politiques a causé et cause encore d'incalculables maux à l'humanité.

CHAPITRE XII

L'Industrie rendue plus féconde par l'Association.

Avantages qu'on peut attendre de l'Association. — Limites naturelles
de l'Association et du Monopole qui en peut résulter. — Associations ouvrières. — Coopération.

Avantages qu'on peut attendre de l'Association.

La Société, l'Humanité tout entière, est une grande
Association. Chaque Nation du globe est une Association.
Il en est de même de diverses autres circonscriptions
qui portent, suivant les pays, les noms de provinces, de
comtés, de départements; il en est surtout de même des
Communes. D'autre part, chaque Famille constitue une
association particulière; mais ce sont là des Associations
naturelles qui s'imposent, pour ainsi dire, aux hommes;
et ce sont plus spécialement des réunions d'efforts *particuliers*, — des réunions d'un certain nombre de personnes dans un But commun, dans un Intérêt commun,
— qu'on appelle **Associations.**

Les Associations sont extrêmement variées, selon le
but qu'elles se proposent. Il y a des Associations Reli-
gieuses, — Politiques, — de Charité ou de Bienfaisance,
— des Associations Scientifiques, — Agricoles, — Manufacturières, — Commerciales, — d'Assurances, — de
Crédit, — de Secours mutuels, etc.

A l'exception des deux premières catégories, toutes ces
associations sont d'ordre économique.

Dans toute Association, il y a, par l'effet de la réunion
des efforts, de la concentration des moyens, un accrois-

sement plus ou moins considérable dans la puissance du Travail, dans la puissance du Capital, dans la puissance industrielle et productive ; — il y a une accumulation de ressources qui, éparpillées, seraient ou improductives, ou moins fécondes.

L'Association a lieu entre Entrepreneurs, Travailleurs et Capitalistes, les mêmes individus pouvant figurer à un ou deux, ou trois de ces titres différents, — et les sociétés avoir plus particulièrement le caractère d'une association de capitaux ou d'une association de travailleurs[1], et toujours un caractère mixte.

Les types de ces associations varient selon les conditions du pacte social, — la durée, — les conditions de la mise en capital ou en travail, — le mode du partage des bénéfices, — le rôle et la responsabilité des associés, gérants ou directeurs, — des intéressés, commanditaires, bailleurs de fonds ou actionnaires[2].

Le développement de l'esprit d'association a produit, dans l'époque moderne, des collections d'efforts dont les

[1] Suivant que le capital est plus ou moins considérable ; que les coopérateurs associés sont plus ou moins nombreux.

[2] On nomme *Actions* ou *Parts* les fractions du capital donnant droit à un *Intérêt* et à une part du Bénéfice ou *dividende*. — Il y a les Sociétés dans lesquelles les associés sont tous responsables sur leur fortune (en France, les *Sociétés* dites *civiles*, les *Sociétés en nom collectif*, dénommés par le nom d'un ou d'un plus grand nombre d'associés) ; — les sociétés dans lesquelles les gérants ou directeurs sont seuls responsables de toute leur fortune, et leurs associés seulement responsables pour le montant de leur part ou action souscrite (en France les *Sociétés en commandite*) ; — les Sociétés dans lesquelles les gérants, directeurs ou agents ne sont pas responsables (les Sociétés *anonymes* non dénommées par le nom des associés et dont les gérants sont irresponsables, dites Sociétés à *responsabilité limitée*). Voy. le *Code de commerce*, les lois de 1856, de 1863 et de 1867, sur les Sociétés commerciales. Cette dernière loi a fait faire un pas notable vers la liberté d'association.

résultats ont été extrêmements utiles aux hommes. C'est cet esprit qui a réuni les grands capitaux qui ont permis de créer les plus beaux établissements de l'industrie moderne : les exploitations des mines, les canaux, les chemins de fer et beaucoup d'autres entreprises, qui n'auraient jamais existé sans lui et qui ont rendu de si grands services à la civilisation. Quel simple particulier, en effet, aurait jamais été assez riche et assez puissant pour entreprendre la construction d'une voie de communication devant coûter 100 millions de francs? Peu de personnes auraient voulu engager toute leur fortune dans des pareils projets — rendus faciles de nos jours, avec la réunion de deux ou trois cent mille associés ou actionnaires, ne risquant qu'une faible portion de leur fortune pour se créer une part de propriété dans la valeur d'un grand établissement.

Les inventeurs, les savants, les hommes de capacité, les entrepreneurs, trouvent dans l'esprit d'association un auxiliaire puissant pour se procurer les moyens nécessaires d'appliquer leurs découvertes, leurs sciences, leurs idées, leurs industrie.

Il est très-profitable aux capitalistes, aux ouvriers, parce qu'il provoque l'emploi des capitaux que possèdent les premiers et des facultés industrielles que possèdent les seconds.

Il peut être très-profitable aux ouvriers d'élite, à un autre point de vue, en leur permettant de réunir leurs efforts et de former des sociétés de travail desquelles ils peuvent retirer, outre un salaire courant, une part des bénéfices. Mais il ne faut pas qu'ils oublient, dans ce cas, que le travail et l'intelligence ne suffisent pas; que les capitaux sont indispensables dans la production, et qu'il faut dans toute entreprise se soumettre à une direction[1].

Limites naturelles de l'Association et du Monopole qui en peut résulter.

Les associations sont susceptibles de se multiplier et de se développer avec la civilisation et selon le génie des populations ; mais elles ne sauraient se développer au delà d'une certaine borne, au point de remplacer toutes les industries particulières, soit individuelles, soit entreprises par des sociétés composées d'un nombre d'associés restreint.

Et cela, pour plusieurs raisons :

D'abord, parce que l'énergie de l'intérêt individuel qui anime les entreprises particulières s'affaiblit quand il s'agit d'affaires sociales.

Ensuite, parce que la vigilance, l'activité d'un directeur de compagnie, ne peut porter sur les détails de l'opération une attention aussi soutenue que si l'opération était renfermée dans de plus étroites limites ;

Et parce qu'il résulte de ces deux causes combinées — moins d'économie dans les frais, — plus de marge pour les abus, — moins d'initiative, — moins d'action morale, — moins de chances de succès.

L'Association en grand convient et est même nécessaire à de certaines entreprises ; elle est nécessaire, quand il faut réunir de grands capitaux pour exécuter l'opération, — quand il s'agit d'entreprises chanceuses ; — elle convient pour la nature de certaines opérations, comme dans celles des assurances, des banques, etc.

---

[1] Voy. ce qui est dit plus loin, chap. xxiii.

Mais, comme ses avantages ne sont pas absolus, il y a une foule de cas où ses inconvénients sont des obstacles à la réussite, et où elle doit laisser la place à l'initiative individuelle.

C'est là une nature de choses méconnue de tous ceux qui ont exagéré la puissance et l'avenir de l'esprit d'association.

Il y en a qui ont eu la prétention de réduire, par l'association, l'humanité à un état social dans lequel l'individualité humaine disparaîtrait dans un seul centre, où il n'y aurait plus de propriété individuelle, ni de concurrence entre les hommes ; — ils ont proposé divers systèmes de *refonte sociale*, de *réorganisation* utopique et excentrique de la société, qu'on désigne sous les noms de *systèmes socialistes*, de *socialisme*[1].

D'autres, sans se laisser aller à ces illusions, ont cependant exagéré la portée et la puissance de l'association, en la croyant susceptible de se développer indéfiniment, de manière que, dans l'avenir, les grandes compagnies supplanteraient toutes les entreprises individuelles et les sociétés restreintes.

Nous venons de dire en quoi consistent leur erreur et l'impossibilité, pour l'esprit d'association, de dépasser certaines limites.

Les raisons que nous venons de donner des limites naturelles de l'association répondent à ceux qui, craignant l'établissement des *Monopoles* par le développement et la concentration des entreprises, voudraient qu'on ôtât la liberté d'initiative aux associations. Mais cette liberté, si nécessaire pour faire éclore les combi-

---

[1] Voy. au chap. xxviii.

naisons de progrès, suscite sans cesse l'énergie et l'activité des entreprises nouvelles, qui font obstacle aux monopoles, au grand avantage des producteurs et des consommateurs, c'est-à-dire de la société tout entière.

Associations ouvrières.

En s'exagérant les applications dont le principe d'association est susceptible, on a été conduit à croire et à faire croire aux classes ouvrières que les ouvriers de toutes les professions pourront se constituer en groupes composés d'un grand nombre de coopérateurs pour exercer toutes les industries, et que ces groupes d'ouvriers entre eux pourraient se multiplier de façon à remplacer les modes actuels de l'industrie, à transformer les *salariés* en *associés* égalitaires, ne touchant plus de salaires, mais une part des bénéfices ; comme si l'entente était possible autrement que pour des ouvriers d'élite et en petit nombre ; comme si l'intérêt social pouvait avoir la même énergie que l'intérêt individuel. — Ils ont cru que les associations ouvrières finiraient par exclure du domaine des industries les capitalistes et les entrepreneurs de toutes les entreprises ; — comme si les ouvriers (autres que les ouvriers déjà munis d'un certain avoir), pouvaient courir les chances de perte de l'entreprise et attendre la réalisation des bénéfices éventuels [1]; comme si une entreprise pouvait se passer de capital et de direction.

Ce mouvement d'idées, surexcité en France par la révolution de 1848, a amené la création d'un grand nombre d'associations ouvrières, imbues de ces illusions et

[1] Voy. aux chap. VI, XX et XXIII.

d'autres encore dont la plus grande partie n'ont pas tardé à se dissoudre et dont la moindre s'est transformée en associations ordinaires d'un petit nombre de cointéressés[1]. Depuis une dizaine d'années, de nouvelles associations ouvrières de *production* ont fait des efforts pour se constituer, dans de meilleures conditions, entre un petit nombre d'intéressés, faisant la part des prêteurs du capital et des gérants, qui ont à développer des facultés spéciales[2]. Ce mouvement s'est produit après le succès des *unions de crédit* ou banques d'avances populaires qui se sont depuis quelques années multipliées en Prusse et en Allemagne, et des sociétés d'approvisionnement, dites à tort de *Consommation*, qui, depuis quelques années aussi, se sont répandues en Angleterre particulièrement et aussi en Allemagne.

Nous parlerons plus loin (chap. xvii) de ces petites entreprises de crédit[3].

Les sociétés de consommation, ou mieux d'approvisionnement, sont des *Unions d'acheteurs*, faisant un fonds commun à l'aide duquel on achète les marchandises de première main, pour les revendre, sans autre différence que les frais d'employés et de local, aux associés et autres qui profitent du bénéfice du commerçant. Quelques-unes de ces entreprises, bien conçues et bien dirigées, ont pris de grandes proportions[4]. On cite en première ligne celle de Rochedale près de Manchester, en Angleterre.

C'est cette tendance à constituer ces diverses associa-

---

[1] On les compte par unités.
[2] On les compte par dizaines.
[3] Voy. le chap. xvii.
[4] On les compte par centaines en Angleterre et en Allemagne.

tions qu'on a appelé le mouvement *coopératif*[1], que l'on a cherché à favoriser par des mesures législatives, dont les meilleures seront toujours la suppression des obstacles et de la réglementation qui peuvent s'opposer à la libre initiative des coopérateurs et à la libre application des diverses combinaisons.

Mais l'expérience, d'accord avec la théorie, n'a pas tardé à prouver de nouveau que les associations de production sont, *à beaucoup près*, celles qui se constituent le plus difficilement.

CHAPITRE XIII

Énoncé des autres conditions favorables à la production.

Nous venons de dire que le capital est l'auxiliaire indispensable de la production, — et de montrer comment l'abondance du Capital contribue au progrès de l'industrie et à l'amélioration du sol; — comment les diverses branches de l'industrie sont rendues plus fécondes par l'emploi des Machines, par la Division du travail, par la Liberté du travail ou libre Concurrence, par l'Association, par l'Instruction et les bonnes Habitudes morales des travailleurs, par l'appropriation et la garantie de la Propriété, puis, enfin, par la Sécurité ou le maintien de la tranquillité et de l'ordre publics, qui est

---

[1] Le mot coopération, mis à la mode, est entièrement synonyme d'association; en disant association coopérative, on a fait un pléonasme.

le service par excellence d'un bon gouvernement bien
organisé et composé d'hommes éclairés.

Il y a d'autres conditions importantes, qui seront successivement énoncées : — toutes celles qui facilitent
l'Échange des produits, leur Transmission et Circulation,
le Crédit, et aussi toutes celles qui tendent à rendre la
Rétribution plus équitable et la Consommation plus rationnelle, — de même que la Consommation, la Répartition, la Circulation et l'Échange de la richesse sont favorablement influencées par une Production bien entendue, et par les conditions qui viennent d'être exposées
dans cette première partie de ce précis élémentaire de
l'organisation économique de la société.

Dans la deuxième partie, nous allons voir comment
l'Industrie humaine est puissamment aidée par l'Échange
et l'étendue des Débouchés, par la Monnaie, le Crédit et
les Banques, par la Liberté du commerce ; et combien
elle est entravée par les mesures inspirées par les fausses
doctrines opposées à la liberté des transactions.

TROISIÈME PARTIE

ÉCHANGE ET CIRCULATION DE LA RICHESSE
DÉBOUCHÉS — CRÉDIT

CHAPITRE XIV

Comment la Richesse s'échange et comment la Production trouve des Débouchés.

Production indirecte par l'Échange. — Comment se résument tous les Échanges. — Les Produits et les Services, débouchés les uns des autres. — Harmonies des intérêts par les Échanges et les Débouchés. — Légitimité de la liberté des Échanges. — Son influence sur leur développement.

Production indirecte par l'Échange.

Nous avons déjà dit la nature de l'Échange (p. 11), en précisant les premières notions. Nous devons maintenant un peu plus approfondir cette notion fondamentale et celles qui en dérivent : Débouché, Circulation, Valeur, Monnaie, Crédit, systèmes de politique ou de réglementation commerciale.

Nous avons vu, plus haut, qu'un homme ne fait bien qu'un petit nombre d'objets, qu'il ne rend bien qu'un petit nombre de services, et que c'est par la Division du travail et par l'Échange qu'il parvient à jouir de tous les produits ou services que peuvent faire ou rendre les autres, le plus souvent au moyen d'une marchandise in·

termédiaire, la *Monnaie*, ou bien encore au moyen de Signes représentatifs de cette monnaie.

Il est nécessaire, avant d'aller plus loin, que nous insistions sur cette notion simple, mais bien importante et bien souvent méconnue.

Les hommes doivent se procurer, pas voie d'*échange*, les produits qui leur coûteraient trop cher par la *production directe*. En fait, ils n'ont pas toujours l'instinct de leurs intérêts pour suivre cette règle fondamentale, qu'ils méconnaissent, en général, quand ils raisonnent sur les questions de richesse ; il est rare que les législateurs ne l'aient pas méconnue, et que les règlements et les lois qu'ils ont faits ne soient venus la contrarier.

Pour en démontrer la vérité et les avantages, il faudrait rappeler ici les considérations que nous avons fait valoir en faveur de la séparation des occupations[1]. Répétons seulement que c'est avec un certain nombre de coups de lime que l'ouvrier forgeron produit le pain et le vin qui le nourrissent ; que c'est en faisant du blé que les cultivateurs produisent les tissus qui les vêtent ; que c'est en donnant des leçons que le professeur produit sa part du café et du sucre que la nature a mis dans les tropiques, etc.

Or, si l'obtention des produits par voie d'échange est la plus générale, tout travailleur est très-intéressé à la recherche des *débouchés*, c'est-à-dire des moyens d'effectuer l'échange de ses produits, c'est-à-dire encore des consommateurs à qui ses produits peuvent convenir ; — car, nous l'avons vu, l'importance de la fabrication est

---

[1] Voy. le chap. xi.

en rapport direct avec la division du travail, et celle-ci avec l'étendue du *marché*[1].

Si les produits ne coûtaient rien, la demande qu'on en ferait serait infinie. Dans cette supposition des produits gratuits, les débouchés seraient immenses. Or, comme ce n'est jamais la volonté d'acquérir, mais bien le moyen qui manque à l'homme, les débouchés ne sont réduits que par la nécessité où sont les consommateurs de payer ce qu'ils veulent acquérir.

Comment se résument tous les échanges. — Les produits, le travail et les services, débouchés les uns des autres.

On paye les Produits ou les Services dont on a besoin avec de la Monnaie. Mais on se procure cette monnaie avec des produits du travail ou des services. Donc, la monnaie n'est qu'une marchandise intermédiaire[2], reçue par le producteur en échange de produits ou de services qu'il a créés, et avec laquelle il trouve dans la société des produits ou des services équivalents; et en définitive, comme l'a dit J. B. Say dans une saisissante formule : *Les Produits s'achètent avec des Produits ;* — ou, comme l'a dit F. Bastiat : *Les Services s'échangent contre des Services;* — ou, comme nous disons nous-même, pour embrasser l'ensemble du phénomène : *Les Produits, le Travail ou les Services, s'échangent contre des Produits, du Travail ou des Services.*

Cet échange se fait à *valeur égale*, c'est-à-dire à *quantité équivalente* de produits, de travail et de services.

[1] Se dit du cercle dans lequel les produits s'écoulent en trouvant des acheteurs.

[2] Ainsi que cela a été dit p. 12 et chap. xvi.

La France et l'Angleterre, par exemple, ont vu, à diverses époques, une confirmation frappante de cette vérité. Par suite de la disette[1], des achats considérables de grains furent faits aux États-Unis et en Russie, et soldés en espèces. Quelques mois s'étaient à peine écoulés, que l'or et l'argent étaient réimportés, sous forme de lingots ou d'espèces, en échange de marchandises. Ainsi la France, par exemple, fit ces deux opérations :

1° Échange de *monnaies* contre des *blés*,

2° Échange de *marchandises* contre des *monnaies*,

C'est-à-dire échange de **Produits contre produits.**

Ceci confirme encore ce que nous dirons au sujet de la monnaie et de la facilité avec laquelle elle s'équilibre dans tous les États sous l'influence de la liberté (p. 92).

De ce premier principe résulte cet autre principe que, si c'est avec des produits qu'on achète des produits, — *chaque produit trouve d'autant plus d'acheteurs que tous les autres produits se multiplient davantage.*

La société, au point de vue économique, est un vaste marché, où chaque travailleur apporte ses produits matériels ou immatériels, pour recevoir en retour (comme cela vient d'être démontré) des produits équivalents. Or, chaque produit a sur le marché d'autant plus de valeur, d'autant plus de prix, que le marché est plus abondamment pourvu de produits offerts en échange. Et, en effet, on vend et on achète aujourd'hui en France infiniment plus de choses qu'il y a cinq cents ans. — D'autre part, c'est si bien avec des produits que l'on achète des produits, qu'une mauvaise récolte nuit à toutes les ventes.

---

[1] En 1847, notamment.

Certes, la grêle qui détruit la fleur de la vigne ne fait rien aux chanvres; cependant, la vente des toiles souffre; or, la vente des toiles souffre, parce que les produits du maçon, du menuisier, etc., sont moins demandés par les cultivateurs, et que ces divers consommateurs achètent, ainsi que les vignerons, moins aux producteurs de toile.

En temps de disette, on remarque que la diminution de la récolte en céréales amène le ralentissemeut des travaux manufacturiers et jusqu'à la diminution de l'extraction de la houille. — En temps de troubles, la révolution et la guerre civile qui ruine les populations des pays agités, causent aussi des pertes sensibles aux pays tranquilles.

Harmonie des Intérêts par l'Échange et les Débouchés.

Voici maintenant les conséquences de ces principes naturellement harmoniques.

Partout où le climat et la nature du sol constituent une richesse naturelle, cette richesse tend à devenir, par la voie de l'échange, le patrimoine du genre humain. C'est ainsi qu'avec les frais de production appliqués à la houille, l'Angleterre solde ceux qui ont été appliqués au vin de Bordeaux, et que les habitants des deux pays jouissent à la fois de la libéralité de la nature, qui a répandu la houille en Angleterre et qui dote la France d'un vin généreux. C'est ainsi, qu'avec un travail et une dépense sans cesse moindres, l'ouvrier de Paris peut se procurer le café, le sucre et les autres richesses des tropiques. C'est ainsi que les échanges de localité à localité, de nation à nation, se réduisent, sous l'influence de la liberté, à un troc de frais égaux, de travaux équivalents, et que les dons de la nature peuvent être gratuits. —La conséquence de ces rapprochements est que les échanges sont d'autant plus avantageux qu'on les accomplit avec des pays les plus favorisés de la nature, —ou avec ceux dont les capitaux sont plus abondants, —ou avec ceux dont les travailleurs sont plus habiles.

Au point de vue à la fois économique et moral, les conséquences de cette doctrine sont immenses.

L'Économie politique, auxiliaire de la philosophie, de la Morale et de la Religion éclairée, vient démontrer aux hommes : — que plus les producteurs sont riches et nombreux et les productions multipliées, et plus les débouchés sont considérables ; —que chaque producteur ou travailleur est intéressé à la prospérité de tous les autres ; — que les Riches sont intéressés à *la Prospérité* des Pauvres, et réciproquement ; — que les villes sont intéressées à la prospérité des campagnes, celles-ci à celle des villes ; — que la prospérité d'un peuple dépend en partie de cette des autres ; — et enfin que c'est une grossière erreur et un blasphème de répéter, avec Montaigne, que « le dommage de l'un est le profit de l'autre. » Ce qui est vrai, c'est que les sociétés, les peuples, les individus sont solidaires, — que *le dommage de l'un est le dommage de l'autre*, — que *le profit de l'un est le profit de l'autre*.

La paix du monde sera assurée le jour où ces vérités seront populaires.

Légitimité de la Liberté des Échanges; — son influence sur leur développement.

Tout ce que nous avons dit[1] à propos du Travail et de l'Industrie de l'homme s'applique à l'Échange, qui n'est qu'une des phases de son Travail; c'est-à-dire que nous pouvons avancer de même : — que la Production est d'autant plus féconde, la Distribution d'autant plus équitable, la Consommation d'autant plus facile, — que l'Échange se fait sous l'influence d'une sécurité plus grande et d'une liberté plus grande.

Dire que la Sécurité est indispensable pour les échanges, c'est affirmer une vérité incontestable sur laquelle nous n'insistons pas ici, bien qu'elle soit souvent encore méconnue[2].

En principe, la propriété est la *base* de toute société; —l'échange est le *lien* de toute société,— et la libre disposition de ce qu'on possède, la liberté des transactions ou des échanges est la conséquence forcée du droit de propriété.

Cette liberté, longtemps méconnue, est depuis cinquante ans généralement appliquée au sein des nations, et l'expérience a donné tous les excellents résultats que les économistes du dix-huitième siècle avaient annoncés. La France est heureuse d'avoir supprimé depuis un demi-siècle toutes les douanes intérieures et d'autres entraves provinciales. Les États-Unis sont dans le même cas. L'Allemagne a fort bien fait de s'organiser en Zollverein (en une seule nation sous le rapport douanier), depuis trente

---

[1] Voy. chap. ix.
[2] Voy. ce qui est dit au chap. x.

ans. L'Autriche se trouve également bien d'avoir sup
primé toutes les douanes intérieures (1850). Mais il reste
encore à faire comprendre aux masses que cette liberté
intérieure, que la libre circulation des produits (surtout
celle des substances alimentaires), que le respect du
droit absolu, illimité, de transport ou d'échange, est le
meilleur procédé pour approvisionner les marchés, maintenir les prix et prévenir les disettes.

En cela, l'expérience est d'accord avec la science économique, d'accord elle-même avec la justice.

Voulez-vous qu'on importe, laissez exporter; voulez-
vous que les marchés soient approvisionnés, laissez circuler les grains, laissez spéculer. Chaque commerçant
en grains est un grenier d'abondance; et au contraire,
chaque violence contre ceux qu'on flétrit du nom d'*acca-
pareurs*, chaque pillage de marchés, sont autant de
causes de cherté.

Il ne faut donc pas empêcher les spéculations; il faut
les faciliter par la tranquillité et la sécurité des transactions; car l'approvisionnement et le bon marché résultent du nombre des spéculations; —la disette et la cherté
résultent de la cessation des opérations commerciales, qui
ne sont pas autre chose qu'une série d'accapàrements tour-
nant, par leur plus grand nombre, à l'avantage de tous.

Dans le commerce extérieur, comme dans le commerce
intérieur, le beau idéal, le vrai, le juste, pour l'économie
politique, c'est la liberté complète des échanges; elle
croit que cette liberté serait aussi féconde pour l'ensemble des nations qu'elle l'a été pour les États de la
confédération américaine, pour les provinces de France,
pour les États de l'Allemagne, et pour l'intérieur de tous
les pays.

5.

Mais l'application de ce grand principe rencontre encore des obstacles dans l'opinion des peuples et des gouvernements, par suite des fausses notions exposées au chapitre xviii.

CHAPITRE XV

Comment s'établissent la Valeur et le Prix résultant de l'échange et servant à mesurer la Richesse.

Propriétés de la Valeur. — Appréciation ou mesurage général de la Richesse par la Valeur. — Prix des choses. — Frais de production. — Offre et Demande. — Rente. — Prix maximum. — Prix rationnel et juste.

Qualités ou Propriétés de la Valeur.

Ainsi que nous l'avons déjà dit, la **Valeur**, comprenant l'utilité, résultant de la production, déterminée par l'échange, est le pouvoir des choses de procurer des équivalents à leurs possesseurs, par la voie de l'échange.

Elle peut résider dans les Choses comme dans les Hommes ; — car les efforts des hommes, la peine qu'ils se donnent, le travail qu'ils font, les services qu'ils rendent, par l'emploi de leurs facultés, — se vendent et s'achètent.

Par les considérations préliminaires par lesquelles nous avons dû commencer, on a pu juger déjà que la notion de la **Valeur** est fondamentale en économie politique.

On peut comprendre, en outre, sans autres commentaires, que ce pouvoir des choses d'acheter des équivalents est une *qualité* économique essentiellement *immatérielle;*

Qu'elle est essentiellement *variable*, selon les *temps* et selon les *lieux*; car elle varie, comme le nombre et l'intensité de nos besoins, comme les moyens et la possibilité de les satisfaire. — Chacun sait que le même produit n'a pas, par exemple, toujours la même valeur à Paris et à Londres, ni sur tous les marchés, ni à toutes les saisons.

Nous allons revenir sur les causes déterminantes de cette variation, en parlant du *prix* qui est la valeur exprimée en qualité d'or ou d'argent.

Appréciation ou Mesure de la Richesse avec la Valeur.

On a, à chaque instant, besoin d'inventorier, d'apprécier et de mesurer la richesse.

La richesse matérielle consistant en choses, s'apprecie, soit en comptant par unité de choses : arbres, moutons, maisons, etc.; soit au moyen des dimensions et du poids, ou à l'aide de divers systèmes de *poids et mesures*; comme quand on dit : cinq mètres de long, cinq mètres carrés, ou mètres cubes, ou stères, ou hectolitres, ou kilogrammes.

Le Travail et les Services se comptent et s'apprécient par le temps ou par la chose faite : une heure de travail, une leçon, une visite de medecin, etc. — Ils s'apprécient aussi par le résultat obtenu sur les choses, par la quantité d'ouvrage fait.

Les Facultés, les Talents, ne peuvent s'apprécier qu'indirectement par le travail, les services, les produits auxquels ils contribuent.

Pour avoir un moyen d'appréciation générale et universelle de toutes choses (produits, travail ou services), il faut considérer la Valeur ; — et il s'agit donc de déterminer l'objet dont la valeur sera plus propre à servir de mesure ou de terme de comparaison aux autres valeurs, c'est-à-dire plus stable ou *moins variable* dans le temps et l'espace.

On a recherché laquelle des valeurs pouvait le mieux servir de mesure aux autres valeurs anciennes ou modernes, et on a pensé à prendre, soit la valeur d'une certaine quantité de Blé, soit la valeur d'une quantité de Travail (deux choses des plus usuelles) ; mais on n'a pas tardé à voir que la valeur du blé et du travail — pouvant varier du simple au double, et même plus, d'un lieu à un autre et dans l'espace d'une seule saison, — serait une mesure très-fautive.

L'expérience a prononcé en faveur de deux substances métalliques, l'Or et l'Argent : — dont la valeur est également variable, comme nous le verrons plus tard, mais dont les variations n'éprouvent pas d'aussi grands ou d'aussi fréquents écarts que celles de la valeur du Travail, du Blé et d'autres produits ; — dont l'usage s'est, pour ainsi dire, imposé aux hommes, à cause des qualités physiques et économiques qui les caractérisent et que nous analysons plus loin.

C'est là le premier service économique de ces deux métaux dits *précieux* (à cause de leur grande valeur sous un petit volume), qui servent de *marchandises intermédiaires* dans les échanges (voy. p. 11), et dont la valeur, qu'on a l'habitude d'apprécier, sert de *mesure* pour les autres valeurs[1].

---

[1] Il est traité spécialement de la Monnaie au chap. xvi.

*Prix des choses.—L'Offre et la Demande.—Les frais de production.
— Rente.— Prix maximum.— Prix rationnel et juste.*

En général, la Valeur des produits s'exprime en Monnaie, dont la valeur devient, par cela seul, plus familière à tout le monde, et sert de *commun dénominateur* aux autres valeurs. En disant :

Qu'un chapeau	vaut 15	francs.
Qu'une paire de souliers	vaut 7	1/2
Qu'une chaise	vaut 10	francs.
Qu'une leçon	vaut 5	»

on se fait plus facilement une idée de toutes ces valeurs que si on disait que le chapeau vaut deux paires de souliers, ou une chaise et demie, ou trois leçons ; et, réciproquement, que la leçon vaut la moitié d'une chaise, les deux tiers des souliers ou un tiers de chapeau, etc.

Exprimée en valeur d'or ou d'argent, c'est-à-dire en Monnaie, la valeur des choses convenue entre vendeurs et acheteurs s'appelle le *Prix courant*, ou le **PRIX**.

Dans les exemples ci-dessus, on dit que 15 fr., 7 fr. 1/2, 10 fr., 5 fr., sont les *prix* du chapeau, des souliers, de la chaise, de la leçon, c'est-à-dire que le chapeau a une valeur égale à celle de 15 fois cinq grammes d'argent[1], ou bien qu'il a un pouvoir d'achat égal à celui de 15 fois 5, ou 75 grammes d'argent.

Ce prix courant s'établit en vertu de deux influences qui constituent le fondement de toute Valeur :

1° L'influence de toutes les difficultés qu'on rencon-

---

[1] Le franc est un disque d'argent, pesant 5 grammes, à 9 dixièmes de fin, c'est-à-dire contenant 4 1/2 grammes d'argent pur et 1/2 gramme ou 1 dixième d'alliage. (Voy. note, p. 95.)

tre pour les obtenir, difficultés qui se résument en ce qu'on appelle les **Frais de production** ;

2° L'influence du nombre des acheteurs et des vendeurs. et qu'on résnme en ces mots : l'**Offre** et la **Demande**.

Les *frais* ou le *coût* de *production*, qu'on appelle aussi *prix de revient*, comprennent, nous avons déjà dû le dire (p. 12), toutes les *avances* faites par le producteur, c'est-à-dire : le prix de la Matière première, le Salaire des efforts ou du travail qu'il a fallu faire, l'intérêt du capital sous toutes formes (outils, monnaie, etc.) qu'il a fallu employer. Le prix de cette matière première comprend aussi ces mêmes éléments, dans lesquels sont également compris le prix de *transport*, qui nécessite du travail et du capital, et l'*impôt* ou prix des services publics du Gouvernement, qui exigent aussi du travail et du capital.

Y a-t-il beaucoup d'acheteurs en proportion de la chose à vendre, on dit que la *Demande* dépasse l'*Offre* ; y a-t-il, au contraire, beaucoup de vendeurs et peu d'acheteurs, on dit que l'Offre dépasse la Demande.

C'est un fait naturel primordial et constant que, lorsqu'un produit est plus offert que demandé, son Prix courant baisse, et que, lorsqu'un produit est plus demandé qu'offert, son prix courant hausse par le jeu de l'intérêt des échangistes ou contractants.

Supposez 100 hectolitres de blé sur un marché ; s'il est arrivé des acheteurs voulant acquérir 120 hectolitres, le blé sera demandé et tendra à hausser. Supposez que ces acheteurs ne sont venus qu'avec l'intention d'acheter 80 hectolitres, le blé tendra à baisser, puisque l'offre sera plus forte que la demande.

Le prix courant d'un produit tend d'abord à se régler
sur le montant de tous les frais que coûte ce produit ;
— mais l'abondance ou la rareté, qui influent sur l'offre
et la demande, peuvent faire descendre ce Prix courant
au-dessous des Frais de production, ou s'élever au-
dessus, et faire payer à l'acheteur, en sus de ces frais,
quelque chose qui est le revenant-bon du détenteur du
produit.

Rente. — C'est ainsi que les propriétaires du Sol retirent généralement une plus-value, qui prend le nom
de *Rente* foncière et qui est analogue à la plus-value
qu'exigent les possesseurs d'un Brevet, d'un Talent peu
commun ou de toute autre propriété en quantité limitée.

Cette plus-value n'est injuste que lorsqu'elle provient
de Priviléges ou Monopoles abusivement ou injustement
constitués par une réglementation irrationnelle, sous
l'influence d'erreurs économiques.

Prix maximum. — Toutes ces observations prouvent
que la plus grande liberté doit régner entre le vendeur
et l'acheteur, et que c'est à cette condition seule que
producteurs et consommateurs peuvent loyalement s'accorder. Toutes les fois que, sous diverses influences, on
a fixé des *prix maximum*[1], on a violé la nature des
choses et nui gravement à tous les intérêts. Fixer un
prix maximum, c'est dire : Chaque fois que vous achè-
terez quelque chose, vous donnerez gratis au marchand,
ou le marchand vous donnera gratis une somme en sus
du prix naturel ; — c'est nuire au producteur et au commerçant, et, en les décourageant, c'est nuire au consommateur.

[1] Prix au-dessus duquel il est défendu de vendre.

Prix rationnel et juste. — Somme toute, c'est la nature des choses et non le caprice de l'homme qui doit fixer et qui fixe le Prix courant, expression de la valeur. La nature des choses, c'est l'influence des frais de production et de l'offre et de la demande, en dehors de tout privilége, dans une société où règne la Sécurité, c'est-à-dire la liberté des transactions et le respect des personnes et des propriétés, en d'autres termes, la *Justice*.

CHAPITRE XVI

Rôle et fonctions des métaux précieux et de la Monnaie dans les échanges et l'économie sociale.

Qualités qui rendent l'Or et l'Argent propres à servir de Monnaie. — La Valeur des monnaies s'établit en dehors de l'action de l'autorité.—Variation de la Valeur de l'Or et de l'Argent.— Monnaies divisionnaires. — Pièces de Billon, de Cuivre, de Nickel, etc. — Signes représentatifs en papier.

Qualités qui rendent l'Or et l'Argent propres à servir de Monnaies.

Nous avons dit, au début, quel est le rôle de la monnaie et la facilité qu'elle donne pour les échanges [1].

A la rigueur, *chaque marchandise pourrait servir de* certaine *monnaie*, c'est-à-dire que la valeur d'une quantité de marchandise quelconque pourrait servir de comparaison, de mesure, aux autres valeurs. C'est ainsi qu'à Lacédémone on avait pour monnaie de certaines quantités de *fer ;* que les premiers Romains se sont servis pour

[1] Voy. p. 11.

cet usage du *cuivre* ; que le *sel* a servi de monnaie en Abyssinie, la *morue* à Terre-Neuve, les *clous* en Écosse, le *cuir* en Russie, le *cacao* au Mexique, le *blé* dans une foule de pays, etc. C'est ainsi que les *cauries* servent de monnaie dans l'Inde, et que les mêmes coquillages ou d'autres servent chez diverses peuplades de l'Asie et de l'Afrique.

Mais, aussitôt que les hommes ont eu en quantité suffisante l'*or* et l'*argent*, ces deux métaux ont été préférés, comme *marchandises intermédiaires*, comme *monnaie*, c'est-à-dire que leur valeur a été prise à peu près exclusivement pour mesure des autres valeurs, et cela, à cause des six qualités suivantes, qu'ils ont à un plus haut degré que les autres marchandises :

1° Ils ont d'abord le premier fondement de la Valeur, l'*Utilité* ; car ils servent à satisfaire de nombreux besoins de luxe, de toilette, d'industrie et de sciences ;

2° Ils ont ensuite (par la réunion de diverses circonstances naturelles) une *Valeur moins variable* que celle des autres marchandises ;

3° Ils sont éminemment *divisibles* ; on en peut faire des monnaies de toute grandeur ; et cette division ou fragmentation n'altère pas leur valeur, comme cela arriverait pour d'autres substances précieuses, le diamant, par exemple ;

4° Ils sont facilement *transportables*, puisqu'ils ont une grande valeur sous un petit volume ;

5° La valeur peut être facilement *constatée* par tous, à l'aide d'une *empreinte* publique indiquant cette valeur.

6° De cet ensemble de qualités, il résulte une sixième qui les résume toutes, l'*Échangeabilité* au plus haut degré. Tout le monde en général reçoit volontiers, en échange des produits de son industrie, les pièces d'or ou d'argent, parce qu'il est sûr de les garder sans perte appréciable et de les échanger facilement au premier besoin contre des marchandises, des produits ou des services nécessaires à son industrie.

La valeur des Monnaies s'établit en dehors de l'action de l'autorité.

L'Or et l'Argent étant des *marchandises*, la valeur des pièces de monnaie a les mêmes fondements que la valeur des autres choses ; elle est basée, d'une part, sur les Frais de production, c'est-à-dire sur les difficultés et les dépenses d'extraction ; elle est réglée ensuite par l'Offre et la demande[1], c'est-à-dire par l'offre qu'en font ceux qui la possèdent et qui ont besoin de l'échanger contre d'autres produits, et par la demande qu'en font ceux qui ont besoin d'échanger contre elle les produits de leur industrie, pour se procurer ensuite les objets nécessaires à toutes leurs consommations.

Il résulte de là que l'intérêt des détenteurs des espèces monétaires ou des lingots des deux métaux, qu'on appelle aussi les métaux précieux, les pousse à les transporter partout où ils sont plus rares et où ils achètent plus de choses, et à les retirer de partout où ils sont plus abondants et où ils achètent moins de choses. C'est ainsi que s'établissent l'approvisionnement métallique des nations et des localités, et l'équilibre, le niveau ou la balance des espèces. — Or, cet approvisionnemt a des limites plus restreintes qu'on ne pense.

En France, dont le capital général est peut-être de

----

[1] Voy. l'explication de ces formules, p. 85.

quelques centaines de milliards, le *numéraire*[1] ne dépasse pas trois ou quatre milliards ; encore n'y a-t-il que
deux milliards, dit-on, employés dans les échanges. Il y
en a encore moins en Angleterre. Eh bien, si on voulait
fabriquer ou importer des pièces pour trois ou quatre
milliards de plus, elles ne tarderaient pas à sortir de la
circulation par la refonte ou par l'exportation, pour éviter
une dépréciation de valeur.

Au contraire, si un milliard se trouvait inopinément
sorti, la valeur du numéraire augmenterait, l'or et l'argent reviendraient de partout et se feraient frapper pour
profiter de cette augmentation de valeur ou de pouvoir
d'achat des marchandises, et le vide ne tarderait pas à
être rempli.

Une première conséquence de ce que nous venons de
dire, c'est que *la valeur des monnaies est déterminée par
la nature des choses, qu'elle n'a rien d'arbitraire*, et
qu'elle ne peut être augmentée ni diminuée par une autorité ou une puissance quelconques.

Si, par impossible, l'autorité décidait, en France, par
exemple, que la pièce de un franc, qui contient quatre
grammes et demi d'argent pur, vaut deux francs, et
qu'on prît cette décision sans doubler la quantité d'argent contenu dans cette pièce, les détenteurs de produits
ne tarderaient pas à doubler leurs prix. Il en serait de
même si l'on voulait donner le nom de franc à une pièce
qui ne contiendrait que deux grammes et un quart
d'argent pur. — Les anciens gouvernements ont long-

---

[1] Ce mot désigne l'ensemble des pièces monétaires d'un pays ; il
est synonyme des mots *espèces, argent, argent comptant*, et souvent
du mot *capital ;* mais cela, à tort, car les métaux précieux ne sont
qu'une faible partie du capital d'un pays.

temps pratiqué ces deux espèces d'altération de monnaies, et l'histoire nous apprend qu'ils ne sont jamais parvenus, malgré les ruses qu'ils employaient ou les peines qu'ils infligeaient, à donner aux monnaies une valeur autre que celle de l'or et de l'argent qui y sont réellement, *intrinsèquement*, contenus [1].

Une seconde conséquence, c'est que l'autorité publique n'a pas à se préoccuper de l'entrée ou de la sortie des espèces. Elles sont importées ou exportées au mieux des intérêts de ceux qui les possèdent et de la société.

Par suite d'une fausse notion des principes qui viennent d'être exposés, des États ont voulu prohiber la sortie des espèces ou empêcher l'entrée des marchandises, de peur qu'elles ne vinssent s'échanger contre des monnaies; mais l'or et l'argent n'en sont pas moins sortis, malgré une surveillance active à la frontière et des peines draconiennes infligées aux contrebandiers [2], d'autant plus rémunérés, d'autant plus sollicités à mal faire, que le danger était plus grand.

D'un autre côté, on a été conduit à mettre aux importations des entraves nombreuses qui ont empêché et empêchent encore le développement de l'industrie et du commerce. Ce système de restrictions, basé sur la fausse notion de la monnaie, est ce qu'on appelle *le système mercantile*.

---

[1] En France, la livre tournois a valu une livre pesant d'argent, elle valait 80 francs du temps de Charlemagne. En 1795, elle ne représentait guère plus que le franc qui l'a remplacé, soit, en poids, au lieu de 500 grammes, 5 grammes dont 1 dixième ou 1/2 gramme en alliage sans valeur.

[2] La peine de mort en Espagne et en Portugal.

Variations de la Valeur de l'Or et de l'Argent.

Bien que la valeur de l'or et de l'argent soit moins variable que celle des autres marchandises, il faut cependant reconnaitre qu'elle a très-sensiblement varié, quand on compare des lieux et des temps différents.

Au seizième siècle, après la découverte de l'Amérique, les mines de ce pays ont versé de grandes quantités de métaux précieux dans la circulation : 60 millions par an au seizième siècle ; 80 millions par an au dix-septième siècle ; 180 millions par an au dix-huitième siècle ; 270 millions par an au commencement de ce siècle ; 340 millions par an avant la découverte des *placers* de la Californie[1]. Il en est résulté une baisse progressive du prix de l'or et de l'argent, à telle enseigne qu'on a pu dire que, comparativement à ce que la monnaie achète aujourd'hui, elle achetait deux fois plus au dix-huitième et au dix-sept ème siècle ; trois et quatre fois plus dans le milieu du seizième siècle ; six fois plus vers la fin du seizième et pendant le quinzième et le quatorzième siècles ; huit fois plus au neuvième siècle ; onze fois plus au huitième siècle, avant 779[2].

Cette baisse de la valeur des métaux précieux semble avoir été augmentée de nos jours par les gites aurifères de la Californie et de l'Australie[3]. — Mais, en général, l'augmentation de la population, le développement des affaires, les découvertes des sciences, en nécessitant l'emploi d'une plus grande quantité de monnaies, et en

---

[1] En 1848. Dans ces deux derniers chiffres est compris l'or extrait des mines de l'Oural.

[2] Leber, *Histoire la fortune privée.*

[3] En 1848 et 1852.

occasionnant la perte et l'usure d'une plus grande quantité de métaux précieux, ont servi à arrêter la diminution de la valeur de ces métaux.

On comprend que, si la valeur de l'or et de l'argent varient comme les procédés d'extraction, la richesse des mines, les importations, enfin, comme les frais de production et comme l'offre et la demande qui sont faites de ces deux métaux, — la valeur de chacun d'eux doit aussi varier 'pas rapport à celle de l'autre. C'est pour cela que l'un des deux est choisi de préférence pour faire les monnaies officielles. En Angleterre, c'est l'or qui sert à fabriquer les monnaies et qui est l'*étalon* de la valeur. En France et dans presque tous les pays, on a choisi l'argent, tout en fabriquant aussi des monnaies d'or, d'après un rapport fixé par la loi entre la valeur de l'argent et celle de l'or. En France, on a établi, d'après les prix des deux métaux, que 1 gramme d'or vaut 15 grammes et demi d'argent ; — c'est là le rapport adopté, depuis le commencement de ce siècle, pour la fabrication des monnaies ; mais ce rapport a toujours été modifié dans la pratique par un change ou agio, généralement en faveur de l'or. Chez le changeur, une pièce d'or, dite de vingt francs, a fait prime et a valu, jusqu'à ces derniers temps, vingt francs et quelques centimes.

Ce rapport, qui est à peu près le même dans toute l'Europe, subit, depuis quelques années, une variation, par suite de la production aurifère des monts Ourals, de l'Australie et de la Californie. L'or a un peu baissé de prix par rapport à l'argent ; et les deux métaux ont baissé de valeur par rapport aux autres produits ; le pouvoir d'achat a diminué, pas autant cependant qu'on l'avait craint tout d'abord, à cause d'un grand besoin du numéraire qui existait dans les divers pays, et de la disparition des pièces d'argent, qui ont été attirées par les pays d'Orient, où il est en faveur parmi la population craignant la falsification des pièces d'or, et où le manque de sécurité rend encore générale la pratique de l'enfouissement du numéraire.

Toutefois, ce rapport n'existe plus en Angleterre depuis 1816, par suite de la fabrication de toute la monnaie d'argent à un titre inférieur.

Monnaies divisionnaires : — Pièces d'Argent, de Billon, de Cuivre, de Nickel, etc. — Signes représentatifs.

Les monnaies divisionnaires en argent, pour les petites sommes, les petites transactions ou les appoints, sont émises en vertu de deux systèmes, relativement à la composition : — ou elles sont en argent du même titre que les pièces supérieures ; — ou elles sont à un titre inférieur, à l'état de monnaie altérée.

Le premier système a prévalu jusqu'à ces dernières années, où il a fallu songer à combattre l'émigration des pièces d'argent. C'est ainsi qu'en France, les pièces de 5, 2 et 1 francs, celles de 50, 25 et 20 centimes, ont été fabriquées au titre de 0,900[1].

Le second système, qui tend à se généraliser, a été adopté depuis longtemps en Angleterre où les *crowns*, les *shillings* et les *pences* contiennent un peu moins

---

[1] Le franc pèse 5 grammes, dont 9 dixièmes ou 4 grammes 1/2 sont en argent pur et 1 dixième ou 1/2 gramme en cuivre. Cet *alliage* de cuivre a pour but de durcir un peu la pièce et de la rendre plus durable; il en est de même pour les pièces d'or. On dit que l'or et l'argent monnayés sont au *titre* de 9 dixièmes ou 900 millièmes.

d'argent que ne l'indique leur valeur. Par suite d'une récente convention[1], la France, la Belgique, la Suisse, l'Italie, s'engagent à fabriquer les pièces de 2 et 1 francs, de 50 et 20 centimes, au titre de 0,835 seulement, après avoir séparément et partiellement pratiqué ce moyen pour les coupures du franc.

L'argent ayant une valeur encore trop supérieure pour faire les plus petites coupures en pièces maniables, on a fabriqué en tout temps des pièces en *Billon* (de l'espagnol *vellon*, cuivre), c'est-à-dire en un métal ou alliage à bas prix.

Ces menues monnaies en billon (bronze ou cuivre) ne sont pas de véritables monnaies, mais bien des *signes représentatifs* des fractions des monnaies d'or et d'argent, puisque la matière dont elles sont formées n'a pas la valeur qu'elles représentent. Le *franc*, par exemple, est la valeur d'un disque d'argent contenant 4 1/2 grammes de métal précieux pur ; mais les pièces de 1, 2, 5 et 10 centimes ne contiennent pas pour 1, 2, 5 et 10 centièmes de franc en valeur, de bronze. Ce sont, pour les trois quarts de leur valeur, des signes représentatifs métalliques de 1, 2, 5 et 10 centièmes du franc. On les a ainsi faites, pour qu'elles fussent le moins encombrantes possible et pour qu'elles correspondissent à des poids métriques[2].

Un alliage de cuivre et d'un peu d'étain ou bronze paraît plus convenable, sous le rapport de la durée et de la propreté ou du coût, que le cuivre rouge ou le cuivre

---

[1] Du 20 décembre 1865.

[2] Les pièces de 1, 2, 5 et 10 centimes pèsent 1, 2, 5 et 10 grammes. — Les anciens *sous* pesaient le double et plus. On avait cherché à mettre dans les pièces le plus de valeur intrinsèque possible.

jaune (cuivre et zinc), le métal de cloches (cuivre et étain), etc. La Suisse et la Belgique expérimentent, depuis quelques années, les pièces de nickel, qui ont l'inconvénient d'être un peu trop blanches et de pouvoir être confondues avec celles d'argent.

On a fait quelquefois des pièces de cuivre ou de bronze argentées, ayant la valeur réelle ou intrinsèque égale à la valeur *nominale* inscrite sur les pièces ; mais l'argent n'a pas tardé à disparaître par l'usure ou *frai*. Ce sont ces monnaies qui portaient plus particulièrement le nom de *billon*, que l'on donne actuellement à toute monnaie de cuivre, de bronze ou autre matière, et même aux monnaies d'argent, quand elles n'ont pas une valeur intrinsèque égale à la valeur nominale.

Pour conserver à la monnaie subdivisionnaire altérée ou aux pièces de billon la confiance du public, pour éviter la dépréciation et le caractère de fausse monnaie, les gouvernements prennent deux précautions : — ils limitent la fabrication, de manière que la quantité des pièces ne dépasse pas les besoins de la circulation ; — ils limitent également la proportion dans laquelle le créancier ou le vendeur sont tenus de recevoir de la monnaie de billon.

Cette proportion est, en France, de 5 francs pour la monnaie de billon ; elle est, en Angleterre, de 2 livres sterling ou 50 francs pour les monnaies d'argent. Elle sera aussi de 50 francs dans les pays qui ont signé la convention que nous venons de mentionner.

L'abondance de l'or aura produit la baisse de la valeur de l'argent et multiplié l'emploi des pièces d'argent, à l'exclusion des plus fortes pièces de billon. De même, l'or tend à prendre la place de la pièce de cinq francs, assez universelle. De même l'or, à son tour, est remplacé par le billet de banque. La pièce de 50 francs est peu usuelle, celle de 100 francs n'a pas été acceptée par la circulation.

On procède par tâtonnement à l'émission, quant à la quantité des diverses coupures et de la monnaie subdivisionnaire. Dans la convention ci-dessus mentionnée, chaque État doit émettre des pièces de 2, 1 fr. 50 et 20 c. à raison de 6 fr. par habitant. Pour la nature des coupures, le système français de 1, 2, 5 devient celui des quatre États ; il a l'avantage d'être décimal, mais le grand inconvénient d'exclure les fractions si usuelles de la moitié, du tiers et du quart, etc.

Les pièces de billon, de cuivre, etc., sont des *signes* représentatifs métalliques. Il est des signes représentatifs en papier sans aucune valeur intrinsèque, qui servent d'instruments au crédit et dont il est parlé dans le chapitre suivant.

CHAPITRE XVII

Le Crédit auxiliaire de la Monnaie dans l'Échange. — Les Banques, institutions ou entreprises de Crédit.

Avantages du Crédit.—Instruments de crédits ou Signes représentatifs : — Billet, Billet de Banque, Lettre de change, Warrant, Chèque, Papier-Monnaie. — Établissements, Entreprises ou Institutions de crédit : Banquiers, — Banques. — Crédits divers : — Crédit foncier. — Crédit populaire. — Unions de crédit.

Avantages du crédit.

Les échanges, et, par contre, toutes les branches de l'industrie humaine, l'agriculture, comme l'exploitation des mines, les arts et les manufactures, les entreprises commerciales, les professions libérales, artistiques et autres, sont puissamment aidés par le développement du *Crédit* et des *Banques*, dont l'effet général est de mettre les instruments de travail à la disposition des travailleurs, en servant d'intermédiaires entre les capitalistes et les chefs d'entreprises.

Le crédit commence au *prêt;* mais dans le langage de la science, le mot **Crédit** a un sens plus étendu que dans la langue usuelle. Il ne signifie pas seulement la facilité d'emprunter, — mais l'ensemble de tous les moyens par lesquels la Circulation des capitaux devient plus active, par lesquels les instruments de travail passent des mains de leurs possesseurs entre les mains de ceux qui peuvent les mettre en œuvre.

C'est du crédit ainsi entendu qu'on peut dire qu'il est comme une association entre le riche et le pauvre, — entre ceux qui ont reçu de leur père ou tiré de leur travail un riche patrimoine, et ceux qui n'ont d'autre ressource que leur intelligence, leur moralité, leur application, et qui, grâce à lui, peuvent arriver à l'aisance en contribuant au bien-être universel.

Les ressources que les travailleurs peuvent trouver dans le crédit sont considérables. Déjà ses développements ont produit de grands résultats; mais beaucoup de gens se sont fait sur son influence de bien grandes illusions que la réflexion et l'étude font disparaître, en même temps qu'elles font apprécier à leur juste mesure les avantages réels qu'il présente.

Pour bien comprendre l'ensemble du crédit, il faut

examiner séparément les moyens dont il se sert. Ces moyens sont, d'une part, divers instruments ou Signes représentatifs des richesses en général et de la monnaie en particulier, et, d'autre part, diverses institutions ou entreprises qui, mettant ces instruments en œuvre, facilitent la circulation, la transmission et la transformation des capitaux que nous venons d'indiquer.

Instruments de crédit, Signes représentatifs : Billet, Billet de Banque, Lettre de change, Warrant, Chèque,— Papier-monnaie.

Les signes représentatifs de la monnaie, et par contre des richesses évaluées en somme de monnaie, sont notamment les *effets de commerce*, tels que billets à ordre, — mandats, — et lettres de change[1], — les billets de banque, — les warrants, etc.

Le *billet* est une *promesse* de payer à une époque déterminée, signé par un débiteur à l'ordre de son créancier. Celui-ci peut transmettre cette promesse à un autre, celui-ci à un troisième, etc., au moyen d'une déclaration de sa volonté, écrite sur le dos de l'effet, et appelée *endossement*.

Les *billets de banque* sont des promesses semblables. Seulement les banques publiques les font en général payables *à vue*, ou à présentation et *au porteur*. Cela donne la faculté d'être transmissible sans endossement, comme les pièces de monnaie, à ces promesses ou signes, qui acquièrent la confiance par suite de la notoriété et

---

[1] Les Factures, les Connaissements, les Lettres de voitures, les Obligations en général, celles des institutions du crédit foncier dites Lettres de gage, les Actions des compagnies, les Titres d'emprunt public, etc., sont aussi des signes représentatifs, mais moins circulants que ceux que nous décrivons.

de l'importance des établissements qui les émettent. De plus, les banques ont souvent seules le privilége de les faire au porteur.

La *Lettre de change* et le *Mandat* sont des *ordres* donnés à un débiteur, par un créancier habitant un autre lieu, de payer à l'ordre d'une personne qui achète la créance et peut la transmettre par endossement.

Le *Chèque* est un reçu ou un mandat payable à une banque recevant des dépôts, détaché d'un carnet à souches.

Les *Warrants* sont des certificats ou reconnaissances indiquant que des marchandises ont été déposées dans un entrepôt quelconque. Les warrants des Docks anglais sont transmissibles par endossement.

Ces signes rendent, comme intermédiaires dans les échanges, les mêmes services que la monnaie; ils sont souvent d'un usage plus commode qu'elle, et plus recherchés, car ils sont encore plus faciles à transporter, à faire circuler.

C'est à l'aide de ces instruments que les banquiers payent les dettes de leurs clients ou recouvrent leurs créances, en évitant, par un commerce bien entendu, le transport des espèces d'un pays à l'autre, ainsi que les frais et risques qui accompagneraient ce transport[1].

Les signes représentatifs, les billets de banque, par exemple, qui sont les plus circulants de ces signes, diffèrent de la monnaie, en ce que celle-ci porte sa valeur intrinsèque avec elle-même et qu'elle est à la fois le *signe* et le *gage* de la valeur par laquelle elle a cours;

---

[1] Ce commerce porte le nom de *change*, qui est aussi le mot par lequel on désigne le prix auquel se vendent les effets de commerce, c'est-à-dire les monnaies, dont ils sont les signes représentatifs.

tandis que le billet de banque n'est que le signe de confiance d'une valeur positive déposée à la banque sous une forme quelconque ; tandis que le billet ou la lettre de change ne sont que les signes de marchandises ou d'autres valeurs dont les signataires de ces papiers sont garants.

On appelle, par abus de langage, les signes représentatifs et, notamment, les billets de banque, *monnaie fiduciaire*[1], ou *monnaie de papier*.

Ce qu'on appelle le **Papier-monnaie** est le signe représentatif (billet du Trésor public ou billet de banque), dont le cours est *forcé* par l'autorité[2], et qui n'est pas garanti par des valeurs réelles ou qui est garanti par des valeurs insuffisantes ou difficiles à vendre et à échanger.

Les titres émis pendant la révolution française avec une valeur assignée sur des terres ayant appartenu au clergé ou aux émigrés et qu'on appelait des *assignats*, ne tardèrent pas à perdre toute leur valeur, parce qu'on en émit par milliards en plus grande quantité qu'il n'y avait de preneurs et même de terres servant de garanties ; en second lieu, parce que la possession de ces terres n'avait pas une origine capable d'inspirer confiance, — et parce que, en dehors de ces deux raisons, les terres ne sont pas des propriétés suffisamment mobiles, divisibles et échangeables en espèces.

Pour cette dernière raison seulement, des bons dont la valeur reposerait sur celle du sol ne tarderaient pas à être dépréciés et à se transformer en assignats.

---

[1] De confiance, de *fides*, foi.

[2] C'est-à-dire que le créancier et le vendeur sont tenus de l'accepter.

L'expérience a prouvé que, malgré les prescriptions les plus sévères et même les peines les plus dures, la valeur du papier-monnaie s'évanouit, si le gage ne présente pas les garanties suffisantes et s'il est émis en quantité qui dépasse les besoins de la circulation.

Cependant, la valeur des billets de la banque de France, qui ont été du véritable papier-monnaie en 1848, 49 et 50, à cause du cours forcé, s'est maintenue entre 2 ou 3 pour 100 de perte seulement ; parce qu'on a eu la double précaution d'en restreindre l'émission dans de sages limites et de continuer à les baser sur des gages commerciaux d'une valeur publiquement reconnue. Il en est de même depuis août 1870. En Angleterre, le cours forcé a duré de 1797 à 1821 ; il a subi une dépréciation assez lente, qui a été de 20 à 25 pour 100 pendant les années accidentées de 1812 à 1814.

Les particuliers émettent quelquefois du papier-monnaie ; c'est quand ils font des billets ou des lettres de change, dits de *circulation* ou de *complaisance*, qui ne reposent pas sur des affaires réelles, et conduisent aux opérations aventureuses et déloyales.

Établissements, Entreprises, Institutions de crédit : Banquiers,
Banques diverses. — Institution du crédit foncier.

L'usage des papiers de circulation ou signes représentatifs de la monnaie est à la disposition de tous les travailleurs ; mais ce sont les Banquiers qui font profession habituelle d'en acheter et d'en vendre ; et il y a des établissements qui font cette opération sur une grande échelle : ce sont les **Banques**, qu'on appelle aussi des *institutions de crédit*.

Les maisons des banquiers ou banques privées et les banques publiques remplissent en général les mêmes fonctions. Tous ces établissements ont pour principales occupations : — de recevoir des fonds en dépôt appartenant à leurs clients ; — d'acheter et négocier, escompter ou faire escompter les billets et les lettres de change et autres valeurs commerciales ; et, dans ce cas, comme ils mettent leur signature sur ces titres, ils font fonction d'*assureurs*, car ils en garantissent le payement à l'échéance. — Souvent les maisons privées prennent le nom de banques, à cause de l'importance de leurs capitaux.

Mais les Banques publiques diffèrent des uns et des autres, en ce qu'elles ont certains priviléges et, notamment, celui d'émettre des billets payables *au porteur*, qui, jouissant de la confiance publique, permettent aux directeurs des banques d'agir comme s'ils avaient à leur disposition un capital double, triple, etc. Lorsque, par exemple, il y a la Banque de France 100 millions en caisse, elle peut émettre 2 ou 300 millions de ses billets contre des effets de commerce ou autres garanties, et accroître ses escomptes et ses bénéfices en proportion.

Les premières banques se sont surtout fondées pour conserver des dépôts monétaires ; on leur a donné le nom de *Banques de dépôt*. Les banques modernes ont ajouté à cette opération celle de l'escompte et de l'émission des billets, et on leur donne le nom de *Banques d'escompte* ou *Banques de circulation*..

La plupart des banques publiques ont des relations avec les gouvernements ; elles leur prêtent une partie de leur capital et leur avancent des billets. Dans ce cas, lorsqu'une crise survient et que les billets arrivent en foule pour se faire échanger contre des espèces, les gouvernements autorisent les banques à ne pas payer leurs billets, et convertissent ces derniers en *papier-monnaie*, qui, néanmoins, peut conserver sa valeur si le public sait que les garanties qu'offre la banque sont bonnes[1]. — Dans le cas où les banques n'ont pas prêté leurs fonds à l'État et quand le gouvernement n'a pas de raison de s'initier dans leurs affaires, si une crise survient, elles remboursent les premiers billets avec leur encaisse et les autres au fur et à mesure que les effets qu'elles ont escomptés arrivent à échéance. La liquidation peut être finie en peu de mois, car les effets qu'elles ont acceptés sont en général à courte date, et, si tous ces effets ne sont pas payés, le capital des actionnaires de la banque est employé à couvrir ces pertes.

Les opinions sont encore partagées sur la constitution des banques. Les uns voudraient que toutes les opérations des banques fussent libres; d'autres pensent qu'il y a nécessité de ne confier qu'à un petit nombre d'établissements le droit d'émission ou la permission d'émettre librement des billets au porteur. L'idée de la *liberté des banques* va gagnant dans l'opinion des publicistes et des hommes de Banque.

Par suite des dépôts que reçoivent les banques, elles font encore une opération très-utile, qu'on appelle *virement de parties* ; c'est-à-dire qu'elles facilitent la transmission de ces dépôts par de simples inscriptions sur leurs livres, sans mouvements de fonds et presque sans frais, dans la ville où elles sont, et même d'une ville à l'autre, par le moyen de leurs succursales ou comptoirs.

---

[1] Voy. ce qui vient d'être dit sur le papier-monnaie, p. 102.

Chaque année, la Banque de France opère ainsi pour plus de vingt milliards de ces virements.

On a fait, depuis un demi-siècle, de fréquents efforts pour établir des *banques agricoles foncières*, basées sur la garantie du sol; mais on n'est pas parvenu à les consolider, par la raison que la terre donnée en garantie n'a pas une valeur suffisamment mobile, qu'elle ne constitue pas un capital doué des qualités du capital circulant (V. p. 28).

Des tentatives sont faites, depuis quelques années, pour approprier le mécanisme des banques aux besoins des agriculteurs ou entrepreneurs de culture et constituer, en dehors du sol, le *crédit agricole*, qu'il faut distinguer du *crédit foncier*. Dans celui-ci, le sol sert de garantie aux émissions, à la faveur d'un mécanisme simple qui est appliqué avec succès par les institutions créées, il y a plus d'un demi-siècle, en Pologne et en Allemagne.

Les institutions qui ont réussi en Pologne et en Allemagne sont des associations de propriétaires, garantissant aux prêteurs les intérêts et le remboursement au bout d'une trentaine ou d'une quarantaine d'années. Ces prêteurs avancent les fonds sur des *lettres de gage* ou obligations émises par les propriétaires, remboursables annuellement par voie de tirage au sort. Les Institutions de crédit foncier, qui ne sont pas des Banques, se bornent à garantir le service de ces obligations et à veiller à ce qu'elles ne dépassent pas la moitié de la valeur vénale de la terre. Les lois leur donnent le droit d'exproprier les propriétaires, si ceux-ci ne payent pas l'intérêt annuel, comprenant l'intérêt proprement dit, payé aux porteurs de lettres à gage, plus une petite fraction pour les frais d'administration, plus un tant pour cent destiné à amortir la dette, c'est-à-dire à rembourser annuellement les lettres désignées par le sort, grâce à la puissance de l'intérêt composé. De cette manière, on est arrivé à pouvoir éteindre la dette en trente ou quarante ans, avec des redevances auxiliaires qui ne dépassent pas l'intérêt courant.

Le *Crédit foncier* de France fonctionne d'une manière analogue ; il diffère de ces institutions, en ce qu'il est un établissement officiel et unique ; en ce qu'il emprunte directement les capitaux, pour les prêter à l'aide d'obligations qui s'éteignent par le même procédé que les lettres de gage.

Par ces combinaisons, on peut emprunter pour payer la dette du sol ou pour l'améliorer, et s'exonérer moyennant une redevance annuelle, qui ne dépasse pas l'intérêt du prêt ordinaire à l'échéance duquel la dette reste à payer.

Comme observation générale sur ce sujet, nous dirons d'abord que c'est une grosse erreur de croire que le *crédit*, c'est-à-dire l'emploi des signes représentatifs ou l'action des Banques et autres institutions de crédit, *multiplie les capitaux*. A ce compte, il suffirait de faire des signes pour avoir des capitaux. Avec cette croyance, on va droit au papier-monnaie (voy. p. 99). — Ce qui est vrai, c'est que le crédit rassemble les capitaux et fait qu'ils fonctionnent mieux et plus rapidement, — en les passant aux mains de ceux qui savent mieux les faire valoir.

Nous dirons, ensuite, que toute opération de crédit n'est rationnelle, bonne et productive, que si elle repose sur une affaire réelle, sur une entreprise bien combinée, et sur un emploi productif. L'emprunt par le crédit foncier a beau être avantageux, il n'en ruine pas moins celui qui, au lieu de payer la dette du sol ou d'y faire des améliorations, emploie autrement le capital obtenu.

Crédits divers.

Terminons par l'explication des diverses qualifications ajoutées au mot crédit.

On dit *crédit mobilier* par opposition au *crédit foncier*, des opérations de crédit se rapportant aux diverses branches d'industrie, et constituant le *crédit commercial*, le *crédit industriel*, le *crédit agricole*, qui sont analogues.

Il s'est créé, depuis quinze ans, quelques grandes entreprises qui ont mis ces formules dans leurs noms. Ce sont des établissements mixtes, faisant des opérations de Banque et de crédit et, plus encore, des spéculations sur les grandes exploitations, sur la négociation des fonds publics ou emprunts des États, sur les fluctuations des prix des titres négociés à la Bourse, etc.

On dit *crédit réel* pour désigner le crédit fait avec garantie spéciale, sur *nantissement* ou sur *gage*, par opposition au crédit *personnel*, sans garantie spéciale.

On dit *crédit public*, des emprunts des États, des départements et des communes.

Crédit populaire. — Unions de crédit.

On appelle *crédit populaire* le crédit des petits commerçants, des petits producteurs, des ouvriers. Il ne diffère pas essentiellement du crédit des autres producteurs ou commerçants; toutefois, la *minimité* des affaires sur lesquelles il repose, ou des gages qui peuvent le garantir, le rend plus difficile à obtenir. Mais on arrive à le faire naître et à le constituer en le rendant *collectif* et *mutuel*, c'est-à-dire en rendant les participants solidaires et responsables.

C'est ainsi que cent individus, par exemple, dont aucun ne pourrait séparément obtenir des avances d'un établissement de crédit, peuvent, en se constituant solidairement et en réunissant de petites mises, de petites épargnes hebdomadaires ou mensuelles, former une *Union de crédit* qui peut obtenir la confiance et le concours des capitalistes et des banquiers, et faire des escomptes et autres avances, soit à ses coopérateurs, soit à d'autres, d'où peuvent résulter des profits et des avantages considérables.

Tel est le principe des Banques dites *Unions de crédit* et des établissements portant le nom de *Banques d'avances populaires,* fondées depuis une vingtaine d'années en Allemagne, par l'initiative de M. Schultze, manufacturier, et fonctionnant à la fois comme Caisses d'épargnes et comme Banques, faisant de petites avances aux petits commerçants, aux ouvriers[1], etc.

---

[1] On les compte maintenant par centaines, ayant plus de cent mille adhérents et faisant pour plus de cent millions d'affaires.

CHAPITRE XVIII

Des entraves aux échanges. — Système mercantile ou de la Balance du commerce et système de la Protection. — Les Réformes douanières.

Objet et moyens des deux systèmes. — Les Importances et les Exportations internationales.—La Balance du commerce ou Système mercantile : — Ses fausses bases, ses ruineuses conséquences. — Le Système protecteur ; ses procédés : Prohibitions, Droits élevés, Droits différentiels, Drawbacks, Primes. — Ses correctifs : Ports francs, Entrepôts, Docks, Traités de commerce. — Ses inconvénients. — Les réformes douanières. — Leurs heureux résultats.

Objet et moyens des deux systèmes.

Nous avons vu plus haut que le principe de la liberté des échanges ou du libre échange découle du principe de propriété et est une condition indispensable pour le développement du commerce et de l'industrie des nations[1]. Il nous reste à exposer les fausses théories en vertu desquelles on a suscité à cette liberté des entraves qui ont été constamment l'objet des réclamations des économistes, et qui sont aujourd'hui l'objet des réformes des gouvernements intelligents.

La première de ces théories est celle connue sous le nom de *système mercantile,* ou système de la *Balance du commerce ;* — la seconde est celle connue sous les noms de *système prohibitif* ou de *système protecteur,* ou de *protectionnisme,* ou de *protection.* — Aux deux systèmes s'applique la qualification de *système exclusif,* parce que chacun d'eux conclut à la répulsion, à l'exclusion, à la prohibition des produits des pays étrangers.

[1] Voy. chap. xiv, p. 80.

C'est en vertu des deux systèmes que les gouvernements ont, premièrement : transformé la douane d'institution fiscale, propre à augmenter le revenu public, en une institution d'exclusion des produits étrangers ; — deuxièmement, converti les traités de commerce, moyens de rapprochement des industries des peuples, en causes de brouille et d'isolement ; — troisièmement, compliqué la réglementation pour arriver à ces résultats aussi contraires que possible aux principes de la philosophie et de la morale et à l'intérêt bien entendu des peuples, comme l'Économie politique est venue le démontrer.

Celle-ci a commencé ses efforts il y a une centaine d'années. Le système mercantile a pris possession des esprits après la découverte de l'Amérique ; le système protecteur, il y a deux cents ans, sous Cromwell et sous Louis XIV, au temps de Colbert ; mais il est juste de dire que le *colbertisme*, comme on l'a appelé, était loin d'être aussi exclusif que le *protectionnisme*, qui s'est établi surtout depuis les événements de 1815, et contre lequel ont réagi les réformes douanières faites en Angleterre en 1825 et surtout depuis 1842, ainsi que les réformes faites en France depuis le traité de 1860 avec l'Angleterre, suivi de traités libéraux avec les autres puissances.

Les Importations et les Exportations internationales.— La Balance du commerce, ou Système mercantile. — Ses fausses bases, ses ruineuses conséquences.

Beaucoup de pays peuvent se rendre compte, au moyen des relevés de l'administration des douanes, des *Importations* et des *Exportations*, c'est-à-dire de l'importance des marchandises qui viennent de l'étranger et de celles qui sortent du territoire national, — c'est-à-dire encore des fluctuations du commerce extérieur et, par induction, des causes qui les produisent.

Ces relevés, quoique très-perfectionnés de nos jours, ne sont qu'approximatifs. S'ils étaient exactement faits, si les évaluations des marchandises étaient justes, et si on pouvait y constater l'entrée et la sortie des valeurs de banque, des capitaux monétaires et des titres de propriétés de toutes sortes qui passent à la frontière, on trouverait que les importations sont égales aux exportations ; car ni les importateurs ni les exportateurs d'aucun pays ne donnent rien pour rien, à l'exception bien entendu des cas d'émigration ou d'immigration des habitants d'un pays dans un autre avec leur avoir, sans retour en compensation.

La différence entre les importations et les exportations est ce qu'on a appelé, en style de tenue de livres, la *Balance du commerce*.

Autrefois, tous les auteurs qui avaient à parler de matières économiques partaient toujours de ce principe, que la balance n'est favorable à une nation que lorsque ses exportations dépassent ses importations. Ils pensaient que cet excédant d'exportations était soldé par les autres nations en *espèces*, et que ce surcroit d'espèces venait augmenter utilement la masse du numéraire circulant, auquel ils croyaient une valeur absolue, invariable, et qui était, selon eux, la Richesse par excellence. Ils étaient donc conduits à proclamer le commerce extérieur comme la branche de travail la plus productive pour une nation (d'où le nom du **Système mercantile**[1]), et l'appauvrissement des peuples voisins comme la seule voie de s'enrichir.

[1] De l'italien *mercantile*, commercial.

On connaît mieux aujourd'hui le rôle de la monnaie et la nature de l'échange[1].

On sait que les produits ne se payent, en définitive, qu'avec les produits; — que la valeur des choses importées serait égale à celle des choses exportées, si les comptes étaient exactement faits; — que la monnaie n'est qu'une fraction du capital; — que l'excédant de la quantité nécessaire à la circulation est inutile et produit la dépréciation et la fuite des espèces métalliques; — que le commerce extérieur est loin d'être la seule branche productive du travail. — Enfin, une observation attentive a prouvé que lorsque, par suite d'événements politiques, de spéculations anormales ou autres, une localité vient à manquer de numéraire, l'or et l'argent reviennent, par l'effet des échanges, jusqu'à ce que l'équilibre soit rétabli; et l'histoire nous apprend que cela est arrivé malgré les peines les plus terribles infligées aux exportateurs du numéraire.

L'économie politique est venue démontrer que la théorie mercantile ou de la Balance du commerce est un tissu d'erreurs dangereuses. En effet, les conséquences qu'on en a tirées sont fausses et mortelles pour les peuples. Elles ont conduit — à méconnaître les avantages de la liberté du travail, la séparation des occupations parmi les nations[2]; — à créer aux frontières des barrières de douanes qui, isolant les peuples, nuisent à toutes les industries et les poussent pour la plupart dans une voie factice; — à donner au gouvernement une surveillance qui n'est pas de son domaine; — à fonder une

[1] Voy. le chap. xvi sur la Monnaie et le chap. xiv sur l'Échange.
[2] Voy. ce qui est dit sur ces sujets, chap. ix et xi.

législation draconnienne pour le commerce ; — à jeter la discorde parmi les peuples, par suite de la violation des traités, de l'accaparement des possessions lointaines . et des établissements coloniaux, d'où est né l'odieux *Esclavage* qui a abruti le maître et l'esclave, et qui vient de coûter tant de larmes et de sang aux États-Unis d'Amérique.

Le système protecteur. — Ses procédés (Prohibitions, Droits élevés, droits différentiels, drawbacks, primes). — Ses correctifs (ports francs, entrepôts, docks, traités de commerce). — Ses inconvénients.

Les douanes, nous l'avons dit, ont commencé par être d'abord et exclusivement un moyen de revenu public.

Sous l'influence des fausses idées sur la monnaie, c'est-à-dire du système mercantile dont il est question ci-dessus, elles ont eu pour but de faciliter les exportations et d'entraver les importations, parce qu'on supposait qu'aux premières correspondait une grande importation de numéraire, et que les autres étaient suivies d'une grande exportation de ce même numéraire, à tort considéré comme la richesse par excellence, comme la richesse absolue et unique.

Plus tard, et surtout depuis le commencement de ce siècle, les douanes ont eu pour but : — 1° de faciliter l'exportation de la plupart des produits pour offrir des débouchés à la production nationale ; — 2° d'empêcher l'exportation d'un certain nombre d'autres[1] mis en œuvre par les fabriques de l'intérieur ; — 3° de mettre des obstacles à l'entrée de la plupart des produits, pour éviter

---

[1] En France, les soies, le tan ou écorce de chêne, le chiffon, etc.

aux producteurs nationaux le souci de la concurrence des producteurs étrangers. C'est là ce qu'on appelle le système de *protection douanière*, ou simplement de **Protection**, et qu'il ne faut pas confondre avec la protection générale que donne l'État en garantissant la sécurité, l'ordre, l'exécution des lois, l'exercice de la justice, une bonne administration, etc., dont l'utilité n'a jamais été mise en question par personne.

Par suite de ces diverses influences : l'intérêt mal entendu du Trésor, les erreurs du système mercantile, l'illusion de la protection de l'industrie par des entraves douanières, — les nations ont été conduites aux lois et aux tarifs actuels des douanes.

Par suite de ces lois, il y a des produits *prohibés*, c'est-à-dire dont l'entrée ou la sortie sont absolument défendus, et que la douane peut rechercher et saisir partout, à l'aide de visites dans les domiciles ou de fouilles sur les personnes[1]. — Il y a des *droits* plus ou moins élevés sur l'entrée et la sortie, mais plus généralement sur l'entrée de la plupart des produits. Ces droits sont dits *différentiels*, lorsqu'ils varient selon le lieu par lequel les produits entrent, selon l'usage auquel on les destine, suivant leur forme et leur dimension, etc.; on les désigne sous le nom d'*échelle mobile*, lorsqu'ils sont, comme pour les céréales, différenciés et échelonnés en raison inverse des prix, pour faire obstacle à l'importation. — Dans plusieurs cas, ces droits sont restitués à la sortie sous le nom de *drawbacks*. — Dans d'autres cas, pour exciter encore plus à l'importation ou à l'exportation, des *primes* sont accordées aux

[1] En France, les prohibitions n'ont cessé qu'avec le traité de 1860.

produits étrangers ou à ceux qui vont sur les marchés étrangers.

Enfin, d'autre part, pour faciliter le commerce, que les prohibitions et les droits ont pour effet de décourager, on a imaginé d'exempter certains ports de mer de ces entraves ; ce sont les *ports francs*, — ou de permettre à certains établissements d'emmagasiner les produits importés sous le contrôle de la douane et de ne réclamer les droits qu'au fur et à mesure de la vente et de la consommation ; ce sont les *entrepôts*.

Les entrepôts perfectionnés en Angleterre sont devenus ces magnifiques *docks*[1] dans lesquels les navires sont chargés et déchargés, — les marchandises reçues, emmagasinées, manutentionnées, surveillées, à l'aide d'ingénieux procédés et à peu de frais, sans que le négociant ait à s'en préoccuper. De plus, ces marchandises sont représentées par des *warrants* ou récépissés, véritables signes représentatifs transmissibles (p. 101), à l'aide desquels les transactions s'opèrent sans déplacement de produits.

On a aussi été conduit, dans le même but de neutraliser les entraves du système douanier, à faire des *traités de commerce*, par lesquels deux nations se font réciproquement des facilités pour le commerce et la navigation, en diminuant les prohibitions, les droits, les formalités. Ces traités ont été l'objet des finesses de la diplomatie et souvent celui de ses fourberies. Il en est résulté d'immenses efforts pour les violer ou les interpréter judaïquement et, par suite, de sanglantes discordes.

----

[1] Imités de nos jours, sur une moindre échelle, au Havre et à Marseille.

Le système de la protection douanière a-t-il produit de bons effets pour développer les industries pour lesquelles on l'a imaginé? Au contraire, ces industries n'auraient-elles pas plus sûrement grandi en l'absence de cette protection, qu'on a comparée à une espèce de serre-chaude? — N'est-ce pas le retour à la liberté qui tirera plusieurs industries de leur état d'infériorité relative? — Une industrie étant donnée, avec sa situation et les tarifs qu'on suppose la protéger, à quel moment pourra-t-on songer à diminuer ou à supprimer ces tarifs? — Telles sont les questions vivement débattues dans les divers pays, entre les *protectionnistes* et les *libre-échangistes*, et que nous ne pouvons approfondir ici.

Bornons-nous à dire que les travaux des économistes ont mis en évidence que le système de protection douanière (appuyé principalement sur les erreurs dn système mercantile [p. 111], et sur de fausses notions du véritable intérêt des peuples), — nuit à leur Agriculture, à leur Industrie, à leur Commerce, en les poussant dans une fausse direction, en énervant leur activité, leur initiative ; — que ses bienfaits sont une pure illusion pour ceux qui se croient protégés ; — qu'il ne profite qu'à un très-petit nombre de privilégiés ; — qu'il pousse, comme le système mercantile, les peuples à la séparation, à l'isolement, aux traités irrationnels, aux représailles, à la guerre et, par conséquent, à l'exagération des dépenses publiques et à tous les inconvénients politiques et sociaux qui en résultent.

Réformes douanières. — Leurs heureux résultats.

L'expérience à la suite des réformes ou réductions de droits est venue confirmer leurs assertions.

La légitimité de la liberté commerciale et du libre échange n'est pas sérieusement contestée quand il s'agit de pays neufs, chez lesquels tout est à créer ; et en pareil cas, la liberté a toujours été le meilleur des encouragements.

Mais elle a rencontré encore une vigoureuse résistance dans les besoins du trésor public et dans le *système* de *protection*, issu de la *Balance du commerce*, qui a été généralement appliquée dans le monde entier, — dont on a commencé à comprendre les fâcheux effets, — et dont les législateurs de chaque pays travaillent à se débarrasser progressivement, comme le témoignent d'incessantes réformes opérées.

Les financiers qui se sont inspirés de l'économie politique ont reconnu que *les droits d'entrée les plus productifs pour le Trésor sont des droits d'un taux modéré* et ne frappant qu'un petit nombre de produits d'une consommation générale, notamment ceux qui sont exotiques, tels que le café, le sucre et quelques autres denrées coloniales. Il résulte de cette observation que, pour augmenter les recettes du Fisc, on doit en général amender les lois de douanes en vue d'une grande réduction des tarifs et d'une grande simplification de l'administration.

C'est là un principe dont la fécondité a été mise en lumière, surtout par les réformes opérées en Angleterre par Huskisson, en 1825 et 1826, et par sir Robert Peel, de 1842 à 1846 et, depuis, sous l'intelligente pression de l'opinion publique enthousiasmée par R. Cobden et ses amis [1] ; réformes que semblent maintenant devoir imiter tôt ou tard tous les gouvernements.

[1] Huskisson était ministre du commerce et Robert Peel premier ministre ; ils ont proposé et défendu la réforme douanière et

Huskisson fit notamment supprimer la prohibition sur les soieries et réduire les droits sur les principales matières premières et divers objets de consommation (les cafés, les sucres, etc.) — La réforme de Robert Peel a consisté d'abord dans la réduction ou la suppression de plusieurs droits payés par divers produits à l'intérieur; ensuite, dans la réforme du régime douanier, laquelle a consisté : 1° dans la suppression des prohibitions; 2° dans l'affranchissement total des céréales, des bestiaux et de toutes les substances alimentaires ; 3° dans l'affranchissement de diverses matières premières et dans la suppression des droits peu productifs ; 4° dans un système de réduction des droits conservés, de manière à ne pas dépasser 15 pour 100 sur les objets de luxe, 10 pour 100 sur les produits de consommation moyenne, et 5 pour 100 sur les produits de consommation populaire.

Ses successeurs[1] ont supprimé les droits de navigation et émancipé les colonies, en leur donnant le libre commerce avec le monde entier.

De cette facilité accordée au commerce et de cette liberté de commerce donnée aux nations étrangères sont résultés tous les effets annoncés par les économistes : l'activité et la prospérité de l'Agriculture, de l'Industrie. du Commerce, — celle de la Navigation et des Colonies,

commerciale devant les Chambres. — Richard Cobden et ses amis, M John Bright, William Fox, Georges et James Wilson, Bowring, Porter, Mac Gregor, etc., ont converti l'opinion publique des idées de protection à celles de libre échange ou *Frec trade*, au moyen d'une association célèbre, la Ligue de Manchester (1839-45); ce qui a permis à Robert Peel d'accomplir la réforme.

[1] En tête desquels il faut citer M. Gladstone, qui a été ministre des finances à diverses reprises.

— le bien-être des Classes ouvrières, la diminution du paupérisme et de la criminalité, — la prospérité des finances publiques, — le calme des populations, — l'amour de la paix internationale, — une grande popularité des noms de Robert Peel et de Cobden.

En France, on est entré dans cette voie par le traité de commerce avec l'Angleterre, en 1860, par suite duquel les prohibitions ont été levées; un grand nombre de réductions de droits ont été opérées; la liberté du commerce des céréales définitivement consacrée[1] (loi de 1861); le régime colonial a été amélioré; des traités de commerce plus libéraux ont été conclus avec les autres puissances.

Cette première réforme a produit les plus heureux résultats pour l'agriculture, l'industrie, le commerce, la navigation, les colonies, le bien-être des populations. Elle a été le point de départ d'une politique commerciale nouvelle tendant à la paix internationale.

C'est ce qu'ont mis en lumière les discussions aux chambres, l'enquête parlementaire sur le régime économique, faite en 1870, et la statistique de la douane. Celle-ci nous apprend que le commerce de la France avec les autres puissances, qui a été de 30 milliards (importations et exportations réunies) pendant les neuf années antérieures au traité (1852-60), a été de 49 milliards pendant les dix années suivantes (1861-69); que, dans cette même période, les relations entre la France et l'Angleterre ont doublé.

Ce traité avait été, en outre, le point de départ d'une

---

[1] Les céréales étaient depuis 1816 soumises à un régime de droits différentiels et variables selon le prix, qu'on appelait l'*échelle mobile*, et qui avait été suspendu depuis octobre 1852, à cause de la disette.

politique commerciale nouvelle, tendant à la paix internationale [1].

Les divers pays ont plus ou moins imité l'Angleterre et
la France dans l'application du vieux système de la protection. Ils tendent à les imiter maintenant pour l'adoption des réformes.

Quand il sera tout à fait démontré aux peuples et aux
gouvernements en retard que les hommes de science,
d'accord avec un grand nombre de praticiens éminents
en administration et dans les diverses industries, ont la
raison de leur côté et qu'ils sont les véritables interprètes de l'intérêt général de la masse et des intérêts
privés, la réforme douanière s'opérera partout, c'est-à-
dire qu'on supprimera les prohibitions et qu'on modifiera radicalement les tarifs de douane, pour ramener
cette institution à ses fonctions fiscales, lui ôter le caractère de soi-disant protection et faire disparaître de

[1] Elle aurait pu, sans la folle déclaration de guerre de juillet 1870,
faire avorter cette propagande farouche des docteurs et des pasteurs
allemands qui a abouti à l'invasion et au pillage de la France par
les troupes allemandes conduites par la noblesse prussienne besogneuse et rapace.
Le traité de 1860 est dû à l'initiative de Richard Cobden et de
M. Michel Chevalier. Richard Cobden sut en faire comprendre les
avantages à Napoléon III, qui s'était réservé la prérogative des traités de commerce dans la constitution dictatoriale de 1852. M. Rouher, alors ministre du commerce, consacra ses efforts à cette réforme réclamée dès 1846 par l'Association de la liberté des échanges,
fondée par la petite phalange des publicistes économistes, en tête
desquels marchait Frédéric Bastiat, dont nous reproduisons plus
loin des écrits. — Par suite des événements politiques, les adversaires du traité ont eu gain de cause au sein de l'Assemblée nationale ; le traité a été dénoncé et doit prendre fin en février 1873.
Mais il y a lieu d'espérer que la réaction protectionniste sera arrêtée
par l'énergie des intérêts libre-échangistes, soit en France, soit
dans les pays qui ont traité avec elle.

nombreux obstacles s'opposant à l'élan de toutes les branches de travail.

La liberté du commerce, réclamée par l'économie politique, sera un des grands progrès de ce siècle ; et l'idéal de la disparition complète des douanes n'a plus rien de l'utopie. Il suffit, en effet, pour la réaliser, de modifier l'assiette des impôts et des dépenses, afin que l'État puisse se passer de cette branche de revenu.

QUATRIÈME PARTIE

DISTRIBUTION OU RÉPARTITION
DE LA RICHESSE

CHAPITRE XIX

Comment la Richesse est répartie.

Mode de répartition de la Richesse. — Principes de répartition.

Mode de répartition de la Richesse.

La Richesse, une fois produite, se distribue dans la Société aux divers *ayants droit*. — Ceux-ci sont évidemment les *possesseurs des instruments* généraux qui ont concouru à la production. — Ces instruments, sources des revenus sont, nous l'avons vu :

La **Terre** cultivable, exploitable, servant d'emplacement et comprenant les autres *Agents naturels;*

Le **Capital**, c'est-à-dire les bâtiments, les appareils, produits, et outillage de toute espèce;

Le **Travail**, ou les Facultés personnelles des coopérateurs directs de la production.

La PART de revenus afférente à chacun de ces ayants droit porte des noms particuliers; ainsi :

Le revenu de la TERRE s'appelle **Rente** ou FERMAGE, termes qui ne sont pas synonymes;

Le revenu du TRAVAIL s'appelle **Salaire;**

Le revenu du Capital s'appelle **Intérêt** ou Loyer, termes à peu près synonymes.

L'ensemble de ces trois éléments constitue les *Frais de production* ou les *Avances*, énoncés à la fin du chapitre IV.

C'est l'Entrepreneur qui distribue sa part de revenu à chaque ayant droit, savoir :

Le *Salaires* aux Travailleurs, ouvriers, employés, savants, fournisseurs de travail physique, intellectuel ou moral, y compris l'entrepreneur lui-même ;

L'*Intérêt* ou *Loyer* aux Capitalistes propriétaires, fournisseurs des capitaux nécessaires ;

La *Rente* ou *Fermage* aux Propriétaires de la Terre et des autres Agents naturels.

Ce qui reste après cette distribution, après ce remboursement des *avances* et des *frais de production* constitue :

Son **Bénéfice**, son Profit, ou son Produit net, en sus de son Salaire comme travailleur.

Le total de la production de l'entreprise constitue e Produit brut.

Le Produit net ou bénéfice est donc la différence des Avances ou Frais de production au Produit brut.

Si le Produit brut ne dépasse pas les Avances, il n'y a pas de Produit net ou de Bénéfice.

Si le Produit brut est inférieur aux Avances, la production est anormale ; il y a *perte* pour l'entrepreneur et pour la Société.

(Il est à remarquer, nous le répétons, que ces expressions de *Rente* et *Fermage*, — d'*Intérêt* et *Loyer*, — de

Bénéfice et *Profit*, ne sont pas tout à fait synonymes, ni employées partout dans le même sens, comme nous l'expliquons dans les chapitres suivants.)

Lorsqu'un produit arrive au Consommateur, celui-ci paye au dernier entrepreneur le total des frais de production dans les diverses entreprises successives auxquelles il a donné lieu ; et dans chacune de ces phases, l'entrepreneur agit de même vis-à-vis du précédent.

Le dernier acheteur ou consommateur d'un mouchoir de coton, par exemple, paye au marchand entrepreneur un prix rémunérateur pour toutes les façons par lesquelles ce tissu a passé ; savoir :

La culture et la récolte du coton en Amérique, ou dans l'Inde, ou en Égypte ; — le transport du coton récolté au marché voisin ; — le transport au port d'embarquement ; — le transport en mer ; — le transport du port de débarquement chez l'armateur ou à la filature ; — les opérations de la filature ; — le transport du coton filé à l'usine du tissage ; — les opérations du tissage ; — les opérations du blanchiment et autres apprêts ; — le transport du tissu chez le marchand en gros ; — le transport chez le marchand en détail.

Nous omettons ici plusieurs des façons commerciales successivement données au produit.

On comprend que ces évolutions peuvent être encore plus nombreuses, et que le produit peut passer par un plus grand nombre d'entrepreneurs.

Dans chacune de ces opérations et manutentions, il y a emploi de matières et d'outils de toute espèce ou de Capitaux, de Terre ou d'autres agents naturels, de Travail d'entrepreneurs, de savants, d'ouvriers et d'employés de toute espèce.

Considérons maintenant que, dans la culture, il a fallu payer le service du sol, celui des outils, les semences, les engrais ; — que, dans les transports, il a fallu payer le service des navires ou des chariots et de tous les appareils qui s'y rattachent ; — que, dans les diverses usines, il a fallu payer le service du sol, des bâtiments, des appareils ; diverses matières nécessaires pour l'entretien des outils, l'éclairage, le chauffage, etc. ; — que, chez les marchands et entrepositaires, il a fallu payer le service du sol, des bâtiments, des meubles, etc.

Considérons qu'il a fallu rembourser les diverses contributions mises sur le sol, les bâtiments, les produits ; — les primes d'assurances terrestres et maritimes ; — les commissions et courtages ; — les frais d'administration, de tenue des livres, etc.

Et nous comprendrons — combien est grande la division des travaux qui concourent à la confection d'un produit ; — combien est grand le nombre des coopérateurs de ce produit ; — comment les travailleurs forment une vaste *association* dont les intérêts sont liés et solidaires ; — combien, enfin, est infinie la variété de Salaires, d'Intérêts, de Rentes et de Bénéfices qui sont remboursés par le dernier consommateur au dernier entrepreneur, — lequel a agi de même à l'égard du précédent, vis-à-vis duquel il joue le rôle de consommateur, et ainsi de suite.

Principes de Répartition de la Richesse.

Dans les pays les plus avancés en civilisation, le partage des revenus de l'entreprise entre les trois catégories d'ayants droit par leur Travail, leur Capital ou leur Terre, se fait en vertu de deux principes ; savoir :

1° Le principe de **Propriété** ; 2° le principe de **Liberté**, ou de *Libre Concurrence*, ou de *Libre Échange* : — les deux se résumant dans le principe de l'**Offre** et de la **Demande**.

En vertu du principe de Propriété, plus on a fourni à la production de Terre, de Capital ou de Travail (cette dernière expression résumant l'intelligence et le talent, les efforts et la conduite) — et plus on a évidemment droit à une part plus forte du résultat de la production.

Mais, en vertu du principe de Libre Concurrence, la loi régulatrice entre les compétiteurs (propriétaires, capitalistes ou travailleurs) est celle de l'Offre et de la Demande— qui règle la Valeur et le Prix de tous les Services et de tous les Produits, de tous les Instruments, de toutes les Avances ; — qui, en d'autres termes, règle le taux des *salaires*, celui des *intérêts*, des *locations*, des *bénéfices* et aussi celui des *pertes*.

La légitimité de ces deux principes fontamentaux ayant été établie plus haut (chap. VIII et IX), en parlant de la production dont ils sont une des conditions rationnelles et fondamentales, il suffit ici de les énoncer.

D'où il résulte :

Qu'en élucidant les questions relatives aux premières parties de l'économie politique, on élucide les autres, dont l'exposition est ainsi abrégée et simplifiée ;

Que la loi fondamentale de la Répartition est la même que celle de la Valeur ;

Que la *Justice* se traduit économiquement par la loi de l'offre et de la demande et consiste dans l'ensemble de ces conditions : garantie de la propriété et libre disposition des personnes et des choses, par la concurrence et le libre échange.

De l'application de ces principes résultent la limitation des *monopoles naturels* et légitimes, la réforme et la disparition des *monopoles artificiels* injustes, des abus, des spoliations de toute espèce, —à commencer par celle qui se pratique dans l'état d'esclavage, ou de servage, ou d'exploitation à un degré quelconque, dans cet état où le payement du travail et des services se fait arbitrairement, par la force, selon le désir et la volonté de celui qui les utilise sans le consentement de celui qui les fournit.

Les choses se passent de même, au degré près, dans tous les cas de monopoles abusifs où l'un des deux contractants est avantagé aux dépens de l'autre, qui est spolié ou privé d'une partie de ce qui lui reviendrait naturellement en salaire, —en intérêt, —en rente foncière, —ou en profit.

Dans les fonctions publiques, le prix des services est fixé par l'autorité, mais en imitation de ce qui se passe dans les professions au sein desquelles s'exerce la libre concurrence. — Au surplus, l'employé est toujours libre d'accepter ou de refuser les conditions qu'on lui fait.

CHAPITRE XX

Du Revenu du Travail ou du Salaire.

Ce qui fait hausser ou baisser les Salaires. — Influence du Prix des vivres, de la Disette et de l'Abondance sur les Salaires. — Salaires des artistes, des savants et des entrepreneurs.

Ce qui fait hausser ou baisser les Salaires.

On appelle du nom générique de **Salaire** le revenu des Travailleurs, le prix du travail.

Dans la catégorie des Salaires, il faut donc comprendre toute rémunération d'un travail quelconque : les *gages* de domestiques, les *appointements* des employés, les *honoraires* de diverses professions, aussi bien que les *Salaires* des Ouvriers proprement dits ; car toutes ces *rétributions* sont économiquement de même nature.

Le Salaire est le prix courant du travail, et ce prix se règle comme le prix de toutes choses, par la libre concurrence des travailleurs et de ceux qui les emploient[1].

Y a-t-il beaucoup d'ouvriers pour faire un travail donné, ils offrent leurs services au rabais, et le salaire baisse. Y a-t-il peu d'ouvriers dans les mêmes conditions, ils peuvent avoir plus de prétention, et le salaire hausse.

D'un autre côté, y a-t-il, pour le même nombre d'ouvriers, beaucoup de capitaux à occuper, ou, ce qui revient au même, beaucoup de travail à faire, les ouvriers peuvent être plus exigeants, et le salaire hausse. Y a-t-il, dans les mêmes conditions, peu de capital disponible, peu de travail à faire, les ouvriers ne peuvent pas se montrer exigeants, et le salaire tend à baisser.

En moins de termes, les salaires haussent quand le nombre des ouvriers diminue et quand les capitaux augmentent ; — ils baissent quand le nombre des ouvriers augmente et quand les capitaux diminuent. C'est ce que Richard Cobden faisait bien comprendre à des ouvriers anglais, en leur disant : « *Quand deux ouvriers courent après un maître, les salaires baissent ; ils haussent quand deux maîtres courent après un ouvrier.* » — Cela est vrai en fait et en droit.

[1] Voy. p. 85.

Donc, ce qui fait hausser les salaires, c'est l'abondance du capital — et la diminution des ouvriers ;

Ce qui fait baisser les salaires, c'est la rareté du capital et l'augmentation des ouvriers.

De sorte que la chose désirable avant tout, pour les ouvriers, c'est l'abondance du capital, et le nombre des capitalistes et des entrepreneurs qui, ayant besoin d'ouvriers, les sollicitent par des augmentations de salaires[1].

Ce qui est encore désirable pour les ouvriers, c'est le maintien de la tranquillité et la sécurité, sans laquelle le capital se retire et ne s'engage pas dans les entreprises. — L'activité de l'industrie agit sur les salaires comme l'abondance des capitaux. La stagnation industrielle produit le même effet que la rareté des capitaux.

Influence du Prix des vivres, de la Disette et de l'Abondance sur les Salaires.

Le prix des vivres influe sur les salaires, et tend à les faire hausser ou baisser, selon qu'il s'élève ou s'abaisse lui-même ; mais cela n'a lieu que quand les ouvriers, peu nombreux, ne se font pas trop concurrence. Dans le cas contraire, les salaires peuvent baisser, même au-dessous du strict nécessaire.

Ce qui vient à l'appui de ce que nous disons, c'est qu'en temps de disette, quand tout est cher, les salaires baissent, pour hausser en temps d'abondance, quand tout est à meilleur marché.

Voici l'explication de ce phénomène. En temps de disette, les subsistances étant plus chères, les travaux di-

---

[1] On a donc dit une bien grande sottise lorsqu'on a avancé que le capital était l'ennemi du travail.

minuent à la campagne, car on n'occupe pas autant d'ouvriers, parce qu'ils sont chers à nourrir. D'autre part, la nourriture absorbant presque tout le salaire dans la plupart des familles, on achète moins des produits des manufactures, qui sont obligées de ralentir leurs travaux, de renvoyer des ouvriers ou de moins payer ceux qu'elles gardent. Les uns et les autres diminuent les consommations et agissent dans le sens que nous venons de dire sur les manufactures; et, d'un autre côté, les ouvriers sans ouvrage offrent leurs services au rabais et font baisser les salaires. —L'effet contraire se produit quand l'abondance règne; les travaux sont nombreux aux champs, dans les usines et dans les ateliers des villes, et les ouvriers sollicités par des offres avantageuses; de plus, la masse des consommateurs pouvant consacrer une partie de son revenu aux produits des arts et manufactures, les producteurs de ceux-ci vendent davantage, et occupent un plus grand nombre d'ouvriers mieux salariés.

Salaires des Artistes, des Savants et des Entrepreneurs.

L'élévation des salaires des Savants et des Artistes ou des ouvriers de talent s'explique par la difficulté de leur travail, par la longueur de l'apprentissage et par le peu de concurrence qu'ils rencontrent. Mais il arrive bien souvent que, même avec du talent et du savoir, ces travailleurs n'ont qu'un salaire insuffisant; c'est qu'alors ils sont plus nombreux que ne le comporte la demande de leurs services et le besoin qu'on éprouve de s'en procurer. — Il faut ajouter que la considération et les honneurs complètent souvent le salaire.

La hausse relative du salaire des Entrepreneurs, considérés comme travailleurs et en dehors des chances de bénéfice et de perte que leur présente l'entreprise, s'explique par les qualités intellectuelles et morales qu'ils doivent réunir, et qui sont assez rares[1].

Au chapitre xxiii, relatif aux Bénéfices, nous parlons de la transformation de tout ou partie du Salaire fixe en une part éventuelle de Bénéfice; à la fin du chapitre xxix, nous parlerons des Coalitions et des Grèves.

CHAPITRE XXI

Du revenu du Capital. — Intérêt ou Loyer, — et de l'Usure.

Divers éléments de l'Intérêt. — Ce qui fait hausser ou baisser. — De l'Usure et des préjugés populaires à cet égard.

Des divers éléments de l'Intérêt. — Ce qui le fait hausser ou baisser. — De l'Usure.

Le revenu du Capital s'appelle *Intérêt* quand il s'agit d'un capital évalué en monnaie; — *Loyer*, quand il s'agit d'un capital sous forme de bâtiment, d'établissement, de machine, etc.; en parlant de l'un, c'est comme si nous parlions de l'autre. Nous traiterons de l'*Usure* en finissant.

Il y a plusieurs éléments dans l'Intérêt du capital :

Premièrement, le *loyer* proprement dit, ou bonification pour la location du capital, pour la *privation* que s'impose le prêteur et la jouissance ou avantage qu'il confère à l'emprunteur. (Jean me prête une chose esti-

---

[1] Voy. au chap. iv, p. 23 et chap. xxiii.

mée cent francs; il s'en prive pour m'en laisser jouir et profiter; il est naturel, juste et légitime que je lui donne quelque chose en retour. —Sans cela, pourquoi me prê-terait-il, pourquoi se priverait-il?)

Deuxièmement, la *prime d'assurance*, pour le risque de non-remboursement que court ou croit courir le prê-teur;

Troisièmement, une part pour faire face aux soins et aux *frais* que nécessitent le placement et la surveillance du capital;

Quatrièmement, une part pour l'*entretien* et l'*amor-tissement* du capital, si ce capital est de nature à se dé-truire.

Cette décomposition permet de bien saisir les causes de la variation de l'intérêt ou du *Prix courant* du capital, qui ne sont autres, d'ailleurs, que celles de la variation de la Valeur en général.

Voici maintenant les causes de hausse ou de baisse de l'Intérêt.

L'intérêt tend à s'élever, quand les capitaux sont rares, et à s'abaisser, quand les capitaux sont abondants.

L'intérêt tend à s'élever si les entreprises sont nom-breuses, et à s'abaisser si les entreprises sont rares.

C'est-à-dire qu'il s'*élève* avec — la rareté des capitaux, — la multiplication des entreprises — et l'activité indus-trielle, — et qu'il s'*abaisse* avec l'abondance des capi-taux, — la rareté des entreprises, — et la stagnation in-dustrielle.

Une partie de l'intérêt, étant une prime d'assurance, s'élève ou s'abaisse naturellement, comme le risque que le capitaliste court ou croit courir.

Ces divers effets peuvent se neutraliser. On voit des

circonstances où l'intérêt s'élève, malgré l'abondance et la sécurité, parce que l'activité de l'industrie sollicite vivement l'emploi des capitaux ; — et des circonstances où, malgré la rareté des capitaux, l'intérêt baisse, parce qu'il y a peu de débouchés pour les capitaux se faisant concurrence.

Mais, en résumé, on peut dire, en imitant la formule relative aux salaires (p. 129) :—que l'intérêt baisse quand deux capitalistes courent après un emprunteur, — et qu'il s'élève quand deux emprunteurs courent après un capitaliste.

L'abondance des capitaux amenant la baisse de l'intérêt et la création des entreprises; d'autre part, l'augmentation des entreprises étant favorable aux ouvriers, on voit encore ici combien est fausse l'assertion de ceux qui prétendent que le capital est hostile au travail (p. 130).

De l'Usure.

Jadis on appelait *Usure* tout intérêt ou loyer de l'argent généralement réprouvé par des motifs tirés de la philosophie, de la morale et de la religion, mal comprises. L'économie politique, avec une observation plus juste de la nature des choses, est venue démontrer que ces divers motifs étaient des erreurs.

Aristote, qu'on a longtemps pris pour un oracle sur ce point, a dit que, les pièces de monnaie ne produisant pas d'autres pièces de monnaie, l'intérêt payé en sus du capital remboursé était contre nature et, par suite, illégitime.

Mais on peut répondre qu'on fait de l'argent un emploi productif d'un profit quelconque, auquel il est juste et nécessaire de faire participer le prêteur, comme nous l'avons dit en commençant. Une darique[1] (a dit Bentham, un des hommes les plus sensés de notre siècle, en répondant à Aristote) est incapable, il est vrai, de faire une autre darique; mais avec une darique empruntée on peut acheter, par exemple, un bélier et des brebis qui produisent des agneaux. « Ce ne n'est pas de l'argent que provient le bénéfice, mais de l'emploi qu'on en fait; » disait justement Calvin, il y a trois siècles[2].

On s'est aussi appuyé sur des paroles du Christ dans l'Évangile[3]. Mais, outre qu'on n'est pas d'accord sur le sens de l'hébreu et du grec, on peut dire qu'il n'y a dans ces paroles qu'un précepte de charité et non la défense d'une transaction commerciale. Le Christ était bien loin de nier le droit de propriété.

Au surplus, un simple rapprochement démontre l'erreur des adversaires de l'intérêt. Aujourd'hui, j'ai une maison de 100,000 fr., louée à 7,000 fr., soit à 7 pour 100; demain, je vends ma maison pour un capital de 100,000 fr., que je place à 7 pour 100, et dont je retire 7,000 fr.; où est la différence? pourquoi suis-je condamnable de tirer profit de mon second capital, quand je ne l'étais pas en tirant parti du premier?

Les moralistes, les théologiens, les Pères de l'Église, les jurisconsultes ont, pendant des siècles, condamné l'intérêt ou l'*usure* comme un grand crime. Mais la force des choses a constamment réagi en fait; l'usure n'a

---

[1] Pièce de monnaie grecque.

[2] Mais Calvin n'avait pas encore une notion complète; il n'approuvait que l'intérêt demandé aux riches.

[3] *Mutuum date, nihil inde sperantes:* Prêtez-vous mutuellement sans rien espérer. (Saint Matthieu.)

cessé d'être pratiquée et les jurisconsultes ont été amenés à faire des exceptions et des distinctions plus ou moins subtiles, à permettre certains prêts, à en combattre certains autres; puis, les économistes sont venus proclamer et démontrer, à la fin du dix-huitième siècle, la légitimité de l'intérêt dans toute espèce de prêt, en éclaircissant la question de production, d'échange, de propriété, etc.,

Par suite de cette erreur et des préjugés populaires, et en vue de protéger les emprunteurs contre les prêteurs de capitaux, qualifiés de la dénomination injurieuse d'*usuriers*[1], on a été conduit, dans la plupart des pays, à fixer un maximum pour le taux de l'intérêt (en France, 5 pour 100 dans les transactions civiles, et 6 pour 100 dans les transactions commerciales), et maintenant on appelle *usure* seulement l'Intérêt ou Loyer des capitaux dépassant l'*intérêt légal*, c'est-à-dire le maximum fixé par la loi.

Mais ces restrictions portent atteinte au droit de propriété; elles nuisent aux emprunteurs, qu'elles ont la prétention de protéger, en écartant du marché les capitalistes qui ne veulent pas violer la loi, et en mettant l'emprunteur à la discrétion des prêteurs qui, courant le risque d'être punis, font payer ce risque par un intérêt élevé, — toujours facile à déguiser dans les actes et les contrats.

Les lois sur l'usure, abolies en Angleterre et dans quelques autres pays, seront abolies partout, au fur et à

---

[1] En ce moment, *usurier*, dans l'esprit des populations, est synonyme de prêteur au-dessus du taux stipulé par la loi, — de malhonnête homme, — de spoliateur.

mesure que les préjugés des populations diminueront et que les législateurs seront plus éclairés[1].

La baisse du taux de l'intérêt des capitaux est un avantage social qui s'obtient — par l'entière liberté du prêt, — par la sécurité du prêteur, — par le perfectionnement des banques et autres institutions de crédit[2], — par les facilités accordées au prêteur de rentrer dans son bien.

L'expérience prouve qu'un emprunteur trouve des capitaux d'autant plus facilement et à plus bas prix, qu'il est plus facile à exproprier. Ainsi, le commerçant, dont l'avoir est facilement saisissable, a plus de crédit que le propriétaire foncier, dont l'expropriation a été soumise à des entraves qui, loin d'être tutélaires, lui sont nuisibles, et l'empêchent de donner sa terre en garantie, avec tous les avantages dont jouissent les possesseurs de biens mobiliers[3].

---

[1] Les États-Unis, le Danemark, la Hollande, le Wurtemberg, le Piémont et ensuite l'Italie, l'Espagne, la Suisse. — En France, un projet de loi rédigé, après une enquête, et devant proclamer la liberté du taux de l'intérêt, est resté en suspens depuis quelques années.

[2] Voy. chap. xvii, p. 101.

[3] Voy. les institutions de crédit foncier, même chap., p. 103.

CHAPITRE XXII

Du revenu de la Terre ou de la Rente foncière et du Fermage.

Résultats de la production agricole. — De la nature de la Rente et du Fermage. — Ce qui fait hausser ou baisser la Rente foncière.

Résultats de la production agricole. — De la nature de la Rente et du Fermage.

Par TERRE, il faut entendre non-seulement le *sol* cultivable et l'*emplacement* sur lequel s'exercent les diverses industries, mais encore les *mines* et carrières fournissant les substances métalliques, la houille et d'autres combustibles, des amendements pour les terres, des matériaux de construction et autres de toute espèce ; — les pâturages, les forêts, les chutes et cours d'eau, les lacs et marais salants et autres ; — les lieux bien situés, où le vent peut servir de moteur, ou bien ceux sur lesquels on respire un air plus doux ou plus pur, ou bien ceux d'où on jouit d'un plus beau soleil, d'une plus belle vue, etc., etc.

Par terre, les économistes entendent encore les forces ou *agents naturels* qui résident dans la terre, à sa surface ou dans l'atmosphère.

Nous parlerons plus particulièrement du Sol cultivable ; mais nos observations se rapporteront aussi aux autres agents ou avantages naturels.

Le sol est cultivé par les propriétaires, qui le font valoir à l'aide de leurs familles, de leurs domestiques, de leurs agents ; c'est le *faire-valoir* ; — ou bien, il est *loué* à des fermiers. Si ces fermiers reçoivent, non-seulement le sol et les bâtiments, mais tout ou partie des instruments, des animaux nécessaires à l'exploitation et partagent les produits en nature avec les propriétaires, c'est le *métayage;* — si les fermiers exploitent avec leur propre capital et payent une redevance annuelle et fixe au propriétaire, c'est le *fermage.* —Lorsque la location, stipulée dans un bail, est faite pour un long espace de temps, c'est une *emphytéose.*

Sur le résultat ou *produit brut* de l'exploitation agricole, il faut d'abord prélever les *avances* faites à la culture, telles que semences, engrais, amendements, salaires des travailleurs, entretien des instruments, etc.

Sur ce qui reste, il y a ensuite lieu de prélever :

1° L'*intérêt* ou *loyer du Capital*, qui a servi à faire les avances ci-dessus;

2° L'*intérêt*, le *loyer* et l'*amortissement du capital*, fixé sur le sol et consistant en bâtiments et constructions;

3° La part appelée *Rente* ou *Fermage*, revenant au propriétaire foncier pour la location de la terre plus ou moins améliorée par des défrichements, nivellements, défoncements, murs, fossés, canaux, amendements, drainages, plantations, etc., qui l'ont rendue plus productive et qui sont confondus avec elle[1];

4° Enfin, le *profit* ou *bénéfice* de l'entrepreneur de la culture (propriétaire ou fermier), s'il reste un *produit net* après tous les frais payés : frais d'exploitation, contributions, rente du propriétaire, intérêt du capital.

Le premier et le second élément, c'est-à-dire l'intérêt

[1] Si ces opérations sont bien conçues, le capital à l'aide duquel on les a faites est détruit, mais remplacé par une plus-value de la terre. Dans le cas contraire, elles sont une perte sèche du capital.

du capital agricole, est de même nature que l'intérêt de tout autre capital, dont nous avons parlé dans le chapitre précédent. — Nous parlerons des Bénéfices dans le chapitre suivant, et nous n'avons à nous occuper ici que de la part revenant au propriétaire.

Cette part revenant au propriétaire est désignée sous le nom de RENTE, RENTE FONCIÈRE ou de FERMAGE ; de *Fermage*[1], quand il s'agit de désigner la somme que le fermier locataire paye en fait au propriétaire du sol, des bâtiments et de tout autre capital, loués au fermier avec la terre ; — de *Rente*, quand il s'agit de désigner la part qui revient naturellement au propriétaire uniquement en tant que propriétaire du sol ou de l'emplacement ; — de sorte que Rente et Fermage sont des expressions analogues, sans être synonymes.

Nature de la Rente foncière et du Fermage.

Voici maintenant comment se produit la *Rente foncière*.

Dans un pays peu habité, lorsque les terres productives ne sont pas encore occupées, c'est-à-dire lorsque chaque cultivateur peut avoir des terres autant qu'il lui en faut pour exercer son industrie, il n'y a pas de rente foncière. La rente ne naît qu'au fur et à mesure que les terres plus productives viennent à manquer, ou que des cultivateurs, se retirant, cèdent leur place à des cultivateurs qui préfèrent leur payer une redevance plutôt que de se transporter plus loin ou de mettre en culture des terres de fertilité égale.

---

[1] Ce mot signifie aussi le mode d'amodiation ou location du sol (p. 43) et encore le prix de la location.

Comme cette circonstance se présente même dans une société naissante, même lorsque les terres sont encore abondantes, la rente surgit, pour ainsi dire, en même temps que la culture s'établit ou que la population s'agglomère.

Les produits obtenus sur les terres moins fertiles, ou plus éloignées du marché et du consommateur, reviennent à un prix plus élevé et ne se vendent pas plus à qualité égale que ceux obtenus sur les terres meilleures ou mieux disposées. Il en résulte un plus grand avantage pour les cultivateurs de ces dernières, avantage dont ils tiennent compte au propriétaire du sol, qui constitue la **Rente foncière**, plus ou moins représentée par le *Fermage*, selon les conditions du bail.

Il peut se faire, en effet, que le fermage soit égal à la rente ou plus petit que la rente, si le fermier a obtenu de bonnes conditions, — ou plus élevée que la rente, si par la concurrence ou un faux calcul il a été conduit à laisser mettre dans le fermage une partie de son profit ; il peut même arriver qu'il consente à payer un fermage pour une terre rendant à peine les frais de production et ne donnant aucune rente.

La rente n'est donc pas forcément un des éléments du prix du blé et autres produits agricoles ; elle peut ne pas faire partie des frais de production (p. 25), puisqu'elle résulte de la différence des prix des récoltes, selon la qualité des terres. C'est donc une erreur que d'attribuer à la rente des propriétaires la hausse des prix des subsistances. Toutefois, l'Intérêt qui, dans le Fermage, s'allie à la Rente, est un des éléments constitutifs des prix.

Ce qui fait hausser ou baisser la Rente foncière.

La rente des propriétaires tend à baisser proportionnellement au — progrès agricole, — à la mise en culture de nouveaux terrains, — au perfectionnement des procédés de culture qui font baisser les prix ; — elle tend encore à baisser avec le perfectionnement des voies de communication, avec la diminution des entraves commerciales et l'augmentation des importations en substances alimentaires, qui produisent le même résultat.

Elle tend à hausser lorsque se manifestent les circonstances opposées, — et lorsque s'accroît la Population, qui, se faisant concurrence pour l'achat des subsistances, en fait monter les prix et permet aux propriétaires d'exiger une plus forte rente.

La Rente du sol se distingue de l'intérêt du capital et de la masse de travail employé au défrichement et à la mise en culture. Il y a des terres qui donnent une rente sans qu'elles aient jamais nécessité aucun travail ; on peut citer, dans ce cas, des pâturages, des étangs, des bois, etc. Il y a des terres qui donnent une rente très-élevée, bien qu'elles n'aient pas nécessité plus de travail ou de capital que d'autres analogues ; tel vignoble renommé, dont les produits se vendent 3,000 fr. le tonneau, coûte moins d'efforts et de dépenses que tel autre dont les produits ne se vendent que 300 fr. le tonneau. Dans ces dépenses, nous ne parlons pas du prix d'achat, basé sur le revenu et résultat de la concurrence dont il a pu être l'objet. Il y a, d'autre part, des terres qui donnent une rente très-inférieure à l'intérêt du capital et du travail qu'elles ont pu absorber. C'est même là, peut-être, le cas le plus général. Combien n'y a-t-il pas eu dans le passé de peines perdues et de capitaux enfouis improductivement sur le sol?

Une dernière remarque à faire ici, c'est que la rente du sol plus ou moins élevée, selon les bonnes qualités du sol ou son heureuse situation, c'est-à-dire selon le monopole naturel qu'elles constituent, ressemble tout à fait au profit que donnent — la possession d'un talent exceptionnel, — une invention nouvelle, — l'heureux placement d'un capital, etc.[1].

CHAPITRE XXIII

Du Bénéfice.

Ce qui explique et légitime les Bénéfices des entrepreneurs. — Participation des capitalistes et des ouvriers aux Bénéfices. — Du Salariat et de l'Association.

Ce qui explique et légitime les bénéfices des Entrepreneurs.

Lorsque l'Entrepreneur[2] a soldé le *Fermage* de la terre, — l'*Intérêt* ou le *Loyer* du capital qui a fait les *avances* de l'entreprise, — le *salaire* des ouvriers, employés, savants ou artistes dont il a utilisé les facultés; — lorsqu'il a prélevé lui-même la rétribution de son propre travail, — ce qui reste du résultat de la production constitue le **Bénéfice**, ou le **Profit**, ou le **Produit net**.

Ce bénéfice lui appartient entièrement ou doit être

---

[1] Voy. p. 87.

[2] Le chef ou les chefs de l'entreprise, celui ou ceux qui l'ont conçue, qui la dirigent et en courent les risques.

partagé entre les autres ayants droit qu'il a jugé à propos de s'associer et d'intéresser à son entreprise.

L'Entrepreneur est un *travailleur* et, au point de vue de l'entreprise dont il conçoit et dirige les éléments, un travailleur de premier ordre. — Il faut qu'il ait les connaissances spéciales de sa profession et le talent de les appliquer à la nature de l'entreprise. Il faut qu'il sache choisir et conduire les Auxiliaires dont il a besoin, et tirer le meilleur parti possible de leurs facultés et de leur travail. Il faut qu'il sache se procurer les Capitaux et les moyens nécessaires, soit par le crédit, soit par l'association, qui supposent la confiance en ses qualités, son habileté, sa droiture. — Il faut qu'il soit commerçant, c'est-à-dire qu'il sache écouler ses produits, attirer, ménager, satisfaire ses clients. — Il faut, en deux mots, qu'il réunisse le double talent de l'application et des affaires, le double talent de conduire les hommes et les choses, et de faire converger vers le but de la production tous les éléments de cette production.

« Il lui faut, a dit J. B. Say, du jugement, de la constance, une certaine connaissance des hommes ; il doit pouvoir apprécier, avec quelque exactitude, l'importance de son produit, le besoin qu'on en aura, les moyens de production dont il pourra disposer. Il s'agit de mettre à l'œuvre un grand nombre d'individus ; il faut acheter ou faire acheter des matières premières, réunir des ouvriers, trouver des consommateurs ; il faut avoir une tête capable de calcul, capable d'estimer le prix de production et de le comparer avec la valeur du produit terminé. Dans le cours de toutes ces opérations, il y a des obstacles à surmonter, qui demandent une certaine énergie ; il y a des inquiétudes à supporter, qui demandent de la fermeté ; des malheurs à réparer, pour lesquels il faut de l'esprit de ressource. Enfin, le métier de l'Entrepreneur veut qu'on ait de l'invention, c'est-à-dire le talent d'imaginer tout à la fois les meilleures spéculations et les meilleurs moyens de les réaliser. »

Toutes ces conditions ne sont pas remplies sans que l'Entrepreneur fasse beaucoup d'efforts intellectuels et physiques, sans qu'il développe une grande activité d'esprit.

Elles expliquent et légitiment le haut salaire que l'entrepreneur peut prélever ; mais ce salaire est, comme toutes les valeurs, soumis à la loi de l'offre et de la demande, et ramené à ses limites naturelles par la concurrence des hommes à talent et à aptitudes analogues, qui peuvent offrir les mêmes avantages aux consommateurs, aux ouvriers et aux capitalistes.

Toute opération entraine de plus avec elle des chances de perte, qui peuvent aboutir à la ruine et même au déshonneur, ou au moins faire de larges blessures à l'amour-propre et qui, étant l'objet constant de leur préoccupation, troublent le repos et altèrent la santé des chefs d'entreprise.

Cette redoutable responsabilité, ces risques et ces soucis, que n'ont point les autres agents de la production, joints au talent d'application, au talent des affaires et à l'esprit inventif, expliquent encore et légitiment aussi le bénéfice de l'Entrepreneur.

On voit par cette analyse la différence de situation et de droit de l'Entrepreneur et des autres agents et coopérateurs de la production.

Du reste, dans un pays libre, la voie est ouverte à tous ceux qui ont à faire valoir les qualités que nous venons d'exposer, moins communes que la réunion de celles né-cessaires aux hommes qui exécutent des ordres.

En fait, de nos jours, sous l'empire du régime de la libre concurrence et de l'égalité de tous devant la loi et l'impôt, les Entrepreneurs sortent de tous les rangs de la société, et on peut voir, d'une part, des entreprises agricoles, manufacturières, commerciales, financières et autres, conduites par des hommes dont les noms ont une origine aristocratique, et, d'autre part, des entreprises souvent d'importance supérieure dirigées par des hom-mes sortis des familles les plus humbles et qui ont dé-buté par l'échelon le plus bas de la profession.

Il résulte de cet exposé et de ce que nous avons dit sur les Salaires et l'Intérêt que les Ouvriers et les autres agents personnels de la production n'ont rien à envier aux Entrepreneurs, dont l'action est si utile à eux-mêmes et à la société tout entière. — L'intérêt des ouvriers se trouve dans la multiplication et la prospérité des Entre-preneurs. (Voy. p. 130 et 134.)

Participation des capitalistes et des ouvriers aux Bénéfices. —
Du salariat et de l'Association.

La participation aux bénéfices de l'entreprise est un moyen d'attirer les capitaux et d'intéresser les ouvriers à l'entreprise, concurremment avec la hausse de l'intérêt et des salaires.

Lorsque l'entreprise est organisée en une *Association*, de façon que les capitalistes ou les travailleurs aient une certaine action dans la direction de l'entreprise, il en résulte que l'importance des fonctions de l'entrepreneur se trouve amoindrie, ainsi que son initiative, sa peine, ses risques et ses soucis. Dans ce cas, le salaire de l'Entrepreneur peut s'en ressentir, et il partage naturellement le Bénéfice avec ceux qui prennent part à la direction.

On a beaucoup parlé, dans ces derniers temps, de l'**Association** comme devant remplacer le **Salariat**. Mais, pour que l'ouvrier cesse d'être *salarié* et devienne *associé* à l'entreprise, il faut d'abord qu'il possède ou qu'il trouve à emprunter sa part du capital ; il faut ensuite qu'il ait une avance suffisante pour vivre en attendant les résultats de l'entreprise ; il faut qu'il puisse courir la chance des pertes ; — toutes conditions assez difficiles à remplir. Il faut encore que les associés s'entendent, se soumettent à une certaine discipline et trouvent un gérant capable, laborieux et fidèle. — Croire que ces conditions peuvent être évitées, c'est croire l'impossible. — En admettant ces conditions remplies, l'ouvrier, dans la plupart des cas, et par le fait de la concurrence entre les diverses entreprises, ne toucherait en moyenne, pour sa part *éventuelle* des bénéfices (pertes compensées), que ce qu'il touche d'une manière fixe et *assurée* sous forme de salaire.

Au surplus, pour le plus grand nombre d'hommes sans initiative, cette fixité, cette assurance sans préoccupation, sans souci, sans besoin de contrôle, etc., est préférable à un salaire plus élevé, mais lointain et incertain.

On a dit, d'autre part, que le Salariat est une transformation de l'esclavage ; c'est une erreur. Le serf est un esclave un peu moins esclave ; le salarié est entièrement libre, possesseur de sa personne et de son travail. Il n'y a pas de comparaison à établir, à moins qu'on ne veuille dire que le salariat est la transformation du servage et de l'esclavage, comme le jour est la transformation de la nuit ; ce qui est alors sans portée aucune.

Ceci n'empêche pas de reconnaître que toute Association volontaire et possible est chose désirable, — dans l'intérêt financier de l'ouvrier, — dans l'intérêt social de la production, à laquelle l'ouvrier donne plus de soins, — et dans l'intérêt de la moralité et de l'accord des classes ouvrières avec les autres. Car les ouvriers associés travaillent naturellement pour eux avec plus d'énergie que pour un employeur ; ils ont tendance à devenir plus rangés et plus épargnants, stimulés qu'ils sont par leur intérêt et leur amour-propre.

Une bonne manière de faire naître ou de développer l'esprit d'association et d'obtenir les avantages que nous venons d'indiquer, c'est d'*intéresser* les ouvriers et autres agents de la production, en leurs réservant une part des bénéfices, naturellement plus faible que s'ils pouvaient concourir aux pertes.

Tout ce que nous venons de dire s'applique à toute entreprise conçue de façon que les capitalistes et les ouvriers aient une part éventuelle dans le bénéfice. Ce bénéfice ne change pas de nature parce qu'il devra être divisé en *dividendes* selon de certaines conditions entre plusieurs copartageants.

Ceci nous amène à faire remarquer que le salariat est, à tout prendre, une forme d'association régie par le principe de la liberté du travail, de l'offre et de la demande, — dans laquelle l'ouvrier touche sa part à l'avance, sans courir de risques, — et que ce système est préféré par la masse des travailleurs.

CINQUIÈME PARTIE

CONSOMMATION ET EMPLOI DE LA RICHESSE

CHAPITRE XXIV

Comment la Richesse s'emploie ou se consomme.

En quoi consiste la Consommation. — Consommation reproductive
et Consommation non reproductive. — Règles relatives à la Consommation. — Le Luxe. — Ce qui développe la Consommation.
— Importance du Consommateur.

*En quoi consiste la Consommation. — Consommation reproductive
et Consommation non reproductive.*

De même que *produire* de la richesse, c'est créer de
l'Utilité et de la Valeur, de même *consommer* la Richesse, c'est faire usage de l'Utilité qui réside dans les
produits ; — c'est transformer cette Utilité et la Valeur
qui en résulte, ou bien la diminuer, ou bien encore la
détruire totalement.

La lenteur ou la rapidité avec laquelle s'opèrent les
Consommations ne change pas leur nature ; le bijou qui
dure des siècles, l'habit qui dure des années, le fruit ou
le produit immatériel qui ne dure qu'un jour, une heure,
une minute, perdent leur valeur d'une manière plus ou
moins rapide, mais analogue.

On doit comprendre dans les Consommations les produits exportés ; car ils sont dans le cas des matières pre-

mières, que l'on emploie pour la confection d'autres produits. De même, si l'on évaluait les productions d'un pays, il faudrait y comprendre ses importations.

Les Consommations ont été classées par rapport au but qu'on se propose et au dédommagement qu'on en retire.

Nous appelons *Consommations reproductives* celles qui sont consacrées à la production d'une Richesse égale ou supérieure à la Valeur consommée, et qui constituent un véritable échange dans lequel on donne des richesses acquises, ou les services des instruments de travail (la Terre, le Travail ou le Capital), pour obtenir de nouvelles richesses. D'où il résulte que toute consommation reproductive n'est autre que l'emploi des capitaux dans la production. (Voy. p. 19.)

Nous appelons *Consommations non reproductives* [1] celles qui ont pour objet l'entretien des individus et des familles, ou plus généralement le bien-être qui résulte de la satisfaction d'un besoin ou d'un plaisir.

Nous avons déjà parlé de la Consommation reproductive ou de l'emploi des capitaux, un des plus importants emplois de la richesse (ch. iv). Il nous reste à indiquer ici quelques règles relativement à la Consommation non reproductive.

Règles relatives à la Consommation.

Parmi les consommations les plus judicieuses et par conséquent les plus désirables, il faut mettre :

---

[1] D'autres économistes ont dit d'une manière moins heureuse, ce nous semble, consommations *improductives,* ou *stériles,* ou *destructives,* parce que ce qui est nécessaire à l'entretien du travailleur n'est pas à proprement parler improductif ou stérile, ou absolument destructif.

1° Les consommations qui satisfont à des *besoins réels*, selon la condition dans laquelle on se trouve ;

2° Les consommations *lentes*, ou celles des richesses durables, et qui profitent plus longtemps à l'individu et à la famille ; un objet mobilier, par exemple, vaut mieux qu'un repas de luxe ; — pour un enfant, un joujou et, mieux, un objet d'amusement instructif, est préférable à des sucreries, etc.;

3° Les consommations qui ne peuvent nuire à la santé et qui sont conformes aux prescriptions de l'*hygiène* ;

4° Celles qui ne dépassent pas le *revenu* et permettent une certaine *épargne*.

Il faut proscrire le plus possible :

1° Les consommations indiquées comme inutiles et superflues par la Raison et le Bon sens ;

2° Les consommations à *crédit*, qui ne peuvent être légitimées que par l'indispensable nécessité. — De l'achat à crédit résultent : une plus grande dépense, la cherté des produits, l'exploitation de l'acheteur par le vendeur et, plus tard, l'insolvabilité, le découragement, l'immoralité et la dissipation du consommateur — et, par contre-coup, la ruine du vendeur lui-même.

3° Nous devons encore faire ressortir les dangers des *gros approvisionnements* partout où l'on peut facilement se procurer en tout temps les choses dont on a besoin. C'est là une manie de province, née à des époques où le commerce était imparfait, et que la vanité et un faux calcul perpétuent. Les meilleures provisions, les plus complètes, celles qui coûtent le moins à garder et que l'on court le moins de risques de perdre, se trouvent chez le marchand.

En résumé, la sagesse ne consiste pas à se priver d'une manière absolue, mais à satisfaire ses besoins dans les limites de ce qu'on gagne et de ce qu'une sage prévoyance commande de réserver, soit pour l'avenir, soit pour s'aider dans la profession qu'on exerce, c'est-à-dire pour former les capitaux ou instruments de travail.

C'est à la morale, à l'hygiène, à l'expérience de la vie, à la Raison en un mot, que les hommes, selon leur condition, peuvent demander les limites dans lesquelles leurs besoins doivent être satisfaits. Mais l'économie politique s'accorde avec ces bonnes conseillères sur les avantages que chaque homme trouve à les satisfaire aussi sagement que possible; — en disant sagement, nous disons profitablement.

La Prodigalité et le Luxe.

La *Prodigalité* est un excès de dépenses pour les vêtements, la table, l'ameublement, les plaisirs, etc., au delà des limites que nous venons d'indiquer [1].

La prodigalité a pour effet de mettre les familles dans la gêne et de les conduire à la ruine. Elle est nuisible aussi à la société tout entière, parce qu'elle dissipe des capitaux, c'est-à-dire des moyens de travail utiles à ceux qui les possèdent et à ceux qu'ils aident à travailler. — Toutes les fois qu'un capital se dissipe, il y a une quantité équivalente d'industrie qui s'éteint. Le prodigue qui perd son revenu prive en même temps un homme laborieux de son salaire. Les valeurs *épargnées*, nous

---

[1] L'avarice est un excès opposé.

l'avons dit (33), sont aussi bien et mieux *dépensées* que
les valeurs *dissipées*.

« Un homme économe, a dit Adam Smith, est comme
le fondateur d'un atelier public; il établit en quelque
sorte un fonds pour l'entretien perpétuel d'un certain
nombre de salariés industrieux... Le prodigue, au contraire, distribue à la fainéantise, qui ne les rétablit pas,
des fonds que la frugalité de ses pères avait consacrés à
l'entretien de l'industrie, et entre les mains de laquelle
ils renaissaient sans cesse. Il voue à un usage profane
les deniers d'une fondation pieuse... Tout prodigue est
un ennemi public qui diminue les profits du travail intelligent, et tout homme économe doit être regardé
comme un bienfaiteur de la société. »

Le *Luxe* est la dépense de consommation des choses
chères ; le mot dit plus qu'aisance et que le *confortable*
des Anglais. — Il prend le caractère de la prodigalité,
s'il provoque à des dépenses supérieures au revenu ou
s'il prend la place de dépenses plus nécessaires et plus
rationnelles. Il est légitime et désirable, s'il est proportionnel à l'aisance et maintenu dans les limites des con-
venances, de la moralité et du bon goût. — Il y a donc
un bon et un mauvais luxe.

On a voulu le légitimer par le travail qu'il fait naître ;
mais si le luxe fait travailler certaines classes d'ouvriers,
l'épargne en fait travailler un plus grand nombre
d'autres. — Au sujet du luxe et de la prodigalité, on peut
dire que le capital qu'on refuse de donner à ses fan-
taisies et à ses plaisirs peut servir à alimenter des industries utiles. D'un côté, on multiplie le nombre des
travailleurs qui s'occupent de la production des objets

raisonnables ; de l'autre, on multiplie ceux qui travaillent à des futilités [1].

Au reste, le sens du mot luxe se déplace au fur et à mesure que l'industrie progresse, que la civilisation s'étend, Il varie, selon les personnes et la situation dans laquelle elles se trouvent. Il est bon ou mauvais ; bon, s'il est proportionnel à l'aisance ; mauvais, dans le cas contraire. Il y a, par exemple, peu d'articles de vêtement ou de ménage considérés aujourd'hui comme essentiels dans les plus modestes familles, tels que les chemises, les mouchoirs, les serviettes, les bas, etc., qui n'aient été jadis des objets de luxe seulement accessibles aux grandes fortunes. Ainsi l'aisance et le bien-être se répandent progressivement. De nos jours, un simple ouvrier peut, à divers égards, se procurer des jouissances que ne pouvaient avoir les plus riches de la société dans les siècles précédents.

Ce qui développe la Consommation. — Importance du Consommateur.

Le développement des consommations rationnelles, c'est la possibilité de satisfaire de plus en plus les besoins physiques et intellectuels, c'est l'augmentation du bien-être et des lumières.

Il a pour effet de provoquer l'accroissement de la production, le développement de l'industrie et l'augmentation du travail et des salaires.

Ce qui permet le développement de la consommation, c'est la baisse progressive des prix des produits, qui met ceux-ci à la portée d'un plus grand nombre de personnes. Tant qu'un produit est à 25 fr. par exemple,

____
[1] Voy. page 30 ce qui est dit de la formation du Capital.

il ne peut être acheté que par un petit nombre de riches consommateurs; à mesure qu'il est possible de l'établir à 20, 15, 10, 5, 4, 3, 2 et 1 fr., les consommateurs augmentent en proportion et au delà — C'est par suite de pareils progrès de l'industrie qu'on a vu la consommation de certains produits doubler , tripler, décupler et même centupler !

Toute baisse permanente de prix est donc une amélioration sociale.

Faisons, avant de quitter ce sujet, ces remarques importantes :

Que chaque producteur est à la fois producteur d'un nombre restreint de produits et de services, et consommateur d'une variété considérable d'autres produits et d'autres services ;

Que chacun, par conséquent, est consommateur, et que le consommateur c'est tout le monde ;

Que *l'intérêt du consommateur et l'intérêt général sont synonymes.*

CHAPITRE XXV

Consommation publique. — Le Gouvernement et l'Impôt.

Rôle et utilité du Gouvernement; il produit la Sécurité, garantit la Propriété, la Liberté, etc. — De la nature de l'Impôt.— Des diverses espèces d'impôts. — Règles pour l'établissement de l'Impôt.

Rôle et utilité du Gouvernement dans la Société. — Il produit la Sécurité, garantit la Propriété, la Liberté, etc.

La grande préoccupation de l'homme, en ce qui touche les affaires de ce monde, c'est de travailler pour vivre et faire vivre sa famille, lui procurer du bien-être et des jouissances intellectuelles et morales. Travailler, c'est produire et échanger pour obtenir—premièrement, les choses indispensables ou nécessaires à l'existence,—deuxièmement, tout ce qui peut satisfaire les besoins moraux et intellectuels de la famille.

Pour produire et pour échanger, les hommes sont doués d'un instinct naturel qui les guide dans le choix de leurs travaux et leur indique les meilleurs modes de tirer parti de leurs facultés, des instruments de travail et des résultats de leur industrie. C'est en vertu de cet instinct qu'ils se groupent et s'organisent pour le mieux de leurs *intérêts*.

Mais, pour que cet instinct naturel produise tout son effet, il faut que les hommes aient de la **Sécurité**, c'est-à-dire qu'ils puissent agir et travailler en paix, sûrs de jouir des fruits de leur travail et de ce qu'ils ont légitimement acquis. — Pour obtenir cette sécurité, ils s'organisent en agglomérations ou États de diverses natures (communes, provinces, nations, confédérations); ils mettent à leur tête ou laissent se mettre à leur tête des *Pouvoirs publics* spécialement chargés de leur garantir l'indépendance, la tranquillité, la propriété, la justice, soit contre les agressions extérieures, soit contre les violations intérieures. Nous parlons des pays les plus avancés en civilisation; car dans les autres, les chefs, les plus forts, constituent des castes privilégiées qui spolient et tyrannisent plus ou moins les masses, en contribuant au désordre et à l'insécurité.

La production de cette Sécurité ne pourrait être laissée, comme toutes les autres productions, à la libre concurrence entre les citoyens :— ceux-ci délèguent directement ou indirectement leur pouvoir individuel à une autorité supérieure et souveraine.

Cette autorité remplit son rôle à l'aide d'Agents de diverses natures faisant des consommations de diverses espèces. L'on pourvoit à ces dépenses publiques à l'aide de *contributions* communes, d'*impôts* ou de *taxes*, ou de *droits* payés par tous les citoyens [1].

Pour que l'Instinct naturel qui dirige les hommes produise tout son effet, il faut, en outre de la Sécurité et comme complément de cette sécurité, la *Liberté*, c'est-à-dire : la liberté d'aller et de venir, d'user de son avoir sans nuire aux autres, de travailler et d'échanger selon son intérêt et son bon vouloir. — Or la fonction économique du gouvernement consiste à faire disparaître toutes les entraves qui gênent cette liberté, par la réforme des Abus et des Monopoles et Priviléges qui peuvent s'être établis.

L'autorité [2] se charge encore de quelques *services publics* qui ne peuvent pas être confiés avec le même avantage à l'initiative privée, et qui varient selon les pays et les localités. Tels sont : les travaux publics, notamment les routes ordinaires, les postes, les télégraphes, etc. ; elle entretient ou subventionne des établissements scientifiques, artistiques, religieux ou charitables : bibliothèques, musées, églises, écoles, hospices, hopitaux, etc.

Plus un pays est civilisé, plus il y a de Sécurité et de

---

[1] La Commune et l'État peuvent avoir des propriétés et des revenus; mais c'est la une ressource restreinte.

[2] Elle s'organise et se subdivise en *Pouvoir législatif*, pour faire les lois, en *Pouvoir exécutif*, pour en surveiller l'exécution à l'aide de diverses *administrations*, et en *Pouvoir judiciaire*, pour rendre la justice.

Liberté, et moins l'autorité est obligée de faire par elle-même et d'intervenir dans les transactions des citoyens[1].

Nature de l'Impôt. — Diverses espèces d'Impôts.

L'impôt est donc un prélèvement opéré sur la fortune des particuliers, par le gouvernement de l'État, de la Province ou de la Commune, pour salarier leurs agents et payer les autres dépenses nécessitées par les fonctions qui lui sont attribuées. — C'est une véritable *prime d'assurance* que chaque membre de la société paye comme sa quote-part des frais nécessaires pour garantir la personne et les propriétés des citoyens ; — c'est de plus le *salaire* des autres services que les gouvernements jugent à propos de rendre en même temps que ce service fondamental et nécessaire.

L'impôt étant une prime d'assurance et le payement de services indispensables, il en résulte qu'il est une dette sacrée pour le citoyen d'un pays libre et bien administré.

L'impôt étant une partie du revenu des citoyens, et une privation pour ceux qui le payent, il en résulte que l'on doit l'employer de la manière la plus utile et la plus rationnelle, — et n'en exiger que le moins possible.

Il y a diverses catégories d'impôts :

L'*impôt direct* est celui qui est demandé directement et nominativement au contribuable, selon certaines indications palpables : une terre, — une maison, — des

---

[1] Voy. p. 55, ce qui est dit sur la Réglementation.

portes et fenêtres, — un mobilier, — un capital, — un revenu [1].

L'*impôt indirect* est celui qui est demandé par voie de tarifs sur les marchandises, soit au lieu de production, soit pendant la circulation, soit chez le marchand. On suppose, ce qui n'a pas toujours lieu, que celui qui paye l'impôt est un intermédiaire qui se fera rembourser par le consommateur. — Si l'impôt est perçu à l'entrée ou à la sortie de la frontière de l'État ou de la province, on l'appelle *droit de douane;* — s'il est perçu à l'entrée ou à la sortie de la commune, on l'appelle *droit d'octroi.*

Ces impôts portent encore le nom de *droits de consommation* ou *sur la consommation.*

Dans certains cas, l'État se réserve le droit exclusif de la fabrication et de la vente, ou de la vente seulement du produit, comme cela a lieu pour le tabac en divers pays. C'est ce qu'on appelle un *monopole* financier.

L'impôt peut être assis (perçu) sur les propriétés ou les instruments de travail, ou bien sur les revenus, d'après de certaines évaluations. Il est alors dit : *Impôt sur le capital* ou *Impôt sur le revenu.*

Il est dit *fixe*, si l'on demande la même somme indistinctement à tous les contribuables [2].

Il est dit *proportionnel*, si tous les contribuables sont taxés selon leur fortune, soit selon leur capital, soit

---

[1] L'impôt direct est dit de *répartition* lorsque la somme fixée à l'avance par le législateur est répartie entre les contribuables par circonscriptions administratives et par communes; il est dit de *quotité*, lorsque le total à percevoir n'est pas fixé, et qu'on le perçoit en vertu de tarifs.

[2] La capitation était l'impôt fixé à tant par tête.

selon leur revenu, c'est-à-dire si un capital ou un revenu double ou triple, par exemple, paye le double ou le triple.

On le dit *progressif*, si un capital ou revenu double et triple paye plus que le double et le triple d'un capital ou revenu simple.

Règles pour l'établissement des Impôts.

On a beaucoup discuté, soit au point de vue de l'État, soit au point de vue des citoyens, sur les avantages ou les inconvénients respectifs — des impôts directs et des impôts indirects ou de consommation ; — de l'impôt sur le Revenu ou de l'impôt sur le Capital ; — de l'impôt proportionnel ou de l'impôt progressif.

Nous renvoyons pour tous ces points au *Traité de finances* [1].

De nombreuses règles ont été données pour l'assiette de l'impôt. Voici celles qui sont les plus incontestables :

I. — L'impôt doit être basé sur le principe d'*égalité ;* c'est-à-dire qu'il doit être payé par tout le monde, du moins par tous ceux qui peuvent le payer.

II. — L'impôt doit être *proportionnel* à la fortune des citoyens.

Ces deux règles sont une application du principe de justice.

III. — L'impôt doit être bien employé et *modéré*.

Il doit être modéré par les raisons que nous venons

[1] *Traité de finances,* etc., 3e édition, chez Garnier frères et chez Guillaumin. 1872, 1 vol. in-8°.

d'indiquer plus haut, p. 158, et par d'autres encore qui ont été indiquées au *Traité de finances*, et surtout par cette considération, que l'impôt renchérit les produits, ce qui amène la diminution de la consommation, c'est-à-dire, d'une part, l'augmentation des privations dans les familles et, d'autre part, la diminution des commandes dans les fabriques, de sorte que la hausse de l'impôt et la baisse des salaires sont des effets corrélatifs. Car la baisse des salaires se produit par le manque de travail et par la hausse du prix des choses, auxquelles le salarié ne peut plus atteindre.

Lorsque la commune ou l'État n'ont pas assez de l'impôt ou du revenu de leurs propriétés pour faire face aux dépenses, ils vendent leurs propriétés (ressource très-bornée), où ils *empruntent* à des conditions plus ou moins onéreuses, selon le crédit qu'ils ont, qu'on appelle le *Crédit public*, c'est-à-dire selon leur solvabilité et leurs moyens.

L'Emprunt a l'avantage de fournir immédiatement des ressources sans recourir au contribuable, souvent obéré. Mais il présente de graves dangers ; il anticipe sur l'avenir ; il favorise les dépenses imprudentes ou improductives ; il charge le pays d'une dette perpétuelle, dont les intérêts annuels augmentent l'impôt et le prix des choses.

Voir, pour les modes d'emprunt, de remboursement et pour les autres questions relatives à ce sujet, le traité spécial que nous venons de mentionner.

SIXIÈME PARTIE

POPULATION — BIEN-ÊTRE ET MISÈRE
CHARITÉ — SOCIALISME — COMMUNISME
LIBERTÉ — ÉGALITÉ — FRATERNITÉ

La **Population**, les conditions de son bien-être par une Production plus active et plus féconde, par des Échanges et des Débouchés développés, par une Répartition plus équitable et par un Emploi plus rationnel de la richesse, constituent l'objet de l'Économique, de l'Économie politique et sociale ou industrielle, comme on voudra l'appeler.

Le sujet de la population en général a donc été traité dans tous les chapitres qui précèdent. Mais il reste à préciser la loi de son *accroissement* et les conséquences économiques et sociales qui en dépendent; il reste à considérer les questions de *bien-être* et de *misère*, par rapport aux diverses doctrines sociales invoquées à ce sujet.

Nous aurons ainsi occasion d'expliquer différentes formules, de rectifier diverses erreurs au sujet de l'économie et du progrès des sociétés.

CHAPITRE XXVI

De l'accroissement de la Population.

Énergie de la force d'accroissement des hommes. — Difficultés d'accroître les moyens d'existence. — Danger qui en résulte sans le travail et la prévoyance.— L'énergie du principe de population, aiguillon social ou cause de Misère. — En quel cas l'accroissement de la population est désirable.

Énergie de la force d'accroissement des hommes.

La Population est douée d'une grande force d'accroissement dans les pays de la zone tempérée.

On a remarqué que, si aucun obstacle physique ou moral ne s'y opposait, elle se développerait incessamment suivant une progression rapide et sans limites assignables. On l'a vue doubler dans certaines localités, dans de certains groupes d'individus, en quinze, vingt et vingt-cinq ans, et même dans des périodes moindres. Les États-Unis de l'Amérique du Nord offrent un exemple frappant d'un pareil accroissement; on y a compté :

En 1782	. . .	2 millions	389,000	habitants.
1790	. . .	3 —	929,000	—
1800	. . .	5 —	305,000	—
1810	. . .	7 —	539,000	—
1820	. . .	9 —	638,000	—
1830	. . .	12 —	866,000	—
1840	. . .	17 —	062,000	—
1850	. . .	22 —	806,000 [1]	—
1860	. . .	31 —	445,000 [2]	—
1870	. . .	38 —	535,000	—

[1] En défalquant la population du Texas, du Nouveau-Mexique, du territoire d'Utah, de la Californie et de l'Orégon, récemment annexés.

[2] Non compris 301,000 Indiens.

L'Immigration n'est entrée dans ce résultat que pour une partie : de 1859 à 1869 elle a formé le tiers de l'accroissement.

Divers pays d'Europe ont, de nos jours, vu doubler leur population en de très-courte périodes : le duché de Bade, en trente-quatre ans ; la Hongrie, en trente-huit ans ; la Belgique, en quarante-deux ans ; la Toscane et la Gallicie, en quarante-trois ans ; les États Sardes, en quarante-quatre ans, etc., dans le premier tiers de ce siècle.

Malthus, prenant une moyenne, a énoncé ce principe que la *population d'un pays pourrait doubler tous les vingt-cinq ans*, par sa force virtuelle, si elle ne rencontrait pas d'obstacles matériels ou moraux.

Difficulté d'accroître les moyens d'existence. — Danger qui en résulte sans l'énergie, le travail et la prévoyance. — En quel cas l'accroissement de la population est désirable.

Sauf des circonstances exceptionnelles, et quels que soient les progrès agricoles, on ne peut faire produire à la terre le double en subsistance et en moyens d'existence dans des périodes aussi rapprochées.

Car la Terre cultivable est un instrument limité, — qui exige l'emploi du Capital, lequel ne s'obtient que lentement, — et dont la productivité a des bornes restreintes [1].

De là peut résulter le danger d'un *excédant de population*, causant une trop grande concurrence, — la baisse des salaires, — la Misère et les maux qu'elle engendre.

C'est le danger qu'a signalé Malthus, qui a montré en même temps que les hommes pouvaient l'éviter par la

[1] Voy. ce qui est dit page 22, et page 41 au sujet de la Terre et du Capital.

Prévoyance [1], la bonne conduite, la moralité et l'énergie dans le travail — et en se convainquant bien qu'il ne faut compter, — pour neutraliser ou contre-balancer les funestes effets de l'excès de population, — ni sur l'Émigration, — ni sur la charité publique ou privée, — ni sur les mesures du Gouvernement, — ni sur les Révolutions, — ni sur de prétendues Réorganisations sociales, — remèdes plus fallacieux encore [2]. Il est traité de ces sujets dans les chapitres suivants.

Ainsi contenue par la Prévoyance, l'énergie du *principe de population* peut être un puissant aiguillon pour l'espèce humaine, obligée de faire un appel incessant à toutes ses facultés, de perfectionner ses moyens de production, afin de ne pas se laisser atteindre par les souffrances de la faim et des autres privations.

Dans le passé, l'excès de population a causé beaucoup de maux et a précipité la mortalité chez la plupart des peuples et dans beaucoup de circonstances.

Il en est encore de même, aujourd'hui, dans plusieurs localités, — dans plusieurs professions, — dans plusieurs familles.

C'est donc une erreur de croire, comme on l'a longtemps pensé, que l'accroissement de la population est toujours un bien et toujours une force. Ne vaut-il pas mieux deux millions de Suisses prospères que huit millions d'Irlandais dans la misère?

L'accroissement de population n'est réellement dési-

---

[1] La Prévoyance conseille avant tout aux jeunes gens de ne se marier que lorsqu'ils sont en position d'élever une famille.

[2] Voy. les chapitres suivants et notre volume *du Principe de population*.

rable que s'il a lieu parallèlement à l'augmentation du Capital et des moyens d'existence.

CHAPITRE XXVII

Misère et Charité.

Causes et remèdes à la Misère. — Portée et influence de la Charité.

Causes de la Misère.

Pauvreté, Indigence, Misère, indiquent des conditions diverses dans lesquelles on manque des choses nécessaires à la vie.

Cette quantité de choses est très-variable, selon les diverses positions sociales ; mais ici, en nous servant du mot **Misère**, nous entendons cette situation où l'on a besoin de secours pour exister, où une classe d'hommes est à l'état de *Paupérisme* inscrit aux bureaux de charité, et à l'état de *Mendicité*, tendant la main.

La misère a diverses causes qui se résument dans celles-ci :

L'Imprévoyance,

Le Vice,

L'Excès de population,

Le Malheur,

Les Fausses mesures économiques,

La Fausse direction de la Charité privée ou publique,

L'Excès de dépenses publiques,

Les Préjugés populaires,

Les Agitations et les Révolutions ;

La Misère dépend des individus — ou des vices de l'organisation sociale ;

Elle est volontaire — ou involontaire.

Remèdes à la Misère. — Portée et influence de la Charité.

Pour que la Misère diminue et disparaisse, deux conditions sont indispensables et doivent se produire — *simultanément :*

1° La hausse des salaires ;

2° Le relèvement du moral des populations.

Pour obtenir chacune de ces conditions, il faut avoir recours à un grand nombre de moyens, qui sont discutés dans des traités généraux d'économie politique plus étendus que celui-ci, et dans des ouvrages spéciaux. Nous nous bornerons à énoncer les principaux.

Les moyens efficaces de faire hausser les salaires sont tous ceux qui peuvent produire — l'augmentation des capitaux et l'activité industrielle ; — ou la diminution du nombre des travailleurs se faisant concurrence, tels que l'émigration, la diminution des naissances [1] ; — et encore l'instruction et la moralité, donnant au travailleur une supériorité sur ses concurrents. (Voy. p. 56.)

Les moyens qui peuvent relever le moral des populations sont : la vulgarisation des vérités morales en général, des vérités économiques en particulier, — et tous ceux qui peuvent faire naître — *soudainement* — un certain degré d'aisance, qui provoque les sentiments de dignité et de prévoyance.

---

[1] Voy. ce qui est dit dans le chapitre précédent sur la Population.

Les gouvernements peuvent réformer les *Abus*, causes de la Misère; mais ils ne peuvent supprimer directement la misère, et ils ne peuvent la soulager que dans une très-faible mesure et à l'aide de moyens (les impôts[1]) qui sont eux-mêmes des causes d'appauvrissement.

C'est une illusion de compter sur les ressources de l'*Association* pour la suppression ou le soulagement de la misère. — L'association (V. chap. xix) n'est qu'un moyen très-indirect et très-lent.

C'est une illusion de compter sur des réorganisations *politiques*, qui ne peuvent avoir cette portée, — ou sur les combinaisons ou refontes *sociales* rêvées par les chefs des écoles socialistes, parce qu'elles sont vaines et chimériques. (Voy. le chap. suivant.)

La *Charité* n'est pas un *remède* à la misère, mais un simple *soulagement*, et un soulagement qui, pris dans sa généralité, est très-inefficace et peut facilement agir comme cause de misère, si la charité est faite avec inattention et inintelligence. L'expérience a démontré que toute institution charitable a toujours pour effet, dans une mesure plus ou moins grande (selon sa nature, son organisation et l'esprit qui la dirige), d'affaiblir le ressort moral, la responsabilité, la dignité, et de susciter l'imprévoyance, l'immoralité, le paupérisme. — Il en est de même, quoique à un moindre degré, de la charité privée, si elle est faite sans intelligence et sans circonspection.

L'homme qui a l'assurance d'être toujours assisté, et officiellement assisté surtout, compte sur le secours comme sur une ressource naturelle qui lui est due; —

---

[1] Voy. ce qui est dit page 158 et 161.

il s'habitue à tendre la main, à rechercher plutôt l'aumône que le salaire, et à ne plus craindre d'augmenter sa famille ou de la faire vivre aux dépens d'autrui.

On a souvent remarqué que l'institution des bureaux de charité avait eu pour effet de susciter le paupérisme dans les pays où il n'existait pas. — On a encore remarqué que les secours officiels du gouvernement, des communes ou des paroisses, finissaient par être considérés comme un supplément de paye, et qu'ils contribuaient à la baisse des salaires.

De tous les services que la charité bien entendue peut rendre aux classes pauvres, il n'en est pas de plus grand que de développer chez elles les sentiments de prévoyance, de leur montrer les tristes effets de l'inconduite et de l'imprévoyance, de relever leur courage et de leur procurer du travail.

En résumé, pour pouvoir *remédier à la misère*, il faut le concours du législateur et du gouvernement pour faire cesser les causes publiques de misère. — Il faut le concours de toutes les forces vives de la société pour atteindre le Vice, faire disparaître les Préjugés, prévenir les agitations et les révolutions. — Mais avant tout, il faut les efforts individuels de ceux que la misère a atteints par suite du malheur, du manque de travail ou de l'inconduite, et qui sont cruellement déçus, s'ils comptent, pour leur bien-être, soit sur un meilleur gouvernement, soit sur la générosité des autres, soit sur une autre organisation sociale quelconque.

Il n'y a pas deux manières de s'élever ou de se relever dans l'échelle sociale, il n'y en a qu'une : celui qui n'a rien doit chercher à employer son temps d'une manière lucrative et continue, — à économiser une partie

de son salaire et à le capitaliser sous une forme matérielle ou bien sous une forme immatérielle, en acquérant
plus de savoir et d'habileté.

En tout cas, dans quelque situation que l'on se trouve,
il ne faut jamais perdre espoir et courage ; le malheur
et l'insuccès ne sont pas permanents.

CHAPITRE XXVIII

Socialisme. — Communisme.

Des différentes espèces de Socialisme et de Communisme. — Des
principes socialistes de Répartition. — Des Droits au Travail,
à l'Assistance, etc.

Des différentes espèces de Socialisme et de Communisme.

La société actuelle, dans les pays civilisés, est basée
sur la Propriété individuelle et sur la Libre concurrence, dont il a été question aux chapitres viii et ix.

Le progrès consiste dans la réforme des abus ou des
réglementations qui altèrent ou entravent l'application
de ces deux principes.

Quand on étudie l'histoire et que l'on considère l'état
social des anciens peuples, ainsi que celui des populations barbares ou des peuples moins avancés en civilisation, on s'aperçoit que les sociétés humaines produisent
d'autant moins, ont d'autant moins de puissance, d'aisance, de civilisation, — que la propriété individuelle
est moins bien assurée, — que la liberté du travail et
des échanges est moins développée.

Cependant des publicistes et des philosophes de nos

jours, qui ont eu et qui ont encore des partisans, se sont laissés aller à l'illusion de croire que l'on pouvait imaginer des combinaisons sociétaires, par suite desquelles on pouvait supprimer le principe de la propriété et la libre concurrence entre les producteurs et les consommateurs, entre les vendeurs et les acheteurs.

C'est l'ensemble de ces combinaisons sociétaires qu'on a appelé **Socialisme** et **Communisme** : — Socialisme, parce qu'elles ont pour but de réorganiser la Société, ou parce qu'elles prônent des systèmes d'Association générale et universelle ; — Communisme, parce qu'elles aboutissent toutes, plus ou moins directement, à un système de communauté de biens.

Dans toutes ces rêveries, on part de cette hypothèse : — que l'on peut arriver à supprimer du cœur de l'homme la notion du tien et du mien, l'instinct de propriété, l'intérêt individuel, qui le fait se préoccuper avant tout de lui et des siens ; — qu'on peut positivement remplacer cet *intérêt individuel* par l'*intérêt social*, et donner à ce dernier mobile la même énergie qu'à l'intérêt que l'homme porte à lui-même et à sa famille ; — que les hommes, ainsi modifiés dans leur nature morale, travailleraient en commun, avec dévouement, sous la conduite des magistrats (modèles eux-mêmes des plus grandes vertus), — vivraient avec économie et prévoyance, et en bonne harmonie avec les autres membres de la communauté.

C'est une grossière illusion que dément la manière d'être de toutes les races d'hommes, de tous les peuples, de toutes les civilisations. Le travail et la vie en commun n'ont jamais été pratiqués que par des agglomérations d'hommes exceptionnelles, — dans les cloîtres, sous l'influence d'une sévère discipline, et seulement entre individus du même sexe, — en dehors de la famille, qui est l'intérêt social par excellence. Le communisme éteindrait toute ardeur pour le travail, tout stimulant de l'épargne; il conduirait à la diminution incessante du Capital[1] et de la Production, c'est-à-dire à la Misère.

Une variété de Socialisme consiste dans l'extension anormale des fonctions de l'État, pour lui faire diriger des entreprises, rendre des services qui sont du domaine de l'industrie privée, de la libre initiative des citoyens. — Ce système tend à convertir les diverses branches de l'industrie en *ateliers sociaux*, et les ouvriers en fonctionnaires administrés bureaucratiquement; il aurait pour effet — de produire plus mal et plus chèrement que sous le régime de la libre concurrence, qui est l'âme et l'aiguillon de l'industrie; — d'affaiblir le ressort intellectuel et moral des citoyens; — d'aboutir à l'égalité des salaires et au communisme. — C'est ce système qu'on a plus particulièrement appelé *organisation du travail*, et qui ne serait pas autre chose que la *désorganisation* du travail par la suppression de la concurrence et de l'intérêt individuel, mobiles vivifiants et naturels de l'industrie.

Il y a un grand nombre de personnes qui font du mot Socialisme un synonyme de Progrès et de Science sociale. C'est une regrettable confusion.

Nous n'entrerons pas dans les détails des combinaisons proposées par les inventeurs socialistes pour *réor-*

___

[1] Voy. ce qui est dit chap. v sur la formation du Capital, et chap. viii sur le principe de Propriété.

ganiser, soi-disant, le travail et la société autrement qu'avec le régime de la propriété et de la liberté ; nous ne nous arrêterons que sur les principes de distribution qu'ils ont mis en avant.

Des principes socialistes de répartition.

Les doctrines socialistes sont nombreuses et complexes. Nous ne mentionnerons que les plus accentuées.

Les uns [1] ont proposé un ordre social dans lequel la répartition se ferait par les chefs en vertu de ce principe : *à chacun selon sa Capacité ; — à chaque Capacité selon ses Œuvres.*

Mais, pour apprécier équitablement la capacité et la valeur des œuvres, est-il possible de trouver mieux que le libre concours entre les capacités laborieuses ?

Sans cette liberté de concours, on aboutit à l'arbitraire et au communisme, violant les instincts de l'homme ; — et avec ce libre concours, la formule n'exprime pas autre chose que ce qui se passe dans la société des pays les plus civilisés, où les plus laborieux et les plus capables sont généralement les mieux rétribués et les plus prospères.

D'autres [2] ont proposé un ordre social dans lequel la répartition se ferait au vote, en vertu de cet autre principe : *à chacun selon son Travail, son Capital et son Ta-*

[1] Les disciples de Saint-Simon (mort en 1835), qui ont rêvé une organisation aristocratique et théocratique de la société.

[2] Ch. Fourier (mort en 1837) et ses disciples, les *phalanstériens*, qui ont prôné la division de la société par groupes ou phalanges, logés dans des phalanstères avec une organisation des plus excentriques.

lent (en donnant 5 douzièmes au travail, 4 douzièmes au capital, dans lequel la terre est comprise, et 3 douzièmes au talent.)

Sans nous arrêter à ce que ces proportions ont d'arbitraire et à l'impossibilité de distinguer le Talent du Travail, nous dirons que, sans la liberté de l'Offre et de la Demande entre les travailleurs et les capitalistes, un pareil partage est impossible, et qu'il ne peut aboutir qu'à l'arbitraire et au communisme ; — or, avec cette liberté, cette formule, comme la précédente, n'exprime pas autre chose que ce qui se passe dans les pays civilisés, où les mieux partagés sont précisément ceux qui font preuve de plus de talent, qui travaillent le plus et engagent le plus de capital dans la production.

Les diverses écoles communistes [1] proprements dites ont proposé d'organiser des sociétés dans lesquelles chacun aurait la même part, dans lesquelles il y aurait *égalité des Salaires;* — ou bien des sociétés dans lesquelles *chacun aurait selon ses Besoins*, sans tenir compte des efforts, de la prévoyance, de l'intelligence, etc.

Pour que de pareilles sociétés fussent possibles, il faudrait ; — que chacun perdît la notion du tien et du mien, inhérente à la nature de l'homme ; — il faudrait que chacun voulût travailler pour tous, sous la direction des agents de l'autorité, avec zèle et dévouement ; — que ces agents fussent aussi dévoués et irréprochables ; — que tous les citoyens fussent contents de ce qui leur serait donné, — et modérés dans la satisfaction de leurs besoins. Il faudrait, en un mot, des anges

---

[1] Communistes, communautistes, communautaires, Icariens (Cabet), égalitaires, fraternitaires, humanitaires, organisation du travail, collectivisme, mutuellisme (Proudhon), etc., etc.

pour commander et des anges pour obéir : il faudrait l'impossible !

Ces sociétés, si elles pouvaient subsister, consacreraient l'aristocratie des moins travailleurs, des moins prévoyants, des moins intelligents. La justice ne peut résulter que de la sécurité et de la liberté des transactions qui assurent le maximum de revenu possible d'abord au travail, ensuite à la propriété résultant elle-même de l'épargne, qui est un autre travail, et du don, qui remonte au travail et à l'épargne.

Des Droits au Travail, à l'Assistance, etc.

Les partisans des idées socialistes ont voulu que la constitution politique proclamât pour tous les hommes le *droit de vivre*, ou, en d'autres termes, le *droit au travail* ou à l'*assistance*.

Le *droit de vivre* s'acquiert en naissant ; aucune puissance humaine ne peut légitimement nous l'ôter, mais il est limité par la nature des choses, par le *pouvoir* de vivre. Mais le droit de vivre n'emporte pas celui de vivre aux dépens de nos semblables, et, par conséquent, aux dépens de la société.

Or, le *droit au travail* serait le droit de demander du travail à l'autorité, laquelle ne sait en procurer ou ne peut, d'ailleurs, en procurer qu'en prélevant une partie du revenu des citoyens pour cet usage ; d'où il résulte que le droit au travail serait le droit à la propriété d'autrui, c'est-à-dire la violation de cette propriété, base fondamentale de l'édifice social. La proclamation et l'application du droit au travail conduiraient à l'exagération de l'impôt et au communisme.

Le *droit à l'assistance* ou *à l'assistance par le travail* est la même chose, exprimée en d'autres termes.

Il ne faut pas confondre le *droit au travail* avec le *droit de travailler* ou la *liberté du travail*, proclamés par les économistes du dix-huitième siècle, par Turgot et la Révolution française, par opposition aux corporations et au droit que s'était abusivement arrogé le pouvoir royal d'accorder, moyennant finance, la faculté de travailler, sous la forme de priviléges et d'immunités... « Dieu, disaient Turgot et Louis XVI [1], en donnant à l'homme des besoins, en lui rendant nécessaire la ressource du travail, a fait du droit de travailler la propriété de tout homme ; et cette propriété est la première, la plus sacrée et la plus imprescriptible de toutes. »

CHAPITRE XIX

Liberté, — Égalité, — Fraternité.

La Liberté et l'Organisation. — L'Égalité devant la loi et l'égalité des conditions. — La Fraternité.

Cette formule a été inscrite sur le drapeau de la France ; elle est souvent invoquée comme résumant les principes de la civilisation moderne et la tendance des progrès économiques. Sous ce rapport, elle nécessite quelques commentaires, car les trois mots qui la

---

[1] Édits de 1776, supprimant les Corporations, les Jurandes et les Maîtrises, c'est-à-dire proclamant la liberté du travail. — Voy. le chap. IX, sur la Liberté du travail.

composent peuvent être interprétés bien différemment et donner lieu à de funestes confusions.

La Liberté et l'Organisation.

Nous venons de voir que la collection des doctrines connues sous le nom de Socialisme diffère de l'Économie politique en ce que le Socialisme méconnaît le principe de Propriété sur lequel s'appuie l'Économie politique ; — en ce que le Socialisme rêve des combinaisons sociétaires bizarres, une *organisation* sociale artificielle inventée par des hommes ; tandis que l'Économie politique enseigne qu'il faut laisser l'humanité se développer en toute *liberté*, selon les lois naturelles et les instincts donnés par la Providence ; — en ce que le Socialisme considère l'homme comme un mineur irresponsable, qu'il faut guider dans chaque branche de l'activité, tandis que l'Économie politique, le proclamant li re et responsable de ses actes, veut qu'on lui laisse toute initiative, afin qu'il se développe par l'organisation naturelle.

Le Socialisme méconnaît donc la **Liberté**, comme il méconnaît la Propriété ; il veut proscrire la loi de l'Offre et de la Demande, et l'action de la Concurrence, tendant à violer la Liberté du travail, que l'Économie politique proclame comme corollaire du principe de propriété, comme un autre principe organique, indispensable, pour entretenir la vie dans la société.

L'Égalité devant la loi et l'Égalité des conditions.

Sur l'**Égalité**, même désaccord.

L'Économie politique proclame, avec la Révolution française de 89, comme un principe de *justice*, comme un moyen de civilisation après la Liberté, l'Égalité devant la loi, c'est-à-dire l'égalité des droits et des devoirs de tous les citoyens indistinctement, — sous le rapport de la protection à obtenir de l'autorité et des tribunaux, de l'accessibilité aux fonctions publiques et aux grades de l'armée, de tous les avantages ou droits civils et politiques, en un mot, que les citoyens peuvent retirer de la société, — et d'autre part, de toutes les charges qui sont imposées aux citoyens d'un État.

Le Socialisme va bien plus loin. Il entend par là l'*égalité des conditions*, c'est-à-dire la vie et le travail en commun, l'égalité des salaires, ou même la répartition des produits à chacun *selon ses besoins*, en un mot, le Communisme (p. 170).

C'est méconnaître la nature des choses, car l'inégalité (compensée par la liberté de s'élever dans l'échelle sociale) est la loi de ce monde.

Les uns naissent sains et robustes, avec du talent ou du génie ; les autres naissent maladifs ou pauvres d'esprit.

Les uns naissent de parents heureux ; les autres, de parents misérables.

Les uns se trouvent transportés sur un sol fécond et plantureux, sous un climat doux et bienfaisant ; les autres sont destinés à vivre sur des terres ingrates, ou exposés à un climat glacial, ou brûlant, ou insalubre — et sous le coup d'incessantes catastrophes, telles qu'inondations, avalanches, tremblements de terre, etc.

Les uns sont heureux dans leurs entreprises ; les autres n'ont pas de succès, et éprouvent des sinistres qui les ruinent.

Ici, la mort ou les infirmités atteignent le jeune père

de famille, le soutien de ses parents, le bienfaiteur de la société; tandis que plus loin elles épargnent l'inutile, l'oisif et le débauché.

Il n'est pas donné à l'homme de s'expliquer le pourquoi de ces différences, pour lesquelles la Philosophie morale et la Religion ont des promesses consolatrices.

Ces dissemblances, ces contrastes dans les qualités natives, les pays, les climats, la naissance, la santé, la fortune, produisent d'innombrables différences entre les hommes; c'est-à-dire l'inégalité des richesses et l'inégalité des conditions, — qui est un fait constant, universel, naturel, dépendant d'une autorité supérieure aux hommes, et qu'on ne peut reprocher à la Société.

Il est toutefois des causes d'inégalité artificielles, résultat d'injustices, d'abus et de prescriptions erronées, que la science a mission de signaler au législateur pour qu'il les fasse disparaître au fur et à mesure que la spoliation, l'abus et le monopole sont bien démontrés et que le retour à l'ordre naturel est possible. Ces causes artificielles d'inégalité vont en diminuant avec le progrès de la civilisation, auquel contribue, en première ligne, la vulgarisation de la vérité morale et de la vérité économique.

L'inégalité des richesses, qui a pour extrêmes le dénûment et l'opulence, est accompagnée de maux et de souffrances; mais, à côté de ces inconvénients, on ne peut méconnaître ses avantages sociaux et providentiels. Elle est l'aiguillon de l'humanité, telle que la Providence a voulu la constituer; elle est le mobile principal des progrès incessants, qui se traduisent par le bien-être de tous ; elle provoque l'activité des corps et des esprits dans toutes les branches de l'industrie humaine.

La Fraternité.

Le socialisme et la science économique ne s'entendent pas non plus sur le sens du mot **Fraternité**, qui a été si souvent un des sophismes de l'opinion publique.

La plupart des écoles socialistes, partant de cette croyance que tous les hommes d'une commune, d'une cité, d'une nation, d'un continent, peuvent constituer une seule famille patriarcale, proposent aux hommes de vivre en *frères*, dans toute l'acception du mot. Pour cela elles sont obligées de supposer, comme nous disions plus haut, que tous les hommes sont susceptibles de devenir des anges, et qu'ils auront pour chefs ou guides d'autres anges (p. 167). En attendant, ils veulent que la loi impose la fraternité, afin que la Charité se développe par la contrainte en proportion de la Misère.

L'Économie politique montre l'illusion de cette supposition et constate par les résultats de l'expérience que la charité officielle de l'État ou de la commune conduit facilement au paupérisme et à la démoralisation des assistés ; que la charité forcée est une injuste spoliation.

Tout en respectant et en admirant le sentiment de la charité libre, spontanée et intelligente, elle dit aux classes pauvres que l'esprit de charité n'est pas susceptible d'un grand développement, que la charité officielle ou privée ne peuvent offrir qu'un remède restreint à leurs souffrances ; et ce qu'il y a de plus sûr pour elles, c'est de travailler elles-mêmes à leur bien-être par un courage incessant, par des efforts persévérants, par une sévère économie et une intelligente prévoyance, ainsi que cela a été dit au chapitre xxvi, en parlant de l'accroissement de la Population, et au chapitre xxvii, en parlant de la Misère et de la Charité.

D'autre part, elle observe et étudie l'action des abus, des injustices, des erreurs, des préjugés, qui entravent l'action fécondante et réparatrice du travail et de l'épargne, provoque l'amélioration des mœurs, pour éclairer et préparer les réformes rationnelles dans le corps social.

Des coalitions pour faire hausser ou baisser les salaires.

Nous avons indiqué au chapitre XX les causes générales qui font hausser ou baisser les salaires, et qui dominent à la fois les chefs d'industrie, justement préoccupés du soin de baisser les frais de production, et les ouvriers, s'efforçant de rendre leur travail le plus cher possible, poussés qu'ils sont par le besoin ou par un légitime désir de bien-être.

Les ouvriers agglomérés dans les fabriques cherchent souvent à se concerter et à faire des conditions collectives à ceux qui les emploient. Dans ce but, ils supendent le travail, ils font *grève*, pour obtenir soit une augmentation du salaire, soit une diminution d'heures de travail, soit toute autre condition.

Ce procédé est dans leur *droit*, en vertu du principe de propriété et de liberté; mais il n'est généralement pas dans leur *intérêt*. L'histoire des coalitions n'est qu'une suite de douloureuses expériences pour les ouvriers. Pendant la lutte, ils sont obligés de s'imposer des privations très-dures, de subir la tyrannie des meneurs et les violences des camarades. Après la lutte, ils en sont souvent réduits à accepter les conditions qu'on leur offrait, et même lorsque les patrons ont cédé, les ouvriers se trouvent plus pauvres et moins assurés d'avoir du travail, après avoir appauvri l'industrie qui les occupait et qui ne peut plus les employer aussi facilement.

Quoi qu'il en soit, la punition des coalitions comme délit ne les a pas empêchées et les a rendues violentes. La liberté tend à les rendre plus pacifiques et l'expérience finira par les rendre plus rares. Les grèves pourront être prévenues de plus en plus par la création de chambres syndicales d'ouvriers et de patrons chargés de débattre les prétentions réciproques, par des conventions de travail consenties entre patrons et ouvriers, par une bonne loi contre les violences et les molestations exercées sur les dissidents non coalisés, et généralement par l'étude des principes d'économie sociale donnant aux classes pauvres la vraie notion des choses et contribuant au progrès des mœurs.

En fait, les salaires ont haussé de notre temps dans la plupart des industries, en agriculture notamment, sans coalitions, par le simple jeu de l'offre et de la demande individuelle des populations agricoles.

Dans quelques professions, les prix sont maintenus à l'aide d'un tarif général et uniforme convenu entre les patrons et les ouvriers. Ce système est plus favorable aux ouvriers médiocres qu'aux ouvriers d'élite et aux ouvriers inférieurs. Ceux-ci sont repoussés par les patrons ; ceux-là ne sont pas rémunérés selon leurs facultés.

Le délit de coalition, aboli en Angleterre depuis 1825, en France depuis 1864, a aussi disparu de la législation des États-Unis, de la Belgique, de la Suisse, de la Prusse.

En Angleterre, il s'est créé, dans diverses proportions, des *trade's-unions*, unions de métiers, qui ont pour but d'avoir une caisse commune et une action collective pour soutenir les coalitions. Elles ont été imitées en Allemagne; en France, les sociétés de secours mutuels fonctionnent dans ce sens. La fameuse *Internationale*, fondée il y a dix ans, se proposait l'union universelle de toutes ces sociétés dans le but d'une coalition ouvrière universelle; mais elle n'a jamais eu aucune importance sous ce rapport ; elle n'a pas tardé à devenir un instrument d'agitation politique au service des grands perturbateurs de l'Europe, plus redoutables que redoutés.

Les entrepreneurs peuvent se coaliser plus facilement que les ouvriers; mais avec la liberté commerciale, ils ne parviennent point à se maintenir dans une position de monopole.

FIN DES PREMIÈRES NOTIONS D'ÉCONOMIE POLITIQUE.

QU'EST-CE QUE

L'ÉCONOMIE INDUSTRIELLE?

COUP D'ŒIL GÉNÉRAL

SUR LA SCIENCE ÉCONOMIQUE ET LA SOCIÉTÉ LABORIEUSE.

Messieurs, l'Association polytechnique agrandit aujourd'hui le cercle des connaissances usuelles dont la vulgarisation la préoccupe depuis si longtemps, car il y a plus d'un tiers de siècle qu'elle poursuit le développement de l'enseignement public populaire avec une persévérance digne assurément des éloges de tous les amis de la science et de la civilisation.

Elle m'a fait l'honneur de me confier la tâche d'exposer les préliminaires, de faire l'introduction d'une nouvelle branche de connaissances, celle des questions relatives à l'ÉCONOMIE INDUSTRIELLE, — c'est-à-dire d'indiquer diverses notions primordiales pour l'étude de l'ensemble des questions se rattachant à cette formule générale.

I

Et, d'abord, puisque je suis chargé de vous entretenir de ce sujet, la première question que je vais examiner et que beau-

<hr>

[1] Inauguration, par M. Joseph Garnier, des premières conférences économiques à l'Association polytechnique en 1866. Voyez *Cours d'économie industrielle*, publié par M. Thévenin. Paris, Hachette, 4 vol. in-18.

coup d'entre vous se sont faite, en entrant ici, est celle de savoir ce qu'est l'Économie industrielle.

Dans cette étude, dans cette science, dans cet ensemble de connaissances, il y a à considérer la Société sous un aspect tout à fait spécial et, en même temps, principal et fondamental.

Et quand je dis la Société, c'est l'humanité tout entière qu'il faut entendre, l'humanité considérée dans sa généralité et l'humanité envisagée dans ses éléments, dans les individus qui la composent, dans les groupes que les individus forment en se réunissant entre eux, soit par les liens naturels de la Famille, soit par les liens volontaires de l'Association, soit par leur groupement en Communes, en Nations et Confédérations.

Je dis que c'est là un sujet très-spécial, mais en même temps principal et très-foudamental ; vous allez en juger.

L'Économie industrielle s'occupe, en effet, de l'élude des Besoins que la nature et la civilisation imposent à l'espèce humaine.

Au premier abord, cet énoncé semble rétrécir singulièrement le sujet. Cependant, si vous réfléchissez que, non-seulement nous avons des besoins physiques de toutes sortes qu'il est indispensable de satisfaire sous peine de souffrances ou de mort, mais encore que la nature nous a donné des instincts intellectuels et moraux, et, par conséquent, des besoins, des appétits, si je puis dire, de l'ordre de l'esprit et de l'ordre du cœur, besoins également impérieux et qu'il faut satisfaire sous peine de souffrance intellectuelle et morale, à l'instant même vous voyez s'agandir le domaine de cette science qui, d'abord, vous avait paru si restreint et peut-être exclusivement matériel.

L'Économie industrielle se préoccupant des besoins des hommes en société ou considérés comme individus et, par conséquent aussi, des efforts de tous genres que les hommes sont obligés de faire pour arriver à la satisfaction de ces besoins, n'est-ce pas là, comme je le disais tout à l'heure, un sujet spécial et fondamental ? Tous, en effet, tant que nous sommes, nous avons pour constante préoccupation sur cette terre le désir d'y vivre le plus longtemps, le plus agréablement possible, d'y avoir le plus grand bien-être, la plus grande satisfaction, le plus grand contentement à la fois physique, intellectuel et moral, — et d'en partir, au moment voulu, le moins tristement possible aussi. Nons nous préoccupons encore de la vie transmondaine, et nous y cherchons un idéal de bien-être futur, que nous nous efforçons d'atteindre par des efforts de diverse nature.

Pour obtenir ces résultats, les hommes combinent tous les moyens qu'ils ont en leur pouvoir et ils cherchent à y faire concourir la force des agents naturels avec eux ; ils s'associent avec la nature, mais de manière à tout prendre pour eux-mêmes. — A cet effet, les hommes tirent parti des moyens que la nature leur fournit, à l'aide de leur force intellectuelle et physique. Ils s'ingénient de toutes les façons, ils deviennent industrieux, ils *travaillent* !...

Le Travail, voilà un des plus grands mots, une des plus grandes formules de l'humanité.

Les hommes travaillent pour acquérir, pour obtenir, pour posséder, pour conserver. — Ils travaillent non-seulement pour eux, mais pour ceux qui les intéressent, pour les leurs, pour leurs familles, pour leurs amis. — Ils travaillent aussi pour la satisfaction des besoins collectifs des groupes plus ou moins considérables dont ils font partie (communes, bourgs, tribus, nations).

Aussi l'activité est-elle universelle dans le monde, et le globe est-il occupé par de véritables fourmilières, où chacun va de côté et d'autre, court à ses affaires, et se donne le plus de peine possible en se livrant à divers ordres de travaux et de préoccupations. — Les uns fouillent dans les entrailles de la terre pour y prendre les minerais des métaux, les combustibles, les matériaux de toutes sortes. — Les autres en remuent et cultivent la surface pour lui faire produire (concurremment avec les animaux) les substances alimentaires, les matières propres aux vêtements, au logement, au mobilier. — D'autres manutentionnent, de mille manières, les matières premières que donne la terre, pour les approprier aux divers usages, c'est-à-dire à la satisfaction des divers besoins. — D'autres transportent les produits des lieux de production aux lieux de consommation. — D'autres construisent les habitations, les bâtiments d'exploitation ; d'autres, les outils nécessaires aux arts ; d'autres, les voies de communication ; d'autres, les navires. — D'autres s'occupent à faire des approvisionnements et à tenir toutes choses à la disposition de ceux qui en ont besoin.

Mais ce ne sont pas là les seules grandes voies de l'activité humaine.

Dès que vous observez le mouvement social, vous voyez des séries de travailleurs occupés à la découverte des lois naturelles et des principes scientifiques, au perfectionnement des procédés, faisant efforts sur efforts pour appliquer ces procédés, pour les communiquer à d'autres.

Vous voyez des groupes nombreux se préoccuper de la satisfaction de besoins d'autre nature : les uns faisant profession de guérir ceux qui sont malades ; les autres, d'instruire leurs semblables ; ceux-ci, de les amuser, ou de leur procurer des jouissances artistiques ; ceux-là, de conseiller, de moraliser, et de consoler ceux qui en ont besoin, — par une série d'efforts et de peines, c'est-à-dire par du travail.

Puis, vous voyez des hommes qui se chargent ou qu'on charge (cela dépend de la forme et de l'origine des sociétés que l'on considère) de maintenir l'ordre, de faire régner la justice, de produire la *sécurité* parmi les citoyens, afin que chacun puisse travailler librement, jouir des fruits de ses efforts, être garanti le plus possible contre la violence, et remplir sa mission dans le monde de la manière la plus profitable.

Voilà donc la fourmilière ou les diverses fourmilières sociales qui se subdivisent en une infinité de travailleurs de toutes espèces et de toutes catégories.

Un lien invisible unit ces individus et ces groupes.

Il y a, en effet, un sentiment général qui domine tous les hommes, il y a une force, une espèce d'attraction sociale qui fait converger tous leurs efforts, — d'une part, vers la satisfaction de leurs besoins individuels, vers leur utilité propre, et d'autre part vers l'utilité générale, vers l'avantage de la société; — cette force, c'est l'INTÉRÊT INDIVIDUEL.

Chacun de nous se trouve chargé par la nature de pourvoir à sa propre conservation. Quand je dis chacun de nous, j'entends aussi et surtout l'individu le plus complet, c'est-à-dire le chef de famille, l'individu qui a charge d'âmes, qui a la responsabilité d'un groupe.

Chacun de ces individus est donc mû par l'intérêt individuel. Mais la nature des choses est telle, que chacun de nous, en pensant à lui, à la satisfaction de ses besoins, en travaillant du matin au soir dans son propre intérêt, est aussi forcé de travailler à l'intérêt d'autrui. Le cultivateur de blé ne se dit pas le matin en se levant : « Je vais cultiver du blé dans l'intérêt de mes semblables pour leur être utile. » — Non, il se dit : « Je vais cultiver pour me nourrir et faire vivre ma famille, et pour obtenir un excédant que je céderai aux autres, qui me donneront, *en échange* du blé que je leur livrerai, des biens qu'ils auront produits par le travail. » — C'est ainsi que l'espèce humaine se trouve alimentée par le jeu de l'intérêt individuel agissant sur les cultivateurs.

L'ÉCHANGE ! voilà un autre grand mot ; voilà une grande pratique sociale sur laquelle nous allons revenir.

C'est la même action dans toutes les autres branches de l'activité sociale.

De proche en proche, tous nous travaillons pour nous-mêmes et pour les autres en vertu de cette force, de cette attraction naturelle qui a été mise au cœur de chaque homme, en vertu de l'intérêt individuel ou personnel, comme vous voudrez dire.

Cet intérêt individuel, remarquez-le bien, n'exclut aucun autre bon sentiment. — Il n'exclut pas l'amour de la famille, puisque, je viens de le dire, il est le plus surexcité quand il s'agit de la famille. — Il n'exclut pas le sentiment du devoir, le sentiment de la justice, puisque après tout la justice, c'est le respect de l'intérêt d'autrui, de l'intérêt de tout le monde. — Il n'exclut pas non plus le sentiment de la bienveillance, de la pitié, ni le sentiment de l'amour de la gloire, le sentiment des arts, etc., parce que tout cela, c'est la jouissance par le cœur, la jouissance par l'esprit, et, en définitive, la plus agréable satisfaction des besoins d'où procède l'intérêt personnel.

Vous voyez, messieurs, que dès les premières considérations dans lesquelles on est obligé d'entrer en commençant ce genre d'étude, on découvre immédiatement une loi universelle très-consolante, la loi de l'*harmonie des intérêts*.

II

Les hommes arrivent à ce résultat général de la satisfaction des besoins physiques, intellectuels et moraux inhérents à leur nature par une série de moyens infinis, qui, pris dans leur ensemble, constituent ce que la langue française appelle l'*Industrie*, l'*Industrie humaine*.

Il m'est certainement impossible d'énumérer tous ces moyens, tous ces procédés, tous ces efforts, tous ces travaux.

Toutefois, pour arriver à se comprendre, il y a des classifications possibles. Les classifications, vous le savez, n'ont pas d'autre but que de faciliter le langage, que de permettre d'exprimer, en quelques mots, de nombreuses catégories de choses qui ont plus d'analogie entre elles qu'avec d'autres.

En *économie industrielle*, on fait maintenant une classification en cinq ou six industries subdivisionnaires comprenant l'ensemble des travaux qui agissent sur les choses. On dit *Industrie extractive* de toutes les branches de travaux qui ont pour objet d'aller chercher les choses utiles et nécessaires au-dessous du sol. On dit *Industrie voiturière* de tous les travaux qui ont pour objet de faire changer les choses de place. — On peut dire *Industrie constructive* de tous les travaux ayant pour objet la construction des bâtiments, des voies de communication, des ports, etc. — On dit *Industrie manufacturière*, se subdivisant en *arts et métiers* de toutes sortes, de tous les travaux ayant pour but de modifier la forme des corps utilisables. — On appelle *Industrie agricole*, cette industrie manufacturière particulière qui consiste à faire transformer les produits au moyen de l'action végétative du sol et des autres agents naturels. — On appelle *Industrie commerçante* ou *commerciale* l'industrie de tous ceux qui se donnent la mission de tenir à la disposition du public, à la disposition des acheteurs, ce dont ils peuvent avoir besoin et qui font leur profession d'avoir des accumulations de produits pour approvisionner les autres.

Remarquons que l'*Échange* est l'opération commune à tous les travailleurs des diverses catégories contenues dans ces classes, comme il est aussi l'opération commune à tous les travailleurs des catégories que nous allons énumérer.

Car on peut encore faire une classification méthodique, c'est-à-dire établir de certaines divisions, de certaines catégories, dans les diverses professions qui ont pour objet l'homme.

Ainsi, on peut faire une grande classe de travailleurs de tous ceux qui s'occupent d'améliorer le *physique* de l'homme; — une autre classe de travailleurs de tous ceux qui, plus particulièrement, s'occupent d'améliorer l'*intelligence* de l'homme ; — une autre classe, des professions qui, plus spécialement ont pour but d'améliorer la *moralité* de l'homme; — une autre classe, de toutes les professions dont le but est d'amuser leurs semblables ou de leur faire plaisir ; — une autre classe encore, des professions de ceux qui s'occupent de la garde, de la surveillance de la société, et qui lui procurent par leurs efforts l'ordre, la justice, le respect des personnes et des propriétés, en un mot, la *sécurité*.

On a ainsi une seconde série de cinq classes de professions qui permet de présenter d'une manière plus claire, plus positive, l'ensemble des travaux se résumant dans l'*Industrie humaine.*

Remarquons encore que chacune de ces professions agit sur l'homme dans le sens spécial que nous venons d'indiquer et dans le sens général de toutes les autres ; c'est ainsi que la culture de l'intelligence produit la moralité, et réciproquement, et qu'il en est de même de l'amélioration du physique, etc.

Faisons cette autre remarque philologique, que le mot *Industrie*, dans notre langue, est pris dans le sens général que

11.

nous venons d'indiquer, et dans un sens plus restreint, que voici : dans le langage usuel, quand on dit « industrie, » on comprend volontiers l'*Industrie manufacturière*, tandis que, logiquement et scientifiquement, ce mot s'applique aussi bien à l'Industrie agricole qu'à l'Industrie commerciale, à l'Industrie extractive qu'à l'Industrie voiturière ou même à chacune des catégories de profession, agissant sur l'homme, que nous venons d'énumérer.

En faisant la classification que nous venons de présenter, on classe bien mieux qu'avec la classification usuelle, qui ne distingue que l'industrie agricole, — l'industrie manufacturière — et l'industrie commerciale, — en faisant rentrer l'industrie voiturière dans l'industrie commerciale, en négligeant l'industrie extractive ou en la faisant entrer dans l'industrie agricole. Avec la langue usuelle, donc, on ne classe pas aussi bien ; mais c'est le seul inconvénient que cela peut avoir.

On a aussi classé tous les grands travaux de l'humanité en deux, et on a dit : l'*Industrie fabricante* et l'*Industrie commerçante*; entendant par industrie fabricante toute espèce de transformation de la matière, et par industrie commerçante toute espèce de *translocation*, si on pouvait ainsi parler, tout changement de place. — Les Italiens disent dans le même sens : *Industrie transformatrice* et *Industrie translocatrice*.

Ces distinctions sont assurément très-logiques, mais elles ne classent pas suffisamment.

III

Toutes ces industries, toute cette vie, tout ce mouvement de travailleurs dont je parlais tout à l'heure, ne se produisent pas au hasard; tout cela n'est pas le résultat de la volonté d'une providence capricieuse changeant tous les matins d'intention et de prescriptions. — Non. — Tout cela résulte de *lois naturelles* et permanentes que l'humanité suit depuis le commencement du monde et qu'elle suivra probablement toujours, lois naturelles qui sont plus ou moins contrariées ou dont l'action est plus ou moins facilitée par les lois que les hommes se donnent volontairement et librement, ou s'imposent les uns aux autres plus ou moins despotiquement.

Eh bien, en faisant l'étude de l'Économie industrielle, on cherche à reconnaître les Lois naturelles suivant lesquelles la vie de l'humanité se meut ; on cherche à se rendre compte des effets produits par les Lois artificielles des autorités qui commandent aux hommes, des bons et des mauvais effets des règlements humains, pour y abonder dans le premier cas, pour les corriger dans le second. — De là les *Réformes* sociales.

Voilà un premier aspect de l'économie industrielle ; voilà son premier but : — la constatation des lois naturelles de l'humanité dans l'ordre du travail et de l'industrie humaine, et des efforts faits pour la satisfaction des besoins des hommes ensuite, la constatation des bons ou des mauvais effets des lois artificielles imposées par les Législateurs et les Gouvernements. — Voilà pourquoi elle s'appelle l'Économie, c'est-à-dire l'organisation, l'ensemble systématique ; parce que le mot « économie » a deux significations. Il y a d'abord la signification d'organisation, de système, de mécanisme général ; et de même, par exemple, qu'on dit « l'économie animale, » quand on parle de l'ensemble des dispositions des éléments du corps humain ; on dit « l'économie industrielle, » en comprenant par là la nature, l'organisation, le système naturel des travaux industriels des hommes. — Et puis il y a, vous le savez, la signification restreinte « d'économie, » pour *épargne*, l'opération de mettre de côté, de réserver en vue d'accumuler et de former ce puissant auxiliaire du travail, le *Capital*, qui sera le sujet de la deuxième conférence et auquel on donne souvent le nom d'*Économie*.

Le phénomène de l'épargne est un des phénomènes considérables qu'étudie l'*Économie politique*, je veux dire l'*Économie industrielle* (je dirai tout à l'heure pourquoi je me reprends). — L'économie industrielle, dis-je, considère donc l'épargne et elle en fait très-grand cas. Au sortir de la prochaine conférence, vous en serez persuadés, si vous ne l'êtes déjà, car il vous sera présenté sur ce point des considérations de la plus haute portée; toutefois, le phénomène de l'épargne n'est pas l'objet exclusif de l'économie industrielle, comme son nom pourrait le faire supposer au premier abord.

Nous connaissons maintenant, en partie du moins, la signification de la formule qui sert à dénommer sur l'affiche nos *Conférences* D'ÉCONOMIE INDUSTRIELLE.

Il m'a échappé de dire « économie politique ; » mais j'allais arriver à cette autre formule, selon moi, très-malencontreuse.

Dire économie industrielle et économie politique, c'est dire absolument la même chose, et c'est aussi la même chose que désigne la formule d'*Économie sociale*.

Et ici, si vous le permettez, messieurs, nous ferons un peu d'étymologie ; et vous allez voir que j'ai raison, ou plutôt que nous avons raison, car ce n'est pas moi qui ai inventé tout cela ; je me borne à répéter ce que j'ai appris dans les maîtres de la science.

On dit : « Économie politique ! » — Pourquoi donc *politique?* C'est que cela vient d'un mot grec *polis*, qui veut dire *ville*. Donc économie de la ville, et, par extension, économie de la société, économie *sociale*. Ce dernier mot est latin, et vient de *societas*, la société.

L'économie politique ou sociale est donc l'économie, l'organisation de la société, de la société laborieuse, apparemment ; et dès lors *Économie industrielle* est un troisième synonyme : l'Industrie étant, comme nous l'avons dit plus haut, l'ensemble des travaux des hommes vivant et s'organisant en société.

Seulement, en disant « économie politique, » on est souvent entré dans la confusion avec la *politique*, dont l'économie industrielle diffère essentiellement. En effet, la politique, en tant que science, s'occupe du mécanisme des pouvoirs, de leurs attributions, de leur fonctionnement ; or l'économie industrielle n'entre pas dans ce champ d'observations. La politique, en tant qu'art, s'occupe de l'administration de ses agents, de la gestion des intérêts collectifs de la nation, au sujet desquels l'économie politique ou industrielle est son intelligente conseillère, sans être le moins du monde sa concurrente.

Avec l'expression « d'économie sociale, » on peut faire et on a souvent fait d'autres espèces de confusions. Il y a eu et il y a beaucoup de partisans de systèmes sociétaires nouveaux ou prétendus tels qui rêvent des *organisations*, plus ou moins fantastiques, *du travail* et de la Société sans la Propriété et la Liberté du travail — et qui trouvent dans leurs idées particulières, dans leur manière de concevoir l'organisation de l'humanité, l'*économie sociale* par excellence, et même la Science sociale tout entière, — laquelle comprend, vous le savez, l'ensemble systématisé des sciences morales et publiques : la philosophie, la morale, la législation, l'histoire, la statistique et l'économie politique, ou industrielle, ou sociale, etc.

On peut faire et on fait souvent confusion aussi avec une expression que depuis vingt-cinq on a mise en avant à tout propos et que l'on finit par ne plus comprendre du tout ; je veux parler du mot *socialisme*. — En effet, les uns font signifier à ce mot l'une des doctrines nouvelles que je viens de rappeler, et alors le mot a autant de significations qu'il y a de doctrines. D'autres font signifier à « socialisme » les progrès et l'application du principe d'association ; le mot *association* était pourtant bien clair et n'avait pas besoin d'être remplacé par un autre ! D'autres encore font exprimer à socialisme l'idée de charité et de bienfaisance publique, ou bien l'idée de révolution, ou bien encore une forme de gouvernement qui opérerait une refonte sociale dans le sens inverse des principes de propriété et de liberté. Si, pour certains, le socialisme c'est le libéralisme et le progrès ; pour d'autres, au contraire, c'est la réglementation et la barbarie. — Il est donc assez difficile de s'entendre avec un pareil mot, et c'est pourquoi il faut toujours commencer, avant d'aborder une discussion sur ce sujet, par connaitre le sens qu'affectionne l'interlocuteur ; heureux, s'il n'en adopte pas plusieurs à la fois.

Finalement, on en est arrivé en économie politique à faire de ce mot une dénomination commune pour toutes les doctrines qui violent la Propriété et la Liberté, qui aboutissent à l'absorption de l'activité individuelle par l'État, c'est-à-dire au Communisme et au Despotisme, qui ne font qu'un.

Mais je reviens à notre sujet principal et je répète que, malgré le danger de ces confusions, les formules « économie sociale » et « économie politique », convenablement entendues, sont synonymes « d'économie industrielle ».

Cette dernière expression a été préférée par le conseil de l'Association polytechnique pour éviter tout malentendu et pour maintenir ces conférences sur un champ bien délimité.

Il est vrai, qu'à son tour, elle peut signifier un cercle restreint d'études relatives à l'industrie manufacturière, comme « économie rurale » et « économie commerciale » font penser à un cercle restreint de questions concernant exclusivement l'agriculture et le commerce. Mais que vous dire, si ce n'est que nous n'en avons pas de meilleure !

Il y a encore, j'allais l'oublier, une expression qui a été souvent employée plus à tort, c'est l'expression d'*économie publique*. Celle-là doit être réservée pour désigner ce qu'elle désigne très-réellement : l'administration des intérêts généraux de la cité, d'une province ou de l'État. Il y a « l'économie publique » comme il y a « l'économie domestique ; » de même qu'on administre ses affaires dans l'intérieur de la maison (*domus*), de même, on administre l'intérêt général ou les inrêts de la communauté, on *économise*, on emploie avec ordre et économie les ressources, publiques ou collectives. — Mais cette expression d'économie publique doit, nous le répétons, être rejetée, en tant que synonyme d'économie politique, ou sociale, ou industrielle, comme vous voudrez dire maintenant.

A propos de ces diverses expressions, il s'est établi quelques dissidences parmi les personnes s'occupant de ces matières ; mais ces dissidences n'ont rien de bien regrettable, parce qu'elles ne sont pas contradictoires. Ainsi, les unes préféreront l'expression d'économie sociale pour agrandir le cercle des attributions de l'étude. D'autres emploieront l'expression économique politique et y comprendront un moins grand nombre de considérations que dans l'économie sociale et un plus grand nombre que dans l'économie industrielle. — Peu importent les différences d'idées relativement aux limites du champ de la science, pourvu qu'on soit d'accord sur le centre de ce champ ; et c'est ce qui arrive. Cela n'a pas plus d'importance que la prétention que pourraient avoir, par exemple, certains physiciens, de faire rentrer telle ou telle partie de la chimie dans la physique ; ou réciproquement, la prétention des chimistes voulant accaparer l'étude de la chaleur, par exemple, qui est du domaine des physiciens.

Une dernière observation sur ces formules. — Au sujet des noms des sciences et des déductions à en tirer pour le champ de leurs recherches, il faut n'attacher aucune importance à l'étymologie des mots et ne voir que la nature de la science en elle-même. Exemple : *physique* veut dire science de la nature ; or, toutes les sciences, la chimie, l'astronomie, la botanique, etc., qui sont des sciences de la nature, seraient à ce titre des branches de la physique, tandis qu'on désigne sous le nom de *physique* un ensemble de connaissances qui n'est l'objet ni de la botanique, ni de l'astronomie, ni de la chimie, ni des autres sciences dites naturelles.

Il en est ainsi également pour les noms des personnes : quand nous disons *Pierre* ou *Rose*, *Leblanc* ou *Lenoir*, notre attention se porte avant tout sur la personne dénommée et non sur la chose ou la qualité désignée par le mot.

De même, quand on dit « économie politique, sociale ou industrielle, » il faut perdre de vue le sens des mots (substantif et adjectifs) qui composent ces formules ; c'est le moyen d'écarter de nuageuses, d'inutiles, de prétentieuses dissertations. Dans le but de prévenir les dissidences et les objections qu'on en tire et que nous allons mentionner, quelques économistes ont proposé de désigner l'ordre d'études et de connaissances qui vous occupe par un seul mot. Aucune de ces tentatives n'a réussi ; inutile donc de vous les mentionner ici[1] ; disons seulement que nous avons un heureux synonyme d'économie politique — d'économie sociale — d'économie industrielle — dans

---

[1] La plus heureuse de ces tentatives, ce nous semble, est celle du professeur lui-même, qui a proposé de reprendre un mot ancien de notre langue, tombé, on ne sait pourquoi, en désuétude, le mot *économique*. On dirait l'Économique, comme on dit la Statistique, la Politique, la Physique, etc.   (E. Thévenin.)

cette désignation si simple de « Science économique, » qui prête moins que toute autre à une fausse interprétation.

IV

D'après plusieurs des considérations qui précèdent, vous pouvez voir, messieurs, que l'enseignement de l'économie industrielle devrait être beaucoup plus général qu'il ne l'est aujourd'hui; qu'il devrait s'adresser non-seulement à certaines classes de la société, mais à toutes les classes, puisqu'il comprend un ordre et un ensemble de questions intéressant toutes les parties de la société, aussi bien les individus des classes les plus nombreuses que ceux des classes qui sont le mieux partagées dans ce monde. Tous devraient donc avoir des idées nettes à cet égard. — Cependant, chose singulière, c'est la première fois, je le disais en commençant, qu'au nom de l'Association polytechnique, on entretient un auditoire d'économie industrielle; et c'est en 1865 seulement qu'on a créé, à l'École de droit de Paris, une chaire d'économie politique qui est la quatrième pour toute la France !

Pourquoi donc ce retard? C'est que cet ordre d'études ou de connaissances a été singulièrement méconnu et décrié; c'est que l'autorité de la science économique a été compromise.

Et d'abord, il y en a une première raison dans cette diversité d'appellations dont je viens de vous parler, et qui nous sont venues du passé. Au dix-huitième siècle, on a dit l'économie politique; de nos jours, ç'a été l'économie sociale; les confusions s'en sont suivies; elles ont fait craindre des dangers, et on y a trouvé un motif d'écarter la science économique de l'enseignement public.

Maintenant, les études économiques conduisent à la constatation des lois vicieuses de la société, et, par conséquent, à la réforme radicale, à la suppression des *abus* qui en résultent. De là, l'indignation de ceux qui, profitant de ces abus, qui devenus féroces, pour ainsi dire, à l'endroit de l'économie politique ou industrielle, lui ont fait une guerre énergique, et quelquefois même ont grossièrement calomnié ses adeptes.

D'autre part, les études économiques n'ont commencé à être régulières et scientifiques qu'il y a un siècle, et les principes auxquels elles ont conduit ont rencontré des adversaires dans tous ceux dont ils contrariaient les idées : parmi les philosophes, les moralistes, les publicistes, les hommes politiques et même parmi les hommes religieux. Cela suffit (sans compter l'action de la famille nombreuse des abus et celle des préjugés populaires non moins innombrables) pour vous expliquer l'énergique répulsion qui s'est manifestée pendant longtemps contre l'économie politique ou industrielle.

Aussi avez-vous peut-être entendu dire en venant ici : « Vous allez à une conférence d'économie industrielle ! qu'est-ce que cela peut signifier ?... A coup sûr, ce n'est pas là une science ; c'est (comme M. Dupin aîné vous l'a si bien dit au Sénat) tout au plus une étude. »

Messieurs, c'est là un puéril jeu de mots. Étude ou Science, qu'importe, n'est-ce pas tout un? Y a-t-il — dans les efforts que font les hommes pour arriver à la satisfaction de leurs besoins, dans les mouvements et les manifestations de la société laborieuse, dans le jeu des intérêts, — y a-t-il un objet spécial d'observation, des lois naturelles à constater, des effets produits par la violation de ces lois ou par les lois artificielles ou humaines? Y a-t-il matière à examen, à étude, y a-t-il l'objet d'une branche spéciale des connaissances humaines? Assurément oui. — Y a-t-il maintenant une autre science s'occupant de ces divers sujets? Assurément non. Dès lors n'est-il pas vrai que notre science a un champ bien déterminé? — Ensuite, y a-t-il, en économie industrielle, des axiomes, des vérités fondamentales sur lesquels on puisse s'appuyer, comme cela se rencontre dans toutes les sciences? Certainement ; vous le savez déjà, et, en suivant les conférences de mes honorables collègues, vous en serez encore plus convaincus que vous ne l'êtes maintenant. — Y a-t-il des propositions formulées et démontrées d'une manière satisfaisante pour l'esprit et la raison? Assurément. — Y a-t-il enfin des questions qui, sans être encore résolues, sont cependant déjà creusées, approfondies, de manière à faire l'objet d'études méthodiques et scientifiques? Sans aucun doute; et vous en aurez encore la preuve quand vous aurez parcouru les matières qui forment l'objet des conférences que l'Association polytechnique inaugure aujourd'hui.

Une autre raison, tirée de la nature même de ces études, sert encore à expliquer les difficultés qu'a rencontrées et que rencontre la vulgarisation de l'économie politique.

Ces études ont pour objet les choses de la vie, les questions qui touchent à nos intérêts, les situations au sein desquelles nous vivons, et chacun, naturellement, se croit apte à en parler, à en donner son avis. Chacun a, assurément, le droit de le faire; cependant, on n'a ce droit d'une manière complète et absolue que quand on a un peu réfléchi sur ces matières, que quand on s'est donné la peine de se rendre compte des explications déjà fournies par ceux qui ont médité et réfléchi, par les hommes de science. Si tels ou tels problèmes ont été éclaircis, si telles ou telles difficultés ont été levées, il faut le savoir pour ne pas recommencer à s'agiter sans cesse dans le même cercle.

Il faut donc faire quelques études méthodiques d'économie industrielle.

Eh bien, ces études, c'est par hasard si de nos jours on les fait; et je ne serais pas étonné que bien des gens aient dit, en voyant les affiches portant l'annonce de nos conférences : « On indique qu'il sera parlé de la *monnaie!* à quoi bon? qui ne sait ce qu'est la monnaie? il suffit d'avoir eu une pièce de cinq francs dans ses mains. Faut-il dont tant d'efforts et tant de. peine pour cela? »

Messieurs, c'est là une très-grande erreur; il faut être encore assez savant, on vous le prouvera dans une conférence ultérieure, pour avoir une juste notion de l'instrument des échanges. — Il ne suffit pas de manier de la monnaie pour cela; et ce ne sont pas ceux qui possèdent le plus d'écus qui connaissent le mieux la nature de cet instrument. Tel publiciste, tel économiste, qui peut avoir besoin de courir après quatre sous, si je puis ainsi parler, en sait plus long sur ce point que telle personne que vous pouvez connaître et qui a ses poches ou sa caisse abondamment pourvues de monnaie.

Autre sujet : — Voilà la banque ou les banques qui sont l'objet d'une enquête publique ? Pourquoi d'abord une enquête? pourquoi ensuite appelle-t-on à cette enquête des hommes autres que les banquiers et leurs clients? Pourquoi? C'est parce que s'il y a des hommes pratiques sachant, non-seulement être banquiers, mais encore raisonner sur les questions de banque, il y a beaucoup de personnes qui, tout en ne sachant pas exercer la profession d'escompteur ou d'acheteur d'effets de commerce, savent mieux raisonner cependant sur les questions de banque que les banquiers eux-mêmes.

Voilà, messieurs, comment il se fait que les études économiques, malgré leur importance, ont été entravées et comment l'enseignement public est encore en désaccord avec le besoin public.

V

Je reviens un peu au point de départ, toujours pour continuer à vous exposer ce qu'est l'économie industrielle, objet de cette première conférence.

J'ai dit que l'homme fait des efforts considérables pour produire tout ce qui est nécessaire à la satisfaction de ses besoins. — Qu'est-ce donc qui lui est nécessaire? Bien des choses, mais qui peuvent se résumer en très-peu de mots.

Ce qu'il faut à l'homme pour satisfaire ses besoins physiques, intellectuels et moraux, ce sont: d'une part, les objets matériels dont ils peuvent tirer parti et qui sont produits par l'industrie humaine, et d'autre part, le *travail*, l'ensemble des efforts de ses semblables ou les *services* qu'ils lui rendent. Mais on peut parler plus brièvement encore et résumer les divers produits, le travail ou les services en un seul mot, la RICHESSE.

Ici, nous dévions un peu du sens ordinaire de la signification usuelle de « richesse, » qui nous donne l'idée de quelque chose de considérable. Ainsi, on dit de M. un tel, qui a un beau logement, une caisse bien remplie, et quantité de belles choses, qn'il est riche. — Nous, nous sommes obligés d'appeler richesse peu ou beaucoup. Le moindre petit objet, le moindre travail, le moindre talent, s'il est utile, constitue une richesse ; puisque la richesse, c'est tout ce qui peut satisfaire nos besoins physiques, intellectuels ou moraux.

La richesse s'obtient par la *production*. On la crée de toutes pièces, si je puis dire ainsi ; et quand elle est créée, elle est l'objet de l'appropriation et de l'accumulation. Les hommes cherchent à l'avoir pour eux, à la garder, à la posséder et à l'augmenter. Ensuite, cette richesse se distribue, se *répartit* entre les hommes, selon certaines lois. On l'emploie, on la fait servir à la satisfaction de ses besoins, on la *consomme*, comme on dit.

Tout cela se fait avec d'autant plus de facilité, d'utilité, d'avantages pour l'espèce humaine, que les hommes rencontrent moins d'obstacles physiques, administratifs, politiques, ou dans les mœurs ; qu'ils peuvent se mouvoir pour tous les travaux dont j'ai parlé avec la plus grande liberté ; et qu'ils observent mieux entre eux les principes d'équité et de justice. Cette assertion vous sera bien démontrée dans les conférences qui suivront.

La richesse, ai-je dit, s'obtient par la production. — Avant d'arriver à vous dire en quoi consiste ce phénomène de la production, permettez-moi d'ajouter que la richesse a deux qualités qui sont exprimées par ces mots bien communs et pas toujours compris : *utilité, valeur*.

L'*Utilité*, c'est-à-dire l'ensemble des qualités de toute espèce qui font que les choses peuvent satisfaire nos besoins ou nous être agréables, nous faire du bien ou du plaisir ;

La *Valeur*, c'est-à-dire cette autre qualité des choses qui, étant utiles, pouvant nous être agréables ou nous faire plaisir, sont, en même temps, susceptibles de nous faire obtenir des équivalents en d'autres choses. Ainsi, je possède du bois ou du fer, il m'est utile ; mais il peut être aussi utile à d'autres, qui me donneront, en échange de cet objet, du sucre, du pain, du vin, du drap, de la laine, en quantité équivalente, etc.

La *valeur*, c'est le pouvoir d'acquisition des objets, de la richesse. Les choses, les produits matériels, ont de ce pouvoir ; le travail, les services ont aussi ce pouvoir. Un homme par l'exercice de ses bras ou de ses facultés, a le moyen d'acquérir des équivalents dont il se sert pour la satisfaction de ses besoins.

La valeur se manifeste donc par l'*échange*.

La valeur diffère de l'utilité en ce que l'utilité est comprise dans la valeur, et non la valeur dans l'utilité. L'utilité, je le répète, c'est l'ensemble des qualités qui font qu'une chose est nécessaire ou agréable ; la valeur, c'est la qualité des choses utiles qui peuvent équivaloir à une foule d'autres choses.

Cette équivalence se traduit par l'opération de l'*Échange*, laquelle opération, d'instinct humain, est, ainsi que nous le disions plus haut, commune à toutes les industries et à tous les hommes. — C'est la seconde manière de produire. — Je produis directement ce qui m'est nécessaire ; puis, quand j'ai apaisé mes besoins avec ce que j'ai produit, je m'adresse à tous ceux qui ont besoin de ce que j'ai produit et j'obtiens d'eux ce qu'ils savent produire. De là la grande division du travail dans le monde entre les localités, les industries et les hommes, et cette diversité d'occupations et de préoccupations dont je parlais en commençant.

J'ai dit : la *production !* Qu'y a-t-il dans ce phénomène ? — Quelque chose de bien simple, et sur quoi il faut avoir tout d'abord une idée nette pour arriver à comprendre toutes les questions économiques et celle que nous abordons dans cette conférence.

Dans la production, il n'y a pas « création » dans le sens absolu du mot ; il n'y a que production d'utilité et production de valeur. L'homme est incapable, la chimie le démontre, de créer quoi que ce soit en fait de matière ; il est également incapable de détruire quoi que ce soit ; quand il consomme comme quand il produit, il n'y a que transformation. Pour former le verre que je tiens à la main, on a transporté de la silice et de la soude, on a mis le tout dans un creuset qu'on a chauffé, et, par l'effet d'une loi naturelle, la silice et la soude ont donné naissance à une matière malléable, laquelle, par un certain travail, a reçu la forme que voilà. Lorsqu'une lampe brûle, l'huile se consume, mais il se forme des gaz qui se retrouvent dans la nature. Il y a, je le répète, transformation, il n'y a pas, à proprement parler, destruction.

L'homme donc ne crée pas, il produit. Si on dit qu'il crée, c'est par figure de langage ; mais cela n'est pas exact au fond. L'homme produit de l'Utilité, de la Valeur : il fait que les choses qui étaient sans Utilité, sans Valeur, en acquièrent une ; il fait que les choses qui avaient une certaine utilité, une certaine valeur, en ont davantage : mais il ne crée pas autre chose.

Voilà tout le phénomène de la production.

Maintenant comment, l'homme arrive-t-il à faire de l'Utilité et de la Valeur ?

Par deux procédés généraux bien simples.

Tantôt il transforme la matière, soit par rapprochement, soit par disjonction, par combinaison ou décomposition, par mélange ou séparation. Quand on fait du verre, on rapproche la silice de la soude ; on opère alors par rapprochement. Quand on fait de la soude, on la sépare des matières dans lesquelles elle était contenue, et alors on opère par disjonction, désagré- gation ou séparation. C'est la chimie qui nous l'apprend.

Il y a une autre manière de produire : outre le *changement de forme*, il y a le *changement de place* et de lieu. — Un objet a une utilité, une valeur différentes, s'il est ici au lieu d'être là ; là il sera plus à la portée du consommateur, il aura une plus grande utilité, une plus grande valeur.

Cette production se fait à dos d'hommes, à dos de mulets ou de chevaux, par chemins de fer, par locomotives, peu importe par quel procédé, par quelle force de la nature : le pauvre petit voiturier produit, au point de vue économique, absolu- ment comme la plus riche compagnie avec son chemin de fer et ses magnifiques locomotives.

Donc, changement de forme ou de place, augmentation d'uti- lité et de valeur par ce changement de forme et de place, voilà le phénomène de la production, — de la création humaine, pour parler le langage usuel, mais métaphorique.

Quelles que soient les industries que vous considériez, il n'y a pas d'autre phénomène accompli qu'un simple changement

de forme et de place, d'où résulte une production d'utilité et
de valeur nouvelle.

VI

La valeur, avons-nous dit, se manifeste par *l'échange* ; —
l'échange est le second mode de production : arrêtons-nous
maintenant quelques instants sur ce sujet.

L'échange est tout à fait élémentaire ou un peu plus compliqué.

Il est élémentaire lorsqu'on fait le *troc* (c'est un mot de la
langue française), c'est-à-dire lorsqu'on échange objet contre
objet, travail contre travail, objet contre travail, ou travail contre
objet. C'est l'échange qui se fait tous les jours dans les diverses
conditions de la vie ; c'est l'échange qui a lieu, à peu près exclusivement, dans les pays peu avancés en civilisation ou peu
peuplés. Il y a tel village des Alpes où le paysan prend, à l'insu
de sa ménagère, quelques œufs dans le panier et les porte à
l'aubergiste qui, en échange, lui donne du vin. C'est le troc !

Mais l'opération de l'échange, en se compliquant un peu
comme raisonnement, devient néanmoins plus facile comme
exécution dans les pays peuplés et industrieux.

Depuis bien longtemps, par suite de la volonté de la Providence ou de la nature des choses, comme vous voudrez dire,
il s'est trouvé deux substances (l'argent et l'or, ai-je besoin de
les nommer ?), douées, à un plus haut degré que toutes autres,
d'un ensemble de qualités physiques, chimiques, esthétiques
et économiques, qui en font les plus échangeables des produits.
Les hommes éprouvent le besoin d'en porter sur eux, d'en mettre sur leurs meubles, sur divers objets ; ils les trouvent agréables, et il s'en fait une consommation générale, universelle.
Ces substances ont donc une grande utilité au point de vue économique. Le bon sens, si on l'écoutait, pourrait trouver que ce
sont là des superfluités, des futilités, des inutilités ; mais, au
point de vue économique, dès l'instant qu'on les emploie,
qu'on les consomme, qu'on prend plaisir à s'en servir, qu'on
fait des sacrifices pour se les procurer, il faut bien admettre

qu'elles ont réellement une très-grande utilité. — Et puis ces substances sont recherchées, je n'ai pas besoin de vous le rappeler, pour des usages artistiques, industriels, médicaux, à cause des qualités qui leur sont propres.

Tout le monde les accepte dans les échanges, parce que l'on est sûr de pouvoir s'en défaire ensuite; et, précisément, parce que tout le monde les accepte pouvant s'en défaire, tout le monde s'habitue à ce genre d'échange souvent répété. Chacun de nous, sans être marchand, sans faire même des achats ou des ventes, exécute cette opération dans son esprit plusieurs fois dans la journée; il compte qu'une certaine quantité d'*or* ou d'*argent* pourra lui procurer une certaine quantité de *pain*, de *vin*, d'autres objets de première nécessité ou d'amusement, etc. — On s'habitue peu à peu à ces évaluations. Et ces deux marchandises (ce sont bien des marchandises: il a fallu que les économistes vinssent faire cette découverte; car c'en est une, et très-importante), deviennent les intermédiaires, les instruments universels d'échange ou de circulation, la MONNAIE, sous forme de pièces ou disques commodes à la main, constituant le *numéraire*, les *espèces*, l'*argent*, comme on a dit durant la longue époque où l'*or* a été trop rare pour circuler.

De ce qu'on est accoutumé à leur valeur, on se sert volontiers de ces intermédiaires, non-seulement pour opérer les échanges, mais pour faire les évaluations de toutes les richesses. — Je me rendrais péniblement compte de la valeur d'un objet si, le comparant à divers autres objets, je me disais : il vaut une fois celui-ci, une fois et demie celui-là, dix fois cet autre, etc. Mais je convertis la valeur de ces objets en valeur d'or ou d'argent (en prenant pour unité d'évaluation la valeur d'une certaine quantité fixe de ces deux métaux), et alors je fais bien mieux ma comparaison; j'établis un dénominateur commun entre les divers objets, je traduis la valeur de toutes ces choses en valeur d'or ou d'argent, c'est-à-dire de *monnaie*, et alors j'ai leur *prix*, c'est-à-dire la valeur d'une chose exprimée en valeur d'or et d'argent.

Sur cette question de *prix* et de *monnaie*, dont je ne rappelle ici que les plus simples éléments, il y a des considérations de

premier ordre à développer ; elles vous seront présentées dans
plus d'une des conférences ultérieures.

VII

Messieurs, je me préoccupe toujours de la réponse que j'ai
à vous faire sur cette question : qu'est-ce que l'économie industrielle?

Après les premières explications dans lesquelles je suis d'a-
bord entré, vous avez vu qu'on a pu dire que l'économie industrielle était la *science de l'industrie* (le mot pris dans son sens
général); puis, qu'elle est quelque chose comme une *philosophie* des questions de l'agriculture, du commerce, des manufactures, etc., quelque chose aussi comme la *physiologie* de la
société.

On a dit aussi que c'était la *science du travail*, que c'était la
science de la valeur ; ce sont de justes appréciations, puisqu'à
chaque instant les notions de travail et de valeur interviennent
dans les questions qui sont de son domaine.

On a pu dire encore, avec raison, que c'était la *science de
l'échange* ; cela se conçoit, puisque la notion d'échange est également générale, mêlée à tous les phénomènes économiques et
qu'elle s'emboîte, pour ainsi dire, dans celle de valeur et de
travail.

Enfin, et c'est là l'appréciation la plus usuelle, on a dit que
c'était la *science de la richesse;* non pas que ce soit la science
qui apprenne à devenir riche, parce que, dans ce cas, cette enceinte, ni même une enceinte grande comme celle du Cirque,
ne suffirait à contenir les auditeurs... Mais l'économie industrielle est dite la science de la richesse — en ce sens qu'elle
constate bien la nature de la richesse, les lois naturelles de ses
diverses évolutions et transformations, les conditions dans lesquelles elle est produite le plus avantageusement, tant pour
ceux qui travaillent à l'obtenir que pour la société en général;
— en ce sens, qu'elle constate les principes de la répartition la
plus équitable de la richesse entre les ayants droit; — en ce

sens, qu'elle étudie aussi, à certains égards, l'emploi le plus rationnel et le plus profitable de la richesse.

Voilà comment l'économie industrielle est la science de la richesse.

Et alors, messieurs, vous voyez que cette science fait entrer forcément en ligne de compte les idées de droit, — de justice, — d'équité, — de liberté. — Vous voyez : qu'elle n'est pas plus la science des riches que celle des pauvres ; qu'elle est la science de tous, étudiant pour tous la nature des choses au point de vue économique et indiquant à tous, selon l'état actuel de ses connaissances, quelle est, je veux le répéter, la production la plus avantageuse pour les individus comme pour la société, la circulation la mieux entendue, — la répartition la plus équitable — et la consommation la plus rationnelle de tout ce que nous sommes convenus d'appeler richesse.

Comme vous le voyez, messieurs, la science économique se propose donc l'utile et le juste, et éclaire l'un par l'autre.

Soit, nous dira-t-on ; — mais vous n'avez pas moins sans cesse à la bouche ce vil mot de richesse ! — Et ici je vous fais grâce de toutes les paroles sous lesquelles se cachent les divers reproches de matérialisme qui sont adressés à l'économie industrielle. Ces reproches tombent d'eux-mêmes si on se rappelle que par richesse il faut entendre ce qui contribue à la satisfaction non-seulement des besoins physiques de l'homme, mais encore de ses besoins intellectuels et moraux. Au surplus, il faudrait englober dans le reproche toutes les branches de l'industrie humaine, ainsi que les sciences qui se préoccupent de ses progrès. Votre bon sens dit que l'objection est insensée.

VIII

Mais ce n'est pas la seule objection. — Vous l'entendrez traiter de science antidémocratique par des personnes qui ignorent ou affectent de ne pas savoir qu'elle a réhabilité le travail, et revendiqué ses droits. — Vous l'entendrez traiter d'anti-chrétienne par d'autres personnes, qui, à la réflexion, verraient que l'application de ses principes aboutit à la concorde

des classes, à la fraternité des peuples, à la diminution des
vices et de la misère. Ceci nous permet de rappeler qu'il y a
eu des auteurs qui ont eu la prétention de constituer une économie politique chrétienne, d'autres une économie politique
démocratique, d'autres une économie politique française, etc. :
ce sont des tentatives aussi dénuées de sens que si l'on voulait
créer une chimie chrétienne, démocratique ou nationale. —
Comme si la science et la vérité procédaient d'un dogme quelconque, d'une forme de gouvernement ou d'une situation géo-
graphique !

Enfin on lui reproche (que ne lui a-t-on pas reproché à cette
pauvre science économique ?) de vouloir tout englober dans son
programme. Si elle s'en tenait à l'agriculture, au commerce,
aux voies de communication, ou même à la statistique, à la
population et aux questions de finances, on ne lui dirait trop
rien. Mais voyez son audace ; elle fait une classification, où se
trouvent les sciences, les beaux-arts, la littérature, la magis-
trature, l'enseignement, etc. Elle veut donc accaparer la science
sociale, sous prétexte qu'elle s'appelle aussi l'économie sociale !
elle veut matérialiser l'art, la littérature, les plus nobles services ! etc....

Non, messieurs, non, la science économique n'est pas tom-
bée dans cette erreur. De même qu'elle n'a pas la prétention
d'enseigner leur métier au cultivateur, au négociant, au voitu-
rieur, au filateur, de même elle n'a pas la prétention de donner des conseils au peintre sur son tableau, au professeur sur
ses leçons, au magistrat sur la manière de rendre la justice,
au ministre du culte sur son dogme : pas le moins du monde.
Mais elle voit tous ces hommes laborieux se donner de la peine
et vivre de leur travail, et elle les considère sous cet aspect
spécial, l'aspect économique, qui est précisément celui de son
domaine. Elle fait ses analyses, et elle dit aux hommes de toutes
ces professions agissant sur les hommes : — « Tout bien considéré, vous travaillez d'une manière analogue à celle des professions agissant sur les choses ; vous êtes producteurs au même
titre ; car ce que vous produisez a utilité et valeur, les deux
qualités de la richesse, car il vous faut, pour produire le tra-

vail, le capital, la terre et les agents naturels. Dès lors on n'a plus le droit de vous taxer de classes improductives ou stériles, et de vous traiter comme telles. D'autre part, il ne faut pas que vous soyez plus fières que de raison; car tous ces autres que vous dédaignez parfois rendent à la société des services équivalents aux vôtres. »

Voilà, messieurs, la loi de l'*équivalence des fonctions* au point de vue social. Vous entrevoyez aussi la loi de *solidarité* des diverses industries se servant toutes d'auxiliaires, de coopérateurs ; se servant toutes de débouchés les unes aux autres, profitant toutes des progrès de chacune d'elles, souffrant toutes des pertes que fait l'une d'elles.

IX

De ces analyses, appréciations et définitions, résulte naturellement la classification de toutes les matières de l'économie industrielle ou politique en questions se rattachant : 1° à la production ; — 2° à la répartition ; — 3° à la consommation de la richesse.

On peut faire avec avantage une division de plus et ajouter, après la production, la circulation de la richesse formée avec les questions relatives aux échanges, aux débouchés et au crédit. — Classer en quatre, c'est plus et mieux, selon moi, que de classer en trois; mais il y a de bons esprits, je dois le dire, qui ne font même que deux parties, en intervertissant l'ordre des notions. — Il n'importe guère au fond, — s'il s'agissait, permettez-moi cette comparaison vulgaire, d'étudier les bœufs et la charrue, sous une seule rubrique ou sous deux rubriques différentes, il serait assez indifférent de commencer par la charrue ou par les bœufs, pourvu que l'étude soit complète. Il peut, certes, y avoir, et il y a une classification un peu plus méthodique qu'une autre ; mais le mieux n'a pas ici une bien grande importance ; l'essentiel est la clarté dans les explications [1]...

---

[1] Suivait l'exposé des questions traitées dans la série des Conférences.

CE QU'ON VOIT

ET

CE QU'ON NE VOIT PAS

OU

L'ÉCONOMIE POLITIQUE EN UNE LEÇON

PAR FRÉDÉRIC BASTIAT[1]

Avant-Propos.

Dans la sphère économique, un acte, une habitude, une institution, une loi, n'engendrent pas seulement un effet, mais une série d'effets, de ces effets le premier seul est immédiat : il se manifeste simultanément avec sa cause, *on le voit*. Les autres ne se déroulent que successivement, *on ne les voit pas;* heureux si on les *prévoit*.

Entre un mauvais et un bon économiste, voici toute la différence : l'un s'en tient à l'effet *visible;* l'autre tient compte et de l'effet qu'on *voit* et de ceux qu'il faut *prévoir*.

Mais cette différence est énorme, car il arrive presque toujours que, lorsque la conséquence immédiate est favorable, les conséquences ultérieures sont funestes, et *vice versa.* — D'où il suit que le mauvais économiste poursuit un petit bien actuel qui sera suivi d'un grand mal à venir, tandis que le vrai éco-

[1] Mort en 1850; un des plus illustres économistes contemporains; esprit ingénieux, élégant écrivain. — Cet opuscule est un de ses derniers et de ses meilleurs écrits.

12.

nomiste poursuit un grand bien à venir, au risque d'un petit mal actuel.

Du reste, il en est ainsi en hygiène, en morale. Souvent, plus le premier fruit d'une habitude est doux, plus les autres sont amers. Témoin : la débauche, la paresse, la prodigalité. Lors donc qu'un homme, frappé de l'effet *qu'on voit*, n'a pas encore appris à discerner ceux *qu'on ne voit pas*, il s'abandonne à des habitudes funestes, non-seulement par penchant, mais par calcul.

Ceci explique l'évolution fatalement douloureuse de l'humanité. L'ignorance entoure son berceau ; donc elle se détermine dans ses actes par leurs premières conséquences, les seules, à son origine, qu'elle puisse voir. Ce n'est qu'à la longue qu'elle apprend à tenir compte des autres. Deux maîtres, bien divers, lui enseignent cette leçon : l'expérience et la prévoyance.

L'expérience régente efficacement, mais brutalement. Elle nous instruit de tous les effets d'un acte en nous les faisant resssentir, et nous ne pouvons manquer de finir par savoir que le feu brûle, à force de nous brûler. A ce rude docteur, j'en voudrais, autant que possible, substituer un plus doux : la prévoyance.

C'est pourquoi je rechercherai les conséquences de quelques phénomènes économiques, opposant à celles *qu'on voit* celles *qu'on ne voit pas* [1].

I. — La vitre cassée. — Moyen de faire aller le commerce.

Préjugés sur la Production et la Consommation. — Faux moyen d'encourager l'Industrie et de faire aller le Commerce.

Avez-vous jamais été témoin de la fureur du bon bourgeois Jacques Bonhomme, quand son fils terrible est parvenu à

---

[1] En reproduisant ces divers morceaux, j'ai changé l'ordre de l'auteur pour le faire concorder avec celui des *Premières Notions*. J'ai aussi allongé la plupart des titres et ajouté des sommaires pour la commodité du lecteur. Enfin, j'ai fait quelques coupures soit pour abréger, soit pour mieux adapter cet écrit à la nature du livre, à la dernière partie, VII. Les passages où des coupures ont été faites sont indiquées par des points. J.G.

casser un carreau de vitre? Si vous avez assisté à ce spectacle,
à coup sûr vous aurez aussi constaté que tous les assistants,
fussent-ils trente, semblent s'être donné le mot pour offrir au
propriétaire infortuné cette consolation uniforme : « A quelque
chose malheur est bon. De tels accidents font aller l'industrie.
Il faut que tout le monde vive. Que deviendraient les vitriers,
si l'on ne cassait jamais de vitres ? »

Or, il y a dans cette formule de condoléance toute une théorie qu'il est bon de surprendre *flagrante delicto*, dans ce cas
très-simple, attendu que c'est exactement la même que celle
qui, par malheur, régit la plupart de nos institutions économiques.

A supposer qu'il faille dépenser six francs pour réparer
le dommage, si l'on veut dire que l'accident fait arriver six
francs à l'industrie vitrière, qu'il encourage dans la mesure de
six francs la susdite industrie, je l'accorde, je ne conteste en
aucune façon, on raisonne juste. Le vitrier va venir, il fera sa
besogne, touchera six francs, se frottera les mains et bénira
dans son cœur l'enfant terrible. *C'est ce qu'on voit.*

Mais si, par voie de déduction, on arrive à conclure, comme
on le fait trop souvent, qu'il est bon qu'on casse les vitres, que
cela fait circuler l'argent, qu'il en résulte un encouragement
pour l'industrie en général, je suis obligé de m'écrier : Halte là !
Votre théorie s'arrête à *ce qu'on voit*, elle ne tient pas compte
de *ce qu'on ne voit pas.*

On ne voit pas que, puisque notre bourgeois a dépensé six
francs à une chose, il ne pourra plus les dépenser à une autre.
On ne voit pas que, s'il n'eût pas eu de vitres à remplacer, il
eût remplacé, par exemple, ses souliers éculés ou mis un livre
de plus dans sa bibliothèque. Bref, il aurait fait de ses six francs
un emploi quelconque qu'il ne fera pas.

Faisons donc le compte de l'industrie *en général.*

La vitre étant cassée, l'industrie vitrière est encouragée dans
la mesure de six francs ; *c'est ce qu'on voit.*

Si la vitre n'eût pas été cassée, l'industrie cordonnière (ou
toute autre) eût été encouragée dans la mesure de six francs ;
c'est ce qu'on ne voit pas.

Et si l'on prenait en considération *ce qu'on ne voit pas*, parce que c'est un fait négatif, aussi bien que *ce que l'on voit*, parce que c'est un fait positif, on comprendrait qu'il n'y a aucun intérêt pour l'industrie *en général*, ou pour l'ensemble du *travail national*, à ce que des vitres se cassent ou ne se cassent pas.

Faisons maintenant le compte de Jacques Bonhomme :

Dans la première hypothèse, celle de la vitre cassée, il dépense six francs, et a, ni plus ni moins que devant, la jouissance d'une vitre.

Dans la seconde, celle où l'accident ne fût pas arrivé, il aurait dépensé six francs en chaussure et aurait eu tout à la fois la jouissance d'une paire de souliers et celle d'une vitre.

Or, comme Jacques Bonhomme fait partie de la société, il faut conclure de là que, considérée dans son ensemble, et toute balance faite de ses travaux et de ses jouissances, elle a perdu la valeur de la vitre cassée.

Par où, en généralisant, nous arrivons à cette conclusion inattendue : « La société perd la valeur des objets inutilement détruits, » — et à cet aphorisme qui fera dresser les cheveux sur la tête des protectionnistes : « Casser, briser, dissiper, ce n'est pas encourager le travail national, » ou plus brièvement : « Destruction n'est pas profit. »

Que direz-vous, adeptes de ce bon M. de Saint-Chamans [1], qui a calculé avec tant de précision ce que l'industrie gagnerait à l'incendie de Paris, à raison des maisons qu'il faudrait reconstruire ?

Je suis fâché de déranger ses ingénieux calculs, d'autant qu'il en a fait passer l'esprit dans notre législation. Mais je le prie de les recommencer en faisant entrer en ligne de compte *ce qu'on ne voit pas* à côté de ce qu'*on voit*.

Il faut que le lecteur s'attache à bien constater qu'il n'y a pas seulement deux personnages, mais trois dans le petit drame que j'ai soumis à son attention. — L'un, Jacques Bonhomme,

---

[1] Auteur contemporain d'un traité d'économie politique à rebours. J.G.

représente le consommateur réduit par la destruction à une
jouissance au lieu de deux. — L'autre, sous la figure du vitrier,
nous montre le producteur dont l'accident encourage l'industrie.
— Le troisième est le cordonnier (ou tout autre industriel), dont
le travail est découragé d'autant pour la même cause. C'est ce
troisième personnage qu'on tient toujours dans l'ombre et qui,
personnifiant *ce qu'on ne voit pas*, est un élément nécessaire
du problème. C'est lui qui nous fait comprendre combien il est
absurde de voir un profit dans une destruction. C'est lui qui
bientôt nous enseignera qu'il n'est pas moins absurde de voir un
profit dans une restriction, laquelle n'est après tout qu'une
destruction partielle. — Aussi, allez au fond de tous les arguments qu'on fait valoir en sa faveur, vous n'y trouverez que le
paraphrase de ce dicton vulgaire : « *Que deviendraient les vitriers si l'on ne cassait jamais de vitres!* »

II. — Les Machines et l'Industrie.

Préjugés contre les Machines et le développement de l'Industrie. — Bons
effets sociaux des Inventions. — Solidarité des Industries.

« Malédiction sur les machines ! chaque année leur puissance progressive voue au paupérisme des millions d'ouvriers,
en leur enlevant le travail, avec le travail le salaire, avec le salaire le pain ! Malédiction sur les machines ! »
Voilà le cri qui s'élève du préjugé vulgaire et dont l'écho
retentit dans les journaux.
Mais maudire les machines, c'est maudire l'esprit humain !
Ce qui me confond, c'est qu'il puisse se rencontrer un
homme qui se sente à l'aise dans une telle doctrine.
Car enfin, si elle est vraie, quelle en est la conséquence ri-
goureuse ? C'est qu'il n'y a d'activité, de bien-être, de richesses,
de bonheur possibles que pour les peuples stupides, frappés
d'immobilisme mental, à qui Dieu n'a pas fait le don funeste de
penser, d'observer, de combiner, d'inventer, d'obtenir de plus
grands résultats avec de moindres moyens. Au contraire, les

haillons, les huttes ignobles, la pauvreté, l'inanition, sont l'inévitable partage de toute nation qui cherche et trouve dans le fer, le feu, le vent, l'électricité, le magnétisme, les lois de la chimie et de la mécanique, en un mot dans les forces de la nature, un supplément à ses propres forces, et c'est bien le cas de dire avec Rousseau : « Tout homme qui pense est un animal dépravé. »

Ce n'est pas tout : si cette doctrine est vraie, comme tous les hommes pensent et inventent, comme tous, en fait, depuis le premier jusqu'au dernier, et à chaque minute de leur existence, cherchent à faire coopérer les forces naturelles, à faire plus avec moins, à réduire ou leur main-d'œuvre ou celle qu'ils payent, à atteindre la plus grande somme possible de satisfactions avec la moindre somme possible de travail, il faut bien en conclure que l'humanité tout entière est entraînée vers sa décadence, précisément par cette aspiration intelligente vers le progrès qui tourmente chacun de ses membres.

Dès lors il doit être constaté, par la statistique, que les habitants de Lancastre [1], fuyant cette patrie des machines, vont chercher du travail en Irlande, où elles sont inconnues, et, par l'histoire, que la barbarie assombrit les époques de civilisation, et que la civilisation brille dans les temps d'ignorance et de barbarie.

Évidemment, il y a dans cet amas de contradictions quelque chose qui choque et nous avertit que le problème cache un élément de solution qui n'a pas été suffisamment dégagé.

Voici tout le mystère : derrière *ce qu'on voit* gît *ce qu'on ne voit pas*. Je vais essayer de le mettre en lumière.

Ma démonstration ne pourra être qu'une répétition de la précédente, car il s'agit d'un problème identique.

C'est un penchant naturel aux hommes d'aller, s'ils n'en sont empêchés par la violence, vers le *bon marché*, — c'est-à-dire vers ce qui, à satisfaction égale, leur épargne du travail, –

---

[1] Contrée la plus manufacturière de l'Angleterre. J. G.

que ce bon marché leur vienne d'un habile *producteur étranger* ou d'un habile *producteur mécanique*.

L'objection théorique qu'on adresse à ce penchant est la même dans les deux cas. Dans l'un comme dans l'autre, on lui reproche le travail qu'en apparence il frappe d'inertie. Or, du travail rendu non *inerte*, mais *disponible*, c'est précisément ce qui le détermine.

Et c'est pourquoi on lui oppose aussi, dans les deux cas, le même obstacle pratique, la violence. Le législateur *prohibe* la concurrence étrangère[1] et *interdit* la concurrence mécanique. — Car quel autre moyen peut-il exister arrêter un penchant naturel à tous les hommes que de leur ôter la liberté ?

Dans beaucoup de pays, il est vrai, le législateur ne frappe qu'une de ces deux concurrences et se borne à gémir sur l'autre. Cela ne prouve qu'une chose, c'est que, dans ces pays, le législateur est inconséquent.

Cela ne doit pas nous surprendre. Dans une fausse voie, on est toujours inconséquent, sans quoi on tuerait l'humanité. Jamais on n'a vu ni on ne verra un principe faux poussé jusqu'au bout. J'ai dit ailleurs : l'inconséquence est la limite de l'absurdité. J'aurais pu ajouter : elle en est en même temps la preuve.

Venons à notre démonstration ; elle ne sera pas longue.

Jacques Bonhomme avait deux francs qu'il faisait gagner à deux ouvriers.

Mais voici qu'il imagine un arrangement de cordes et de poids qui abrége le travail de moitié.

Donc il obtient la même satisfaction, épargne un franc et congédie un ouvrier.

Il congédie un ouvrier ; *c'est ce qu'on voit*.

Et, ne voyant que cela, on dit : « Voilà comment la misère suit la civilisation, voilà comment la liberté est fatale à l'égalité. L'esprit humain a fait une conquête, et aussitôt un ouvrier est à jamais tombé dans le gouffre du paupérisme. Il se peut ce-

---

[1] Par les prohibitions absolues et les droits de douane élevés. J. G.

pendant que Jacques Bonhomme continue à faire travailler les deux ouvriers, mais il ne leur donnera plus que dix sous à chacun, car ils se feront concurrence entre eux et s'offriront au rabais. C'est ainsi que les riches deviennent toujours plus riches et les pauvres toujours plus pauvres. Il faut refaire la société. »

Belle conclusion et digne de l'exorde !

Heureusement, exorde et conclusion, tout cela est faux, parce que, derrière la moitié du phénomène qu'*on voit*, il y a l'autre moitié qu'*on ne voit pas*.

On ne voit pas le franc épargné par Jacques Bonhomme et les effets nécessaires de cette épargne.

Puisque, par suite de son invention, Jacques Bonhomme ne dépense plus qu'un franc en main-d'œuvre à la poursuite d'une satisfaction déterminée, il lui reste un autre franc.

Si donc il y a dans le monde un ouvrier qui offre ses bras inoccupés, il y a aussi dans le monde un capitaliste qui offre son franc inoccupé. Ces deux éléments se rencontrent et se combinent.

Et il est clair comme le jour qu'entre l'offre et la demande du travail, entre l'offre et la demande du salaire, le rapport n'est nullement changé.

L'invention et un ouvrier payés avec le premier franc font maintenant l'œuvre qu'accomplissaient auparavant deux ouvriers.

Le second ouvrier, payé avec le second franc, réalise une œuvre nouvelle.

Qu'y a-t-il donc de changé dans le monde? Il y a une satisfaction nationale de plus ; en d'autres termes, l'invention est une conquête gratuite, un profit gratuit pour l'humanité.

De la forme que j'ai donnée à ma démonstration, on pourra tirer cette conséquence :

« C'est le capitaliste qui recueille tout le fruit des machines. La classe salariée, si elle n'en souffre que momentanément, n'en profite jamais, puisque, d'après vous-mêmes, elles *déplacent* une portion du travail national sans le *diminuer*, il est vrai, mais aussi sans l'*augmenter*. »

Il n'entre pas dans le plan de cet opuscule de résoudre toutes les objections. Son seul but est de combattre un préjugé vulgaire, très-dangereux et très-répandu. Je voulais prouver qu'une machine nouvelle ne met en disponibilité un certain nombre de bras qu'en mettant ainsi et *forcément* en disponibilité la rémunération qui les salarie. Ces bras et cette rémunération se combinent pour produire ce qu'il était impossible de produire avant l'invention ; d'où il suit qu'*elle donne pour résultat définitif un accroissement de satisfactions, à travail égal.*

Qui recueille cet excédant de satisfactions ?

Oui, c'est d'abord le capitaliste, l'inventeur, le premier qui se sert avec succès de la machine, et c'est là la récompense de son génie et de son audace. Dans ce cas, ainsi que nous venons de le voir, il réalise sur les frais de production une économie, laquelle, de quelque manière qu'elle soit dépensée (et elle l'est toujours), occupe juste autant de bras que la machine en a fait renvoyer.

Mais bientôt la concurrence le force à baisser son prix de vente dans la mesure de cette économie même.

Et alors ce n'est plus l'inventeur qui recueille le bénéfice de l'invention ; c'est l'acheteur du produit, le consommateur, le public, y compris les ouvriers, en un mot, c'est l'humanité.

Et *ce qu'on ne voit pas*, c'est que l'épargne, ainsi procurée à tous les consommateurs, forme un fonds où le salaire puise un aliment qui remplace celui que la machine a tari.

Ainsi, en reprenant l'exemple ci-dessus : Jacques Bonhomme obtient un produit en dépensant 2 francs en salaires.

Grâce à son invention, la main-d'œuvre ne lui coûte plus que 1 franc.

Tant qu'il vend le produit au même prix, il y a un ouvrier de moins occupé à faire ce produit spécial, *c'est ce qu'on voit* ; mais il y a un ouvrier de plus occupé par le franc que Jacques Bonhomme a épargné : *c'est ce qu'on ne voit pas.*

Lorsque, par la marche naturelle des choses, Jacques Bonhomme est réduit à baisser de 1 franc le prix du produit, alors

il ne réalise plus une épargne; alors il ne dispose plus de
1 franc pour commander au travail national une production
nouvelle. Mais à cet égard, son acquéreur est mis à sa place,
et cet acquéreur, c'est l'humanité. Quiconque achète le produit
le paye 1 franc de moins, épargne 1 franc, et tient nécessairement cette épargne au service du fonds des salaires, *c'est encore ce qu'on ne voit pas.*

On a donné de ce problème des machines une autre solution,
fondée sur les faits.   .

On a dit : La machine réduit les frais de production, et fait
baisser le prix du produit. La baisse du produit provoque un
accroissement de consommation, laquelle nécessite un accroissement de production, et, en définitive, l'intervention d'autant
d'ouvriers ou plus, après l'invention, qu'il en fallait avant. On
cite, à l'appui, l'imprimerie, la filature, la presse, etc.

Cette démonstration n'est pas scientifique[1].

Il faudrait en conclure que, si la consommation du produit
spécial dont il s'agit reste stationnaire ou à peu près, la machine nuirait au travail. — Ce qui n'est pas.

Snpposons que dans un pays tous les hommes portent des
chapeaux. Si, par une machine, on parvient à en réduire le
prix de moitié, il ne s'ensuit pas *nécessàirement* qu'on en con-
sommera le double.

Dira-t-on, dans ce cas, qu'une portion de travail national a
été frappée d'inertie? Oui, d'après la démonstration vulgaire.
Non, selon la mienne; car, alors que dans ce pays on n'achète-
rait pas un seul chapeau de plus, le fonds entier des salaires
n'en demeurerait pas moins sauf; ce qui irait de moins à l'industrie chapelière se retrouverait dans l'économie réalisée par
tous les consommateurs, et irait de là salarier tout le travail
que la machine a rendu inutile, et provoquer un développement nouveau de toutes les industries.

Et c'est ainsi que les choses se passent. J'ai vu les journaux
à 80 francs, ils sont maintenant à 48. C'est une économie de

[1] Elle est bien scientifique; mais elle n'est pas suffisante. J. C.

32 francs pour les abonnés. Il n'est pas certain, il n'est pas, du moins, nécessaire que les 52 francs continuent à prendre la direction de l'industrie du journaliste ; mais ce qui est certain, ce qui est nécessaire, c'est que, s'ils ne prennent cette direction, ils en prennent une autre. L'un s'en sert pour recevoir plus de journaux, l'autre pour se mieux nourrir, un troisième pour se mieux vêtir, un quatrième pour se mieux meubler.

Ainsi les industries sont solidaires. Elles forment un vaste ensemble dont toutes les parties communiquent par des canaux secrets. Ce qui est économisé sur l'une profite à toutes. Ce qui importe, c'est de bien comprendre que jamais, au grand jamais, les économies n'ont lieu aux dépens du travail et des salaires.

III. — Le Commerce et les Intermédiaires.

Préjugés et fausses doctrines contre le Commerce individuel, en faveur du Commerce par l'État. — Avantages sociaux de la Division du travail et de l'Échange. — Économie par le commerce, dont la liberté est la meilleure organisation pour l'approvisionnement.

La société est l'ensemble des services que les hommes se rendent forcément ou volontairement les uns aux autres, c'est-à-dire des *services publics* et des *services privés*.

Les premiers, imposés et réglementés par la loi, qu'il n'est pas toujours aisé de changer quand il le faudrait, peuvent survivre longtemps, avec elle, à leur propre utilité, et conserver encore le nom de *services publics*, même quand ils ne sont plus des services du tout, même quand ils ne sont plus que de publiques vexations.

Les seconds sont du domaine de la volonté, de la responsabilité individuelle. Chacun en rend et en reçoit ce qu'il veut, ce qu'il peut, après débat contradictoire. Ils ont toujours pour eux la présomption d'utilité réelle, exactement mesurée par leur valeur comparative.

C'est pourquoi ceux-là sont si souvent frappés d'immobilisme, tandis que ceux-ci obéissent à la loi du progrès.

Pendant que le développement exagéré des services publics, par la déperdition de forces qu'il entraîne, tend à constituer au sein de la société un funeste parasitisme, il est assez singulier que plusieurs sectes modernes[1], attribuant ce caractère aux services libres et privés, cherchent à transformer les professions en fonctions.

Ces sectes s'élèvent avec force contre ce qu'elles nomment les *intermédiaires*. Elles supprimeraient volontiers le capitaliste, le banquier, le spéculateur, l'entrepreneur, le marchand et le négociant, les accusant de s'interposer entre la production et la consommation pour les rançonner toutes deux, sans leur rendre aucune valeur. — Ou plutôt elles voudraient transférer à l'État l'œuvre qu'ils accomplissent, car cette œuvre ne saurait être supprimée.

Le sophisme des socialistes sur ce point consiste à montrer au public ce qu'il paye aux *intermédiaires* en échange de leurs services, et à lui cacher ce qu'il faudrait payer à l'État. C'est toujours la lutte entre ce qui frappe les yeux et ce qui ne se montre qu'à l'esprit, entre *ce qu'on voit* et *ce qu'on ne voit pas.*

Ce fut surtout en 1847 et à l'occasion de la disette, que les écoles socialistes cherchèrent et réussirent à populariser leur funeste théorie. Elles savaient bien que la plus absurde propagande a toujours quelques chances auprès des hommes qui souffrent : *malesuada fames.*

Donc, à l'aide des grands mots : *exploitation de l'homme par l'homme, spéculation sur la faim, accaparement*, elles se mirent à dénigrer le commerce et à jeter un voile sur ses bienfaits.

« Pourquoi, disaient-elles, laisser aux négociants le soin de faire venir des subsistances des États-Unis et de la Crimée? pourquoi l'État, les départements, les communes n'organisent-ils pas un service d'approvisionnements et des magasins de ré-

---

[1] Écoles socialistes, ayant proposé diverses réorganisations de la société. Voy. p. 166, 199.

serve? Ils vendraient au *prix de revient* et le peuple, le pauvre peuple, serait affranchi du tribut qu'il paye au commerce libre, c'est-à-dire égoïste, individualiste et anarchique. »

Le tribut que le peuple paye au commerce, *c'est ce qu'on voit.* Le tribut que le peuple payerait à l'État ou à ses agents, dans le système socialiste, *c'est ce qu'on ne voit pas.*

En quoi consiste ce prétendu tribut que le peuple paye au commerce? En ceci : que deux hommes se rendent réciproquement service, en toute liberté, sous la pression de la concurrence et à prix débattu.

Quand l'estomac qui a faim est à Paris et que le blé qui peut le satisfaire est à Odessa, la souffrance ne peut cesser que le blé ne se rapproche de l'estomac. Il y a trois moyens pour que ce rapprochement s'opère : 1° les hommes affamés peuvent aller eux-mêmes chercher le blé ; 2° ils peuvent s'en remettre à ceux qui font ce métier ; 3° ils peuvent se cotiser et charger des fonctionnaires publics de l'opération.

De ces trois moyens, quel est le plus avantageux?

En tout temps, en tout pays, et d'autant plus qu'ils sont plus libres, plus éclairés, plus expérimentés, les hommes ayant *volontairement* choisi le second, j'avoue que cela suffit pour mettre, à mes yeux, la présomption de ce côté. Mon esprit se refuse à admettre que l'humanité en masse se trompe sur un point qui la touche de si près.

Examinons cependant.

Que trente-six millions de citoyens partent pour aller chercher à Odessa le blé dont ils ont besoin, cela est évidemment inexécutable. Le premier moyen ne vaut rien. Les consommateurs ne pouvant agir par eux-mêmes, force leur est d'avoir recours à des *intermédiaires*, fonctionnaires ou négociants.

Remarquons cependant que ce premier moyen serait le plus naturel. Au fond, c'est à celui qui a faim d'aller chercher son blé. C'est une *peine* qui le regarde ; c'est un *service* qu'il se doit à lui-même. Si un autre, à quelque titre que ce soit, lui rend ce *service* et prend cette peine pour lui, cet autre a droit à une compensation. Ce que je dis ici, c'est pour constater que les services des intermédiaires portent en eux le principe de la rémunération.

Quoi qu'il en soit, puisqu'il faut recourir à ce que les socialistes nomment un parasite, quel est, du négociant ou du fonctionnaire, le parasite le moins exigeant?

Le commerce (je le suppose libre, sans quoi comment pourrais-je raisonner?), le commerce, dis-je, est porté, par intérêt, à étudier les saisons, à constater jour par jour l'état des récoltes, à recevoir des informations de tous les points du globe, à prévoir les besoins, à se précautionner d'avance. Il a des navires tout prêts, des correspondants partout, et son intérêt immédiat est d'acheter au meilleur marché possible, d'économiser sur tous les détails de l'opération, et d'atteindre les plus grands résultats avec les moindres efforts. Ce ne sont pas seulement les négociants français, mais les négociants du monde entier qui s'occupent de l'approvisionnement de la France pour le jour du besoin : et si l'intérêt les porte invinciblement à remplir leur tâche aux moindres frais, la concurrence qu'ils se font entre eux les porte non moins invinciblement à faire profiter les consommateurs de toutes les économies réalisées. Le blé arrivé, le commerce a intérêt à le vendre au plus tôt pour éteindre ses risques, réaliser ses fonds et recommencer s'il y a lieu. Dirigé par la comparaison des prix, il distribue les aliments sur toute la surface du pays, en commençant toujours par le point le plus cher, c'est-à-dire où le besoin se fait le plus sentir. Il n'est donc pas possible d'imaginer une *organisation* mieux calculée dans l'intérêt de ceux qui ont faim, et la beauté de cette organisation, inaperçue des socialistes, résulte précisément de ce qu'elle est libre. — A la vérité, le consommateur est obligé de rembourser au commerce ses frais de transports, de transbordement, de magasinage, de commission, etc. ; mais dans quel système ne faut-il pas que celui qui mange le blé rembourse les frais qu'il faut faire pour qu'il soit à sa portée? Il y a de plus à payer la rémunération du *service rendu;* mais quant à sa quotité, elle est réduite au *minimum* possible par la concurrence; et, quant à sa justice, il serait étrange que les artisans

de Paris ne travaillassent pas pour les négociants de Marseille,
quand les négociants de Marseille travaillent pour les artisans de
Paris.

Que, selon l'invention socialiste, l'État se substitue au commerce, qu'arrivera-t-il? Je prie qu'on me signale où sera, pour
le public, l'économie. Sera-t-elle dans le prix d'achat? Mais
qu'on se figure les délégués de quarante mille communes arrivant à Odessa à un jour donné et au jour du besoin ; qu'on se
figure l'effet sur les prix. Sera-t-elle dans les frais? Mais faudra-t-il moins de navires, moins de marins, moins de transbordements, moins de magasinages, ou sera-t-on dispensé de
payer toutes ces choses? Sera-t-elle dans le profit des négociants? Mais est-ce que vos délégués et vos fonctionnaires iront
pour rien à Odessa : est-ce qu'ils voyageront et travailleront sur
le principe de la fraternité? Ne faudra-t-il pas qu'ils vivent? ne
faudra-t-il pas que leur temps soit payé? Et croyez-vous que
cela ne dépassera pas mille fois les deux ou trois pour cent que
gagne le négociant, taux auquel il est prêt à souscrire?
Et puis songez à la difficulté de lever tant d'impôts, de répartir tant d'aliments. Songez aux injustices, aux abus inséparables d'une telle entreprise. Songez à la responsabilité qui pèserait sur le gouvernement.

Les socialistes qui ont inventé ces folies, et qui, aux jours
de malheur, les soufflent dans l'esprit des masses, se décernent libéralement le titre d'*hommes avancés*, et ce n'est pas sans
quelque danger que l'usage, ce tyran des langues, ratifie le mot
et le jugement qu'il implique. *Avancés!* ceci suppose que ces
messieurs ont la vue plus longue que le vulgaire; que leur seul
tort est d'être trop en avant du siècle; et que, si le temps n'est
pas encore venu de supprimer certains services libres, prétendus parasites, la faute en est au public, qui est en arrière du
socialisme. En mon âme et conscience, c'est le contraire qui
est vrai, et je ne sais à quel siècle barbare il faudrait remonter pour trouver, sur ce point, le niveau des connaissances socialistes.

Les sectaires modernes opposent sans cesse l'association à la société actuelle. Ils ne prennent pas garde que la société, sous un régime libre, est une association véritable, bien supérieure à toutes celles qui sortent de leur féconde imagination.

Élucidons ceci par un exemple :

Pour qu'un homme puisse, en se levant, revêtir un habit, il faut qu'une terre ait été close, défrichée, desséchée, labourée, ensemencée d'une certaine sorte de végétaux ; il faut que des troupeaux s'en soient nourris, qu'ils aient donné leur laine, que cette laine ait été filée, tissée, teinte et convertie en drap ; que ce drap ait été coupé, cousu, façonné en vêtement. Et cette série d'opérations en implique une foule d'autres ; car elle suppose l'emploi d'instruments aratoires, de bergeries, d'usines, de houille, de machines, de voitures, etc.

Si la société n'était pas une association très-réelle, celui qui veut un habit serait réduit à travailler dans l'isolement, c'est-à-dire à accomplir lui-même les actes innombrables de cette série, depuis le premier coup de pioche qui le commence jusqu'au dernier coup d'aiguille qui le termine.

Mais, grâce à la sociabilité, qui est le caractère distinctif de notre espèce, ces opérations se sont distribuées entre une multitude de travailleurs, et elles se subdivisent de plus en plus pour le bien commun, à mesure que, la consommation devenant plus active, un acte spécial peut alimenter une industrie nouvelle. Vient ensuite la répartition du produit, qui s'opère suivant le contingent de valeur que chacun a apporté à l'œuvre totale. Si ce n'est pas là de l'association, je demande ce que c'est.

Remarquez qu'aucun des travailleurs n'ayant tiré du néant la moindre particule de matière, ils se sont bornés à se rendre des services réciproques, à s'entr'aider dans un but commun, et que tous peuvent être considérés, les uns à l'égard des autres, comme des *intermédiaires*. Si, par exemple, dans le cours de l'opération, le transport devient assez important pour occuper une personne, le filage une seconde, le tissage une troisième, pourquoi la première serait-elle regardée comme plus *parasite* que les deux autres ? Ne faut-il pas que le transport se

fasse? Celui qui le fait n'y consacre-t-il pas du temps et de la
peine? n'en épargne-t-il pas à ses associés? Ceux-ci font-ils
plus ou autre chose pour lui? ne sont-ils pas tous également
soumis pour la rémunération, c'est-à-dire pour le partage du
produit à la loi du *prix débattu*? N'est-ce pas, en toute liberté, pour le bien commun que cette séparation de travaux
s'opère et que ces arrangements sont pris? Qu'avons-nous donc
besoin qu'un socialiste, sous prétexte d'organisation, vienne
despotiquement détruire nos arrangements volontaires, arrêter
la division du travail, substituer les efforts isolés aux efforts
associés et faire reculer la civilisation? L'association, telle que
je la décris ici, en est-elle moins association, parce que chacun
y entre et en sort librement, y choisit sa place, juge et stipule
pour lui-même sous sa responsabilité, et y apporte le ressort
et la garantie de l'intérêt personnel? Pour qu'elle mérite ce
nom, est-il nécessaire qu'un prétendu réformateur vienne nous
imposer sa formule et sa volonté et concentrer, pour ainsi dire,
l'humanité en lui-même?

Plus on examine ces *écoles avancées*, plus on reste convaincu
qu'il n'y a qu'une chose au fond : l'ignorance se proclamant
infaillible et réclamant le despotisme au nom de cette infailli-
bilité.

Que le lecteur veuille bien excuser cette digression. Elle n'est
peut-être pas inutile au moment où, échappées à des livres
saint-simoniens, phalanstériens et icariens [1], les déclamations
contre les intermédiaires envahissent le journalisme et la tribune, et menacent sérieusement la liberté du travail et des
transactions.

[1] Disciples de Saint-Simon de Fourier, de Cabet. Voy. p. 173. J. G.

IV. — Les obstacles au Libre Commerce ou la Restriction.

La légende de M. Prohibant. — Perte résultant des obstacles au libre commerce. — Illusions à propos du Travail national. — La spoliation légale.

M. Prohibant (ce n'est pas moi qui l'ai nommé, c'est M. Charles Dupin, qui depuis... mais alors...) [1], M. Prohibant consacrait son temps et ses capitaux à convertir en fer le minerai de ses terres. Comme la nature avait été plus prodigue envers les Belges, ils donnaient le fer aux Français à meilleur marché que M. Prohibant, ce qui signifie que tous les Français, ou la France, pouvaient obtenir une quantité donnée de fer *avec moins de travail*, en l'achetant aux honnêtes Flamands. Aussi, guidés par leur intérêt, ils n'y faisaient faute, et tous les jours on voyait une multitude de cloutiers, forgerons, charrons, mécaniciens, maréchaux ferrants et laboureurs, aller par eux-mêmes, ou par des intermédiaires, se pourvoir en Belgique. Cela déplut fort à M. Prohibant.

D'abord l'idée lui vint d'arrêter cet abus par ses propres forces. C'était bien le moins, puisque lui seul en souffrait. Je prendrai ma carabine, se dit-il, je mettrai quatre pistolets à ma ceinture, je garnirai ma giberne, je ceindrai ma flamberge, et je me porterai, ainsi équipé, à la frontière. Là, le premier forgeron, cloutier, maréchal, mécanicien ou serrurier qui se présente pour faire ses affaires et non les miennes, je le tue pour lui apprendre à vivre.

Au moment de partir, M. Prohibant fit quelques réflexions qui tempérèrent un peu son ardeur belliqueuse. Il se dit : D'abord il n'est pas absolument impossible que les acheteurs de fer, mes compatriotes et ennemis, ne prennent mal la chose, et qu'au lieu de se laisser tuer, ils ne me tuent moi-même. Ensuite, même en faisant marcher tous mes domestiques, nous

---

[1] Allusion à un des premiers écrits de ce savant en faveur de la liberté commerciale. J. G.

ne pourrons garder tous les passages. Enfin le procédé me coûtera fort cher, plus cher que ne vaut le résultat.

M. Prohibant allait tristement se résigner à n'être que libre comme tout le monde, quand un trait de lumière vint illuminer son cerveau.

Il se rappela qu'il y a à Paris une grande fabrique de lois[1]. Qu'est-ce qu'une loi ? se dit-il. C'est une mesure à laquelle, une fois décrétée, bonne ou mauvaise, chacun est tenu de se conformer. Pour l'exécution d'icelle, on organise une force publique, et pour constituer ladite force publique, on puise dans la nation des hommes et de l'argent.

Si donc j'obtenais qu'il sortît de la grande fabrique parisienne une toute petite loi portant : « Le fer belge est prohibé, » j'atteindrais les résultats suivants : le gouvernement ferait remplacer les quelques valets que je voulais envoyer à la frontière par vingt mille fils de mes forgerons, serruriers, cloutiers, maréchaux, artisans, mécaniciens et laboureurs récalcitrants. Puis, pour tenir en bonne disposition de joie et de santé ces vingt mille douaniers, il leur distribuerait vingt-cinq millions de francs pris à ces mêmes forgerons, cloutiers, artisans et laboureurs. La garde en serait mieux faite ; elle ne me coûterait rien, je ne serais pas exposé à la brutalité des brocanteurs, je vendrais le fer à mon prix, et je jouirais de la douce récréation de voir notre grand peuple honteusement mystifié. Cela lui apprendrait à se proclamer sans cesse le précurseur et le promoteur de tout progrès en Europe. Oh ! le trait serait piquant et vaut la peine d'être tenté.

Donc M. Prohibant se rendit à la fabrique de lois. — Une autre fois peut-être, je raconterai l'histoire de ses sourdes menées ; aujourd'hui je ne veux parler que de ses démarches ostensibles. — Il fit valoir auprès de MM. les législateurs cette considération :

« Le fer belge se vend en France à dix francs, ce qui me force de vendre le mien au même prix. J'aimerais mieux le

---

[1] Les chambres législatives, dont la majorité a été hostile à la liberté commerciale dans les trois époques de la Restauration, de la Révolution de juillet et de la République de 1848-1851. J. G.

vendre à quinze et ne le puis à cause de ce fer belge, que Dieu maudisse. Fabriquez une loi qui disè : « Le fer belge n'entrera « plus en France. » Aussitôt j'élève mon prix de cinq francs, et voici les conséquences :

« Pour chaque quintal de fer que je livrerai au public, au lieu de recevoir dix francs, j'en toucherai quinze, je m'enrichirai plus vite ; je donnerai plus d'étendue à mon exploitation, j'occuperai plus d'ouvriers. Mes ouvriers et moi ferons plus de dépense, au grand avantage de nos fournisseurs à plusieurs lieues à la ronde. Ceux-ci ayant plus de débouchés, feront plus de commandes à l'industrie, et de proche en proche, l'activité gagnera tout le pays. Cette bienheureuse pièce de cent sous que vous ferez tomber dans mon coffre-fort, comme une pierre qu'on jette dans un lac, fera rayonner au loin un nombre infini de cercles concentriques. »

Charmés de ce discours, enchantés d'apprendre qu'il est si aisé d'augmenter législativement la fortune d'un peuple, les fabricants de lois votèrent la restriction. Que parle-t-on de travail et d'économie ? disaient-ils. A quoi bon ces pénibles moyens d'augmenter la richesse nationale, puisqu'un décret y suffit ?

Et en effet la loi eut toutes les conséquenees annoncées par M. Prohibant ; seulement elle en eut d'autres aussi, car, rendons-lui justice, il n'avait pas fait un raisonnement *faux*, mais un raisonnement *incomplet*. En réclamant un privilége, il en avait signalé les effets qu'*on voit*, laissant dans l'ombre ceux qu'*on ne voit pas*. Il n'avait montré que deux personnages, quant il y en a trois en scène. C'est à nous de réparer cet oubli involontaire ou prémédité.

Oui, l'écu détourné ainsi législativement vers le coffre-fort de M. Prohibant, constitue un avantage pour lui et pour ceux dont il doit encourager le travail. — Et si le décret avait fait descendre cet écu de la lune, ces bons effets ne seraient contrebalancés par aucuns mauvais effets compensateurs. Malheureusement ce n'est pas de la lune que sort la mystérieuse pièce de cent sous, mais bien de la poche d'un forgeron, cloutier, charron, maréchal, laboureur, constructeur, en un mot, de

Jacques Bonhomme, qui la donne aujourd'hui sans recevoir un milligramme de fer de plus que du temps où il le payait dix francs. Au premier coup d'œil, on doit s'apercevoir que ceci change bien la question, car bien évidemment le *profit* de M. Prohibant est compensé par la *perte* de Jacques Bonhomme, et tout ce que M. Prohibant pourra faire de cet écu pour l'encouragement du travail national, Jacques Bonhomme l'eût fait de même. La pierre n'est jetée sur un point du lac que parce qu'elle a été législativement empêchée d'être jetée sur un autre.

Donc *ce qu'on ne voit pas* compense *ce qu'on voit*, et jusqu'ici il reste, pour résidu de l'opération, une injustice, et, chose déplorable ! une injustice perpétrée par la loi.

Ce n'est pas tout. J'ai dit qu'on laissait toujours dans l'ombre un troisième personnage. Il faut que je le fasse ici paraître, afin qu'il nous révèle une *seconde perte* de cinq francs. Alors nous aurons le résultat de l'évolution tout entière.

Jacques Bonhomme est possesseur de 15 francs, fruit de ses sueurs. Nous sommes encore au temps où il est libre. Que fait-il de ses quinze francs ? Il achète un article de mode pour 10 francs, et c'est avec cet article de mode qu'il paye (ou que l'intermédiaire paye pour lui) le quintal de fer belge. Il reste encore à Jacques Bonhomme 5 francs. Il ne les jette pas dans la rivière, mais (et c'est *ce qu'on ne voit pas*) il les donne à un industriel quelconque, par exemple à un libraire, contre le *Discours sur l'histoire universelle* de Bossuet.

Ainsi, en ce qui concerne le *travail national*, il est encouragé dans la mesure de 15 francs, savoir : — 10 francs qui vont à l'article de Paris ; — 5 francs qui vont à la librairie. — Et quant à Jacques Bonhomme, il obtient, pour ses 15 francs, deux objets de satisfaction, savoir : 1° un quintal de fer ; — 2° un livre.

Survient le décret.

Que devient la condition de Jacques Bonhomme ? que devient celle du travail national ?

Jacques Bonhomme livrant ses 15 francs jusqu'au dernier centime à M. Prohibant, contre un quintal de fer, n'a plus que la jouissance de ce quintal de fer. Il perd la jouissance d'un livre ou de tout autre objet équivalent. Il perd 5 francs. On en convient; on ne peut pas ne pas en convenir; on ne peut pas ne pas convenir que lorsque la restriction hausse le prix des choses, le consommateur perd la différence.

Mais, dit-on, le *travail national* la gagne.

Non, il ne la gagne pas ; car, depuis le décret, il n'est encouragé que comme il l'était avant, dans la mesure de 15 francs.

Seulement, depuis le décret, les 15 francs de Jacques Bonhomme vont à la métallurgie, tandis qu'avant le décret ils se partageaient entre l'article de modes et de librairie.

La violence qu'exerce par lui-même M. Prohibant à la frontière ou celle qu'il y fait exercer par la loi peuvent être jugées fort différemment au point de vue moral. Il y a des gens qui pensent que la spoliation perd toute son immoralité pourvu qu'elle soit légale. Quant à moi, je ne saurais imaginer une circonstance plus aggravante. Quoi qu'il en soit, ce qui est certain, c'est que les résultats économiques sont les mêmes.

Tournez la chose comme vous voudrez, mais ayez l'œil sagace, et vous verrez qu'il ne sort rien de bon de la spoliation légale ou illégale. Nous ne nions pas qu'il n'en sorte pour M. Prohibant ou son industrie, ou si l'on veut pour le travail national, un profit de 5 francs. Mais nous affirmons qu'il en sort aussi deux pertes, l'une pour Jacques Bonhomme qui paye 15 francs ce qu'il avait pour 10 ; l'autre pour le travail national qui ne reçoit plus la différence. Choisissez celle de ces deux pertes avec laquelle il vous plaise de compenser le profit que nous avouons. L'autre n'en constituera pas moins une *perte sèche*.

Moralité : Violenter n'est pas produire, c'est détruire. Oh ! si violenter c'était produire, notre France serait plus riche qu'elle n'est.

V. — Droit au Travail, Droit au Profit.

Analogie de ces deux injustes et dangereuses prétentions, procédant
de l'erreur ci-dessus.

« Frères, cotisez-vous pour me fournir de l'ouvrage à votre
prix. » — C'est le droit au travail, le socialisme élémentaire ou
de premier degré.

« Frères, cotisez-vous pour me fournir de l'ouvrage à mon
prix. » C'est le droit au profit, le socialisme raffiné ou de second degré.

L'un et l'autre vivent par ceux de leurs effets qu'*on voit*. Ils
mourront par ceux de leurs effets qu'*on ne voit pas*.

Ce qu'on voit, c'est le travail et le profit excités par la cotisation sociale. *Ce qu'on ne voit pas*, ce sont les travaux et les
profits auxquels donnerait lieu cette même cotisation si on la
laissait aux contribuables.

En 1848, le droit au travail se montra un moment sous deux
faces. Cela suffit pour le ruiner dans l'opinion publique.

L'une de ces faces s'appelait : *Atelier national*.

L'autre : *Quarante-cinq centimes*[1].

Des millions allaient tous les jours de la rue de Rivoli aux
ateliers nationaux. C'est le beau côté de la médaille.

Mais en voici le revers. Pour que des millions sortent d'une
caisse, il faut qu'ils y soient entrés. C'est pourquoi les organisa-
teurs du droit au travail s'adressèrent aux contribuables.

Or les paysans disaient : Il faut que je paye 45 centimes.
Donc, je me priverai d'un vêtement, je ne marnerai pas mon
champ, je ne réparerai pas ma maison.

Et les ouvriers de campagne disaient : Puisque notre bourgeois se prive d'un vêtement, il y aura moins de travail pour le
tailleur. Puisqu'il ne marne pas son champ, il y aura moins de
travail pour le terrassier ; puisqu'il ne fait pas réparer sa mai-

---

[1] Les ateliers nationaux (pour terrassements, etc.), furent institués afin
de fournir un petit salaire aux ouvriers sans travail par suite de la crise.
— L'impôt des 45 centimes fut un prélèvement de 45 centièmes des
quatre contributions directes, en sus de ces contributions. J. G.

son, il y aura moins de travail pour le charpentier et le maçon.

Il fut alors prouvé qu'on ne tire pas d'un sac deux moutures, et que *travail soldé par le gouvernement se fait aux dépens du travail payé par le contribuable.* Ce fut là la mort du droit au travail, qui apparut comme une chimère, autant que comme une injustice.

Et cependant, le droit au profit, qui n'est que l'exagération du droit au travail, vit encore et se porte à merveille.

N'y a-t-il pas quelque chose de honteux dans le rôle que le protectionniste fait jouer à la société ?

Il lui dit :

Il faut que tu me donnes du travail, et, qui plus est, du travail lucratif. J'ai sottement choisi une industrie qui me laisse dix pour cent de perte. Si tu frappes une contribution de vingt francs sur mes compatriotes et si tu me la livres, ma perte se convertira en profit. Or le profit est un droit ; tu me le dois.

La société qui écoute ce sophisme, qui se charge d'impôts pour le satisfaire, qui ne s'aperçoit pas que la perte essuyée par une industrie qui n'en est pas moins une perte, parce qu'on force les autres à la combler, cette société, dis-je, mérite le fardeau qu'on lui inflige.

VI. — Le Crédit.

Rôle du Numéraire et du Capital dans le prêt. — Illusions et Préjugés.— Comment on doit favoriser le développement du Crédit.

De tous les temps, mais surtout dans les dernières années, on a songé à universaliser la richesse en universalisant le crédit.

Je ne crois pas exagérer en disant que, depuis la révolution de Février, les presses parisiennes ont vomi des milliers de brochures préconisant cette solution du *problème social.*

Cette solution, hélas ! a pour base une pure illusion d'optique, si tant est qu'une illusion soit une base.

On commence par confondre le Numéraire avec les Produits, puis on confond le Papier-monnaie avec le Numéraire, et c'est *de ces deux confusions qu'on prétend dégager une réalité.*

Il faut absolument, dans cette question, oublier l'argent, la monnaie, les billets et les autres instruments au moyen desquels les produits passent de main en main, pour ne voir que les produits eux-mêmes, qui sont la véritable matière du prêt.

Car, quand un laboureur emprunte cinquante francs pour acheter une charrue, ce n'est pas en réalité cinquante francs qu'on lui prête, c'est la charrue.

Et quand un marchand emprunte vingt mille francs pour acheter une maison, ce n'est pas vingt mille francs qu'il doit, c'est la maison.

L'argent n'apparaît là que pour faciliter l'arrangement entre plusieurs parties.

Pierre peut n'être pas disposé à prêter sa charrue, et Jacques peut l'être à prêter son argent. Que fait alors Guillaume? Il emprunte l'argent de Jacques, et, avec cet argent, il achète la charrue de Pierre.

Mais, en fait, nul n'emprunte de l'argent pour l'argent lui-même. On emprunte l'argent pour arriver aux produits.

Or, dans aucun pays, il ne peut se transmettre d'une main à l'autre plus de produits qu'il n'y en a.

Quelle que soit la somme de numéraire et de papier qui circule, l'ensemble des emprunteurs ne peut recevoir plus de charrues, de maisons, d'outils, d'approvisionnements de matières premières, que l'ensemble des prêteurs n'en peut fournir.

Car mettons-nous bien dans la tête que tout emprunteur suppose un prêteur, et que tout emprunt implique un prêt.

Cela posé, quel bien peuvent faire les institutions de crédit? C'est de faciliter, entre les emprunteurs et les prêteurs, le moyen de se trouver et de s'entendre. Mais, ce qu'elles ne peuvent faire, c'est d'augmenter instantanément la masse des objets empruntés et prêtés.

Il le faudrait cependant pour que le but des réformateurs fût atteint, puisqu'ils n'aspirent à rien moins qu'à mettre des charrues, des maisons, des outils, des approvisionnements, des matières premières entre les mains de tous ceux qui en désirent.

Et pour cela qu'imaginent-ils ?

Donner au prêt la garantie de l'État.

Approfondissons la matière, car il y a là quelque chose qu'*on voit* et quelque chose qu'*on ne voit pas*. Tâchons de voir les deux choses.

Supposez qu'il n'y ait qu'une charrue dans le monde et que deux laboureurs y prétendent.

Pierre est possesseur de la seule charrue qui soit disponible en France. Jean et Jacques désirent l'emprunter. Jean par sa probité, par ses propriétés, par sa bonne renommée offre des garanties. On *croit* en lui ; il a du *crédit*. Jacques n'inspire pas de confiance ou en inspire moins. Naturellement il arrive que Pierre prête sa charrue à Jean.

Mais voici que, sous l'inspiration socialiste, l'État intervient, et dit à Pierre : Prêtez votre charrue à Jacques, je vous garantis le remboursement, et cette garantie vaut mieux que celle de Jean, car il n'a que lui pour répondre de lui-même, et moi, je dispose de la fortune de tous les contribuables, c'est avec leurs deniers qu'au besoin je vous payerai le principal et l'intérêt.

En conséquence, Pierre prête sa charrue à Jacques : *c'est ce qu'on voit.*

Et les socialistes se frottent les mains, disant : Voyez comme notre plan a réussi. Grâce à l'intervention de l'État, le pauvre Jacques a une charrue. Il ne sera plus obligé à bêcher la terre ; le voilà sur la route de la fortune. C'est un bien pour lui et un profit pour la nation prise en masse.

Eh non ! messieurs, ce n'est pas un profit pour la nation, car voici ce qu'*on ne voit pas*.

On ne voit pas que la charrue n'a été à Jacques que parce qu'elle n'a pas été à Jean.

On ne voit pas que si Jacques laboure au lieu de bêcher, Jean sera réduit à bêcher au lieu de labourer.

Que, par conséquent, ce qu'on considérait comme un *accrois-sement* de prêt n'est qu'un *déplacement* de prêt.

En outre, *on ne voit pas* que ce déplacement implique de profondes injustices.

Injustice envers Jean, qui après avoir mérité et conquis le *crédit* par sa probité et son activité, s'en voit dépouillé.

Injustice envers les contribuables, exposés à payer une dette qui ne les regarde pas.

Dira-t-on que le gouvernement offre à Jean les mêmes facili-tés qu'à Jacques ? Mais puisqu'il n'y a qu'une charrue disponi-ble, deux ne peuvent être prêtées. L'argument revient toujours à dire que, grâce à l'intervention de l'État, il se fera plus d'em-prunts qu'il ne peut se faire de prêts, car la charrue représente ici la masse des capitaux disponibles.

J'ai réduit, il est vrai, l'opération à son expression la plus simple ; mais, éprouvez à la même pierre de touche les insti-tutions gouvernementales de crédit les plus compliquées, vous vous convaincrez qu'elles ne peuvent avoir que ce résultat : *déplacer* le crédit, non l'*accroître*. Dans un pays et dans un temps donné, il n'y a qu'une certaine somme de capitaux en disponibilité, et tous se placent. En garantissant des insolvables, l'État peut bien augmenter le nombre des emprunteurs, faire hausser ainsi le taux de l'intérêt (toujours au préjudice du con-tribuable), mais, ce qu'il ne peut faire, c'est augmenter le nombre des prêteurs et l'importance du total des prêts.

Qu'on ne m'impute point, cependant, une conclusion dont Dieu me préserve. Je dis que la loi ne doit point favoriser arti-ficiellement les emprunts ; mais je ne dis pas qu'elle doive artificiellement les entraver. S'il se trouve dans notre régime hypothécaire ou ailleurs des obstacles à la diffusion et à l'appli-cation du crédit, qu'on les fasse disparaître ; rien de mieux, rien de plus juste. Mais c'est là, avec la liberté, tout ce que doivent demander à la loi des réformateurs dignes de ce nom.

VII. — Dépenses privées.

Épargne et Luxe. — Rôle social de l'économe et du prodigue.

Ce n'est pas seulement en matière de dépenses publiques que *ce qu'on voit* éclipse *ce qu'on ne voit pas* En laissant dans l'ombre la moitié de l'économie politique, ce phénomène induit à une fausse morale. Il porte les nations à considérer comme antagonistes leurs intérêts moraux et leurs intérêts matériels. Quoi de plus décourageant et de plus triste !

Voyez :

Il n'y a pas de père de famille qui ne se fasse un devoir d'enseigner à ses enfants l'ordre, l'arrangement, l'esprit de conservation, l'économie, la modération dans les dépenses.

Il n'y a pas de père qui ne tonne contre le faste et le luxe. C'est fort bien ; mais, d'un autre côté, quoi de plus populaire que ces sentences :

« Thésauriser, c'est dessécher les veines du peuple. »

« Le luxe des grands fait l'aisance des petits. »

« Les prodigues se ruinent, mais ils enrichissent l'État. »

« C'est sur le superflu du riche que germe le pain du pauvre. »

Voilà, certes, entre l'idée morale et l'idée sociale une flagrante contradiction. Que d'esprits éminents, après avoir constaté le conflit, reposent en paix ! C'est ce que je n'ai jamais pu comprendre ; car il me semble qu'on ne peut rien éprouver de plus douloureux que d'apercevoir deux tendances opposées dans l'humanité. Quoi ! elle arrive à la dégradation par l'une comme par l'autre extrémité ! économe, elle tombe dans la misère ; prodigue, elle s'abîme dans la déchéance morale !

Heureusement que les maximes vulgaires montrent sous un faux jour l'épargne et le luxe, ne tenant compte que de ces conséquences immédiates *qu'on voit*, et non des effets ultérieurs *qu'on ne voit pas*.

Essayons de rectifier cette vue incomplète.

Mondor et son frère Ariste, ayant partagé l'héritage parternel,
ont chacun cinquante mille francs de rentes. Mondor pratique
la philanthropie à la mode. C'est ce qu'on nomme un bourreau
d'argent. Il renouvelle son mobilier plusieurs fois par an,
change ses équipages tous les mois; on cite les ingénieux procédés auxquels il a recours pour en avoir plus tôt fini : bref, il
fait pâlir les viveurs de Balzac et d'Alexandre Dumas.

Aussi il faut entendre le concert d'éloges qui toujours l'envi-
ronne ! « Parlez-nous de Mondor! vive Mondor! C'est le bienfaiteur de l'ouvrier: c'est la providence du peuple. A la vérité, il
se vautre dans l'orgie, il éclabousse les passants ; sa dignité et
la dignité humaine en souffrent quelque peu... Mais, bah ! s'il
ne se rend pas utile par lui-même, il se rend utile par sa fortune. Il fait circuler l'argent ; sa cour ne désemplit pas de
fournisseurs qui se retirent toujours satisfaits. Ne dit-on pas
que si l'or est rond, c'est pour qu'il roule? »

Ariste a adopté un plan de vie bien différent. S'il n'est pas
un égoïste, il est au moins un *individualiste*, car il raisonne
ses dépenses, ne recherche que des jouissances modérées et
raisonnables, songe à l'avenir de ses enfants, et, pour lâcher
le mot, il *économise*.

Et il faut entendre ce que dit de lui le vulgaire !

« A quoi bon ce mauvais riche, ce fesse-mathieu? Sans doute,
il y a quelque chose d'imposant et de touchant dans la simpli-
cité de sa vie; il est d'ailleurs humain, bienfaisant, généreux,
mais il *calcule*. Il ne mange pas tous ses revenus. Son hôtel
n'est pas sans cesse resplendissant et tourbillonnant. Quelle
reconnaissance s'acquiert-il parmi les tapissiers, les carros-
siers, les maquignons et les confiseurs ? »

Ces jugements, funestes à la morale, sont fondés sur ce qu'il
y a une chose qui frappe les yeux : la dépense du prodigue; et
une autre qui s'y dérobe : la dépense égale et même supérieure
de l'économie.

Mais les choses ont été si admirablement arrangées par le
divin inventeur de l'ordre social, qu'en ceci, comme en tout,
l'économie politique et la morale, loin de se heurter, concor-

dent, et que la sagesse d'Ariste est, non-seulement plus digne, mais encore plus *profitable* que la folie de Mondor.

Et quand je dis plus profitable, je n'entends pas dire seule-- ment profitable à Ariste, ou même à la société en général, mais plus profitable aux ouvriers actuels, à l'industrie du jour.

Pour le prouver, il suffit de mettre sous l'œil de l'esprit ces conséquences cachées des actions humaines que l'œil du corps ne voit pas.

Oui, la prodigalité de Mondor a des effets visibles à tous les regards : chacun peut voir ses berlines, ses landaus, ses phaé-- tons, les mignardes peintures de ses plafonds, ses riches tapis, l'éclat qui jaillit de son hôtel. Chacun sait que ses *pur-sang* courent sur le turf. Les diners qu'il donne à l'hôtel de Paris arrêtent la foule sur le boulevard, et l'on se dit : Voilà un brave homme qui, loin de rien réserver de ses revenus, ébrèche pro-- bablement son capital. — *C'est ce qu'on voit.*

Il n'est pas aussi aisé de voir, au point de vu de l'intérêt des travailleurs, ce que deviennent les revenus d'Ariste. Suivons- les à la trace, cependant, et nous nous assurerons que tous, *jusqu'à la dernière obole*, vont faire travailler des ouvriers, aussi certainement que les revenus de Mondor. Il n'y a que cette différence : la folle dépense de Mondor est condamnée à décroître sans cesse et à rencontrer un terme nécessaire ; la sage dépense d'Ariste ira grossissant d'année en année.

Et s'il en est ainsi, certes, l'intérêt public se trouve d'accord avec la morale.

Ariste dépense, pour lui et sa maison, vingt mille francs par an. Si cela ne suffisait pas à son bonheur, il ne mériterait pas le nom de sage. — Il est touché des maux qui pèsent sur les classes pauvres ; il se croit, en conscience, tenu d'y appor-- ter quelques soulagements et consacre dix mille francs à des actes de bienfaisance. — Parmi les négociants, les fabricants, les agriculteurs, il a des amis momentanément gênés. Il s'in-- forme de leur situation, afin de leur venir en aide avec pru-- dence et efficacité, et destinée à cette œuvre encore dix mille francs. — Enfin, il n'oublie pas qu'il a des filles à doter, des fils auxquels il doit assurer un avenir, et en conséquence, il s'impose le devoir d'épargner et placer tous les ans dix mille francs.

Voici donc l'emploi de ses revenus : Dépenses personnelles, 20,000 ; Bienfaisance, 10,000 ; Services d'amitié, 10,000 ; Epargne, 10,000.

Reprenons chacun de ces chapitres, et nous verrons que pas une seule obole n'échappe au travail national.

1° *Dépense personnelle.* — Ceci, quant aux ouvriers et fournisseurs, a des effets absolument identiques à une dépense égale faite par Mondor. Cela est évident de soi ; n'en parlons plus.

2° *Bienfaisance.* — Les dix mille francs consacrés à cette destination vont également alimenter l'industrie ; ils parviennent au boulanger, au boucher, au marchand d'habits et de meubles. Seulement le pain, la viande, les vêtements n'arrivent pas directement à Ariste, mais à ceux qu'il s'est substitués. Or cette simple substitution d'un consommateur à un autre n'affecte en rien l'industrie générale. Qu'Ariste dépense cent sous ou qu'il prie un malheureux de les dépenser à sa place, c'est tout un.

3° *Services d'amitié.* — L'ami à qui Ariste prête ou donne dix mille francs ne les reçoit pas pour les enfouir ; cela répugne à l'hypothèse. Il s'en sert pour payer des marchandises ou des dettes. Dans le premier cas, l'industrie est encouragée. Osera-t-on dire qu'elle ait plus à gagner à l'achat par Mondor d'un *pur-sang* de dix mille francs qu'à l'achat par Ariste ou son ami de dix mille francs d'étoffes ? Que si cette somme sert à payer une dette, tout ce qui en résulte, c'est qu'il apparaît un troisième personnage, le créancier, qui touchera les dix mille francs, mais qui certes les emploiera à quelque chose dans son commerce, son usine ou son exploitation. C'est un intermédiaire de plus entre Ariste et les ouvriers. Les noms propres changent, la dépense reste, et l'encouragement à l'industrie aussi.

4° Épargne. — Restent les dix mille francs *épargnés;* — et c'est ici qu'au point de vue de l'encouragement aux arts, à l'industrie, au travail, aux ouvriers, Mondor paraît très-supérieur à Ariste, encore que, sous le rapport moral, Ariste se montre quelque peu supérieur à Mondor.

Ce n'est jamais sans un malaise physique, qui va jusqu'à la souffrance, que je vois l'apparence de telles contradictions entre les grandes lois de la nature. Si l'humanité était réduite à opter entre deux partis dont l'un blesse ses intérêts et l'autre sa conscience, il ne nous resterait qu'à désespérer de son avenir. Heureusement il n'en est pas ainsi. — Et, pour voir Ariste reprendre sa supériorité économique, aussi bien que sa supériorité morale, il suffit de comprendre ce consolant axiome, qui n'en est pas moins vrai, pour avoir une physionomie paradoxale : *Epargner, c'est dépenser.*

Quel est le but d'Ariste, en économisant dix mille francs? Est-ce d'enfouir deux mille pièces de cent sous dans une cachette de son jardin? Non certes, il entend grossir son capital et son revenu. En conséquence, cet argent qu'il n'emploie pas à acheter des satisfactions personnelles, il s'en sert pour acheter des terres, une maison, des rentes sur l'État, des actions industrielles, ou bien il le place chez un banquier. Suivez les écus dans ces hypothèses, et vous vous convaincrez que, par l'intermédiaire des vendeurs ou emprunteurs, ils vont alimenter du travail tout aussi sûrement que si Ariste, à l'exemple de son frère, les eût échangés contre des meubles, des bijoux ou des chevaux.

Car, lorsque Ariste achète pour dix mille francs de terres ou de rentes, il est déterminé par la considération qu'il n'a pas besoin de dépenser cette somme, puisque c'est ce dont vous lui faites un grief.

Mais, de même, celui qui lui vend la terre ou la rente est déterminé par cette considération qu'il a besoin de dépenser les dix mille francs d'une manière quelconque.

De telle sorte que la dépense se fait dans tous les cas, ou par Ariste ou par ceux qui se substituent à lui.

Au point de vue de la classe ouvrière, de l'encouragement au

travail, il n'y a donc, entre la conduite d'Ariste et celle de
Mondor, qu'une différence. La dépense de Mondor étant directement accomplie par lui, et autour de lui, *on la voit.* Celle
d'Ariste s'exécutant en partie par des intermédiaires et au loin,
on ne la voit pas. Mais, au fait, et pour qui sait rattacher les
effets aux causes, celle qu'on ne voit pas est aussi certaine que
celle qu'on voit. Ce qui le prouve, c'est que dans les deux cas
les écus *circulent,* et qu'il n'en reste pas plus dans le coffre-fort
du sage que dans celui du dissipateur.

Il est donc faux de dire que l'épargne fait un tort actuel à
l'industrie. Sous ce rapport, elle est tout aussi bienfaisante
que le luxe.

Mais combien ne lui est-elle pas supérieure, si la pensée, au
lieu de se renfermer dans l'heure qui fuit, embrasse une longue période !

Dix ans se sont écoulés. Que sont devenus Mondor et sa fortune, et sa grande popularité? Tout cela est évanoui. Mondor
est ruiné ; loin de répandre soixante mille francs, tous les ans,
dans le corps social, il lui est peut-être à charge. En tous cas,
il ne fait plus la joie de ses fournisseurs, il ne compte plus
comme promoteur des arts et de l'industrie, il n'est plus bon
à rien pour les ouvriers, non plus que sa race, qu'il laisse dans
la détresse.

Au bout des mêmes dix ans, non-seulement Ariste continue
à jeter tous ses revenus dans la circulation, mais il y jette des
revenus croissants d'année en année. Il grossit le capital national, c'est-à-dire le fonds qui alimente le salaire, et comme
c'est de l'importance de ce fonds que dépend la demande des
bras, il continue à accroître progressivement la rémunération
de la classe ouvrière. Vient-il à mourir? il laisse des enfants
qu'il a mis à même de le remplacer dans cette œuvre de progrès
et de civilisation.

Sous le rapport moral, la supériorité de l'épargne sur le luxe
est incontestable. Il est consolant de penser qu'il en est de
même, sous le rapport économique, pour quiconque, ne s'ar-
rêtant pas aux effets immédiats des phénomènes, sait pousser
ses investigations jusqu'à leurs effets définitifs.

14

VIII. — Dépenses publiques.

L'impôt rationnel. — L'armée rationnelle. — Les travaux publics. — Les travaux de charité. — Les subventions en général. — Les subventions aux beaux-arts, aux théâtres. — L'Algérie. — Déplacement du travail.

(Voir d'abord le chapitre xxiv des *Premières Notions* sur la Consommation publique, le Gouvernement et l'Impôt.)

L'impôt. — Ne vous est-il jamais arrivé d'entendre dire : « L'impôt, c'est le meilleur placement ; c'est une rosée fécondante. Voyez combien de familles il fait vivre, et suivez, par la pensée, ses ricochets sur l'industrie : c'est l'infini, c'est la vie. »

Pour combattre cette doctrine, je suis obligé de reproduire la réfutation précédente. L'économie politique sait bien que ses arguments ne sont pas assez divertissants pour qu'on ne puisse dire : *Repetita placent.* Aussi, comme Basile, elle a arrangé le proverbe à son usage, bien convaincue que dans sa bouche *Repetita docent* [1].

Les avantages que les fonctionnaires trouvent à émarger, *c'est ce qu'on voit.* Le bien qui en résulte pour les fournisseurs, *c'est ce qu'on voit encore.* Cela crève les yeux du corps.

Mais le désavantage que les contribuables éprouvent à se libérer, *c'est ce qu'on ne voit pas*, et le dommage qui en résulte pour leurs fournisseurs, *c'est ce qu'on ne voit pas davantage*, bien que cela dût sauter aux yeux de l'esprit.

Quand un fonctionnaire dépense à son profit *cent sous de plus*, cela implique qu'un contribuable dépense à son profit *cent sous de moins*. Mais la dépense du fonctionnaire *se voit*, parce qu'elle se fait ; tandis que celle du contribuable *ne se voit pas*, parce que, hélas ! on l'empêche de se faire.

Vous comparez la nation à une terre desséchée et l'impôt à une pluie féconde. Soit. Mais vous devriez vous demander aussi où sont les sources de cette pluie, et si ce n'est pas précisément l'impôt qui pompe l'humidité du sol et le dessèche.

[1] Les répétitions plaisent..., instruisent. J. C.

Vous devriez vous demander encore s'il est possible que le
sol reçoive autant de cette eau précieuse par la pluie qu'il en
perd par l'évaporation.

Ce qu'il y a de très-positif, c'est que quand Jacques Bonhomme compte cent sous au percepteur, il ne reçoit rien en
retour. Quand, ensuite, un fonctionnaire, dépensant ces cent
sous, les rend à Jacques Bonhomme, c'est contre une valeur
égale en blé ou en travail. Le résultat définitif est pour Jacques
Bonhomme une perte de cinq francs.

Il est très-vrai que souvent, le plus souvent si l'on veut, le
fonctionnaire rend à Jacques Bonhomme un service équivalent.
En ce cas, il n'y a pas perte de part ni d'autre, il n'y a qu'é-
change.

Aussi, **mon argumentation ne s'adresse-t-elle nullement aux fonctions utiles** [1]. Je dis ceci : Si vous voulez
créer une fonction, prouvez son utilité. Démontrez qu'elle vaut
à Jacques Bonhomme, par les services qu'elle lui rend, l'équivalent de ce qu'elle lui coûte. Mais, abstraction faite de cette
utilité intrinsèque, n'invoquez pas comme argument l'avantage
qu'elle confère au fonctionnaire, à sa famille et à ses fournisseurs ; n'alléguez pas qu'elle favorise le travail.

Quand Jacques Bonhomme donne cent sous à un fonctionnaire contre un service réellement utile, c'est exactement
comme quand il donne cent sous à un cordonnier contre une
paire de souliers. Donnant donnant ; partant, quittes. Mais,
quand Jacques Bonhomme livre cent sous à un fonctionnaire
pour n'en recevoir aucun service, ou même pour en recevoir
des vexations, c'est comme s'il les livrait à un voleur. Il ne sert
de rien de dire que le fonctionnaire dépensera les cent sous au
grand profit du *travail national* ; autant en eût fait le voleur ;
autant en ferait Jacques Bonhomme s'il n'eût rencontré sur son
chemin ni le parasite extra-légal ni le parasite légal.

Habituons-nous donc à ne pas juger des choses seulement par
ce qu'on voit, mais encore par *ce qu'on ne voit pas*. . . . .

L'an passé j'étais du comité des finances... (Ici l'auteur rap-

[1] Grossi pour qu'on remarque bien la pensée de l'auteur. J.G.

pelle des arguments donnés au sein du comité des finances de
l'Assemblée constituante, en 1849, et conclut en disant :)

Bon Dieu ! que de peine à prouver, en Économie politique,
que deux et deux font quatre ; et, si vous y parvenez, on s'écrie :
« C'est si clair, que c'en est ennuyeux, » puis on vote comme
si vous n'aviez rien prouvé du tout.

Force armée. — Il en est d'un peuple comme d'un homme.
Quand il veut se donner une satisfaction, c'est à lui de voir si
elle vaut ce qu'elle coûte. Pour une nation, la *Sécurité* est le
plus grand des biens. Si, pour l'acquérir, il faut mettre sur pied
cent mille hommes et dépenser cent millions, je n'ai rien à dire.
C'est une jouissance achetée au prix d'un sacrifice.

Qu'on ne se méprenne donc pas sur la portée de ma thèse.

Un représentant propose de licencier cent mille hommes pour
soul ger les contribuables de cent millions.

Si on se borne à lui répondre : « Ces cent mille hommes et
ces cent millions sont indispensables à la sécurité nationale :
c'est un sacrifice ; mais, sans ce sacrifice, la France serait dé-
chirée par les factions ou envahie par l'étranger, » — je n'ai
rien à opposer ici à cet argument, qui peut être vrai ou faux en
fait, mais qui ne renferme pas théoriquement d'hérésie économique. L'hérésie commence quand on veut représenter le sacrifice lui-même comme un avantage, parce qu'il profite à
quelqu'un.

Or, je suis bien trompé, ou l'auteur de la proposition ne sera
pas plutôt descendu de la tribune, qu'un orateur s'y précipitera
pour dire : « Licencier cent mille hommes ! y pensez-vous ?...
Considérez que l'armée consomme du vin, des vêtements, des
armes, qu'elle répand ainsi l'activité dans les fabriques, dans
les villes de garnison, et qu'elle est, en définitive, la Providence
de ses innombrables fournisseurs. Ne frémissez-vous pas à l'idée
d'anéantir cet immense mouvement industriel ? »

Ce discours, on le voit, conclut au maintien des cent mille
soldats, abstraction faite des nécessités du service, et par des
considérations économiques.

Ce sont ces considérations seules que j'ai à réfuter.

Cent mille hommes, coûtant aux contribuables cent millions,

vivent et font vivre leurs fournisseurs, autant que cent millions peuvent s'étendre : *c'est ce qu'on voit*.

Mais cent millions sortis de la poche des contribuables, cessent de faire vivre ces contribuables et leurs fournisseurs, autant que cent millions peuvent s'étendre : *c'est ce qu'on ne voit pas*. Calculez, chiffrez, et dites-moi où est le profit pour la masse.

Quant à moi, je vous dirai où est la *perte*, et, pour simplifier, au lieu de parler de cent mille hommes et de cent millions, raisonnons sur un homme et mille francs.

Nous voici dans le village de A. Les recruteurs font la tournée et y enlèvent un homme. Les percepteurs font leur tournée aussi et y enlèvent mille francs. L'homme et la somme sont transportés à Metz, l'une destinée à faire vivre l'autre pendant un an sans rien faire. . . . .
Au village, un homme bêchait et labourait : c'était un travailleur ; à Metz, il fait des tête droite et des tête gauche : c'est un soldat. L'argent et la circulation sont les mêmes dans les deux cas : mais, dans l'un, il y avait trois cents journées de travail productif ; dans l'autre il y a trois cents journées de travail improductif, toujours dans la supposition qu'une partie de l'armée n'est pas indispensable à la sécurité publique. . .

Travaux publics. — Qu'une nation, après s'être assurée qu'une grande entreprise doit profiter à la communauté, la fasse exécuter sur le produit d'une cotisation commune, rien de plus naturel. Mais la patience m'échappe, je l'avoue, quand j'entends alléguer à l'appui d'une telle résolution cette bévue économique : « C'est d'ailleurs le moyen de créer du travail pour les ouvriers. »

L'État[1] ouvre un chemin, bâtit un palais, redresse une rue, perce un canal ; par là, il donne du travail à certains ouvriers, *c'est ce qu'on voit* ; mais il prive de travail certains autres ouvriers, *c'est ce qu'on ne voit pas*.

Voilà la route en cours d'exécution. Mille ouvriers arrivent tous les matins, se retirent tous les soirs, emportent leur salaire,

---

[1] La province, le département ou la commune. J. G.

cela est certain. Si la route n'eût pas été décrétée, si les fonds n'eussent pas été votés, ces braves gens n'eussent rencontré là ni ce travail ni ce salaire : cela est certain encore.

Mais est-ce tout ? L'opération, dans son ensemble, n'embrasse t-elle pas autre chose ? Au moment où M. Dupin [1] prononce les paroles sacramentelles : « L'Assemblée a adopté, » les millions descendent-ils miraculeusement sur un rayon de la lune dans les coffres de MM. Fould et Bineau [2] ? Pour que l'évolution, comme on dit, soit complète, ne faut-il pas que l'État organise la recette aussi bien que la dépense ? qu'il mette ses percepteurs en campagne et ses contribuables à contribution ?

Étudiez donc la question dans ses deux éléments. Tout en constatant la destination que l'État donne aux millions votés, ne négligez pas de constater aussi la destination que les contribuables auraient donnée — et ne peuvent plus donner — à ces mêmes millions. Alors vous comprendrez qu'une entreprise publique est une médaille à deux revers. Sur l'une figure un ouvrier occupé, avec cette devise : *Ce qu'on voit* ; sur l'autre, un ouvrier inoccupé, avec cette devise : *Ce qu'on ne voit pas.*

Le sophisme que je combats dans cet écrit est d'autant plus dangereux, appliqué aux travaux publics, qu'il sert à justifier les entreprises et les prodigalités les plus folles. Quand un chemin de fer ou un pont ont une utilité réelle, il suffit d'invoquer cette utilité. Mais si on ne le peut, que fait-on? On a recours à cette mystification : « Il faut procurer de l'ouvrage aux ouvriers. »

Allons au fond des choses. L'argent nous fait illusion. Demander le conconrs, sous forme d'argent, de tous les citoyens à une œuvre commune, c'est en réalité leur demander un concours en nature ; car chacun d'eux se procure, par le travail, la somme à laquelle il est taxé. Or, que l'on réunisse tous les citoyens pour leur faire exécuter, par prestation, une œuvre utile à tous,

---

[1] M. Dupin aîné, président de l'Assemblée législative.
[2] Ministres des finances à l'époque où l'auteur écrivait. J. G.

cela pourrait se comprendre ; leur récompense serait dans les résultats de l'œuvre elle-même. Mais qu'après les avoir convoqués, on les assujettisse à faire des routes où nul ne passera, des palais que nul n'habitera, et cela, sous prétexte de leur procurer du travail ; voilà ce qui serait absurde, et ils seraient, certes, fondés à objecter : De ce travail-là nous n'avons que faire ; nous aimons mieux travailler pour notre propre compte.

Le procédé qui consiste à faire concourir les citoyens en argent et non en travail ne change rien à ces résultats généraux. Seulement, par ce dernier procédé, la perte se répartirait sur tout le monde. Par le premier, ceux que l'État occupe échappent à leur part de perte, en l'ajoutant à celle que leurs compatriotes ont déjà à subir.

Il y a un article de la Constitution [1] qui porte : « La société favorise et encourage le développement du travail… par l'établissement par l'État, les départements et les communes, de travaux publics propres à employer les bras inoccupés. »

Comme mesure temporaire, dans un temps de crise, pendant un hiver rigoureux, cette intervention du contribuable peut avoir de bons effets. Elle agit dans le même sens que les assurances. Elle n'ajoute rien au travail ni au salaire, mais elle prend du travail et des salaires sur les temps ordinaires pour en doter, avec perte, il est vrai, des époques difficiles.

Comme mesure permanente, générale, systématique, ce n'est autre chose qu'une mystification ruineuse, une impossibilité, une contradiction qui montre un peu de travail stimulé qu'*on voit*, et cache beaucoup de travail empêché qu'*on ne voit pas*.

Les Subventions par l'État en général. — Voilà quelques-unes des raisons qu'allèguent les adversaires de l'intervention de l'État en ce qui concerne l'ordre dans lequel les citoyens croient devoir satisfaire leurs besoins et leurs désirs, et par conséquent diriger leur activité. Je suis de ceux, je l'avoue, qui pensent que le choix, l'impulsion doivent venir d'en bas, non

[1] L'auteur parle de la Constitution de 1848. J. C.

d'en haut, des citoyens, non du législateur ; et la doctrine contraire me semble conduire à l'anéantissement de la liberté et de la dignité humaine.

Mais, par une déduction aussi fausse qu'injuste, sait-on de quoi on accuse les économistes ? C'est, quand nous repoussons la subvention, de repousser la chose même qu'il s'agit de subventionner, et d'être les ennemis de tous les genres d'activité, parce que nous voulons que ces activités, d'une part, soient libres, et, de l'autre, cherchent en elles-mêmes leur propre récompense. Ainsi..., disons-nous que l'État ne doit pas donner, par l'impôt, une valeur factice au sol, à tel ordre d'industrie, nous sommes ennemis de la propriété et du travail. Pensons-nous que l'État ne doit pas subventionner les artistes, nous sommes des barbares qui jugeons les arts inutiles.

Je proteste ici de toutes mes forces contre ces déductions. Loin que nous entretenions l'absurde pensée d'anéantir la religion, l'éducation, la propriété, le travail et les arts, quand nous demandons que l'État protége le libre développement de tous ces ordres d'activité humaine, sans les soudoyer aux dépens les uns des autres, nous croyons, au contraire, que toutes ces forces vives de la société se développeraient harmonieusement sous l'influence de la liberté, qu'aucune d'elles ne deviendrait, comme nous le voyons aujourd'hui, la source de troubles, d'abus, de tyrannie et de désordre.

Nos adversaires croient qu'une activité qui n'est ni soudoyée ni réglementée est une activité anéantie. Nous croyons le contraire. Leur foi est dans le législateur, non dans l'humanité. La nôtre est dans l'humanité, non dans le législateur.   .   .   .

Subventions aux théâtres. — ... Oui, c'est aux ouvriers des théâtres qu'iront, du moins en partie, les soixante mille francs dont il s'agit. Quelques bribes pourront bien s'égarer en chemin. Même, si on scrutait la chose de près, peut-être découvrirait-on que le gâteau prendra une autre route; heureux les ouvriers s'il leur reste quelques miettes ! Mais je veux bien admettre que la subvention entière ira aux peintres, décorateurs, costumiers, coiffeurs, etc. *C'est ce qu'on voit.*

Mais d'où vient-elle? Voilà le *revers* de la question, tout aussi important à examiner que la *face.* Où est la source de ces soixante mille francs? Et *où iraient-ils* si un vote législatif ne les dirigeait vers la rue de Rivoli et de là vers la rue de Grenelle[1]? *C'est ce qu'on ne voit pas.*

Assurément nul n'osera soutenir que le vote législatif a fait éclore cette somme dans l'urne du scrutin ; qu'elle est une pure addition ajoutée à la richesse nationale; que, sans ce vote miraculeux, ces soixante mille francs eussent été à jamais invisibles et impalpables. Il faut bien admettre que tout ce qu'a pu faire la majorité, c'est de décider qu'ils seraient pris quelque part pour être envoyés quelque part, et qu'ils ne recevraient une destination que parce qu'ils seraient détournés d'une autre.

La chose étant ainsi, il est clair que le contribuable qui aura été taxé à un franc, n'aura plus ce franc à sa disposition. Il est clair qu'il sera privé d'une satisfaction dans la mesure d'un franc, et que l'ouvrier, quel qu'il soit, qui la lui aurait procurée sera privé de salaire dans la même mesure.

Ne nous faisons donc pas cette puérile illusion de croire que le vote de la subvention *ajoute* quoi que ce soit au bien-être et au travail national. Il *déplace* les jouissances, il *déplace* les salaires, voilà tout. . . . .

Quand il s'agit d'impôts, messieurs, prouvez-en l'utilité par des raisons tirées du fond, mais non point par cette malencontreuse assertion : « Les dépenses publiques font vivre la classe ouvrière. » Elle a le tort de dissimuler un fait essentiel, à savoir, que les *dépenses publiques* se substituent *toujours* à des *dépenses privées,* et que, par conséquent, elles font bien vivre un ouvrier au lieu d'un autre, mais n'ajoutent rien au lot de la classe ouvrière prise en masse. Votre argumentation est fort de mode, mais elle est trop absurde pour que la raison n'en ait pas raison.

L'Algérie. — Mais voici quatre orateurs qui se disputent la

[1] Où sont situés les ministères des finances et des travaux publics.

tribune. Ils parlent d'abord tous à la fois, puis l'un après l'autre. Qu'ont-ils dit ? De fort belles choses assurément sur la puissance et la grandeur de la France, sur la nécessité de semer pour récolter, sur le brillant avenir de notre gigantesque colonie; sur l'avantage de déverser au loin le *trop plein* de notre population, etc., etc., magnifiques pièces d'éloquence toujours ornées de cette péroraison :

« Votez cinquante millions (plus ou moins) pour faire en Algérie des ports et des routes ; pour y transporter des colons, leur bâtir des maisons, leur défricher des champs. Par là vous aurez soulagé le travailleur français, encouragé le travail africain, et fait fructifier le commerce marseillais. C'est tout profit. »

Oui, cela est vrai, si l'on ne considère lesdits cinquante millions qu'à partir du moment où l'État les dépense, si l'on regarde où ils vont, non d'où ils viennent ; si l'on tient compte seulement du bien qu'ils feront en sortant du coffre des percepteurs, et non du mal qu'on a produit, non plus que du bien qu'on a empêché, en les y faisant entrer ; oui, à ce point de vue borné, tout est profit. La maison bâtie en Barbarie, c'est *ce qu'on voit;* le port creusé en Barbarie, c'est *ce qu'on voit;* le travail provoqué en Barbarie, c'est *ce qu'on voit :* quelques bras de moins en France, c'est *ce qu'on voit.* Un grand mouvement de marchandises à Marseille, *c'est toujours ce qu'on voit.*

Mais il y a autre chose *qu'on ne voit pas.* — C'est que les cinquante millions dépensés par l'État ne peuvent plus l'être, comme ils l'auraient été, par le contribuable. De tout le bien attribué à la dépense publique exécutée, il faut donc déduire tout le mal de la dépense privée, empêchée : — à moins qu'on n'aille jusqu'à dire que Jacques Bonhomme n'aurait rien fait des pièces de cent sous qu'il avait bien gagnées et que l'impôt lui ravit ; assertion absurde, car s'il s'est donné la peine de les gagner, c'est qu'il espérait avoir la satisfaction de s'en servir.

Il aurait fait relever la clôture de son jardin et ne le peut plus, *c'est ce qu'on ne voit pas.* — Il aurait fait marner son champ et ne le peut plus, *c'est ce qu'on ne voit pas.* — Il aurait

ajouté un étage à sa chaumière et ne peut plus, *c'est ce qu'on
ne voit pas.* — Il aurait augmenté son outillage et ne le peut
plus, *c'est ce qu'on ne voit pas.* — Il se serait mieux nourri,
mieux vêtu, il aurait mieux fait instruire ses fils, il aurait ar-
rondi la dot de sa fille et ne le peut plus, *c'est ce qu'on ne voit
pas.* — Il se serait mis dans l'association de secours mutuels
et ne le peut plus, *c'est ce qu'on ne voit pas.*

D'une part, les jouissances qui lui sont ôtées, et les moyens
d'action qu'on a détruits dans ses mains, de l'autre, le travail
du terrassier, du charpentier, du forgeron, du tailleur, du
maître d'école de son village, qu'il eût encouragé et qui se
trouve anéanti, *c'est toujours ce qu'on ne voit pas.*

On compte beaucoup sur la prospérité future de l'Algérie;
soit. Mais qu'on compte aussi pour quelque chose le marasme
dont, en attendant, on frappe inévitablement la France. On me
montre le commerce marseillais : mais s'il se fait avec le produit de l'impôt, je montrerai toujours un commerce égal anéanti
dans le reste du pays. On dit : Voilà un colon transporté en
Barbarie; c'est un soulagement pour la population qui reste
dans le pays . Je réponds : Comment cela se peut-il, si, en trans-
portant ce colon à Alger, on y a transporté aussi deux ou trois
fois le capital qui l'aurait fait vivre en France [1]?

Le seul but que j'ai en vue, c'est de faire comprendre au
lecteur que. dans toute dépense publique, derrière le bien apparent il y a un bien plus difficile à discerner. Autant qu'il est
en moi, je voudrais lui faire prendre l'habitude de voir l'un et
l'autre et de tenir compte de tous deux.

Quand une dépense publique est proposée, il faut l'examiner
en elle-même, abstraction faite du prétendu encouragement
qui en résulte pour le travail, car cet encouragement est une
chimère. Ce que fait à cet égard la dépense publique, la dépense

---

[1] M. le ministre de la guerre a affirmé dernièrement que chaque individu transporté en Algérie a coûté à l'État 8.000 fr. Or il est positif que
les malheureux dont il s'agit auraient très-bien vécu en France sur un
capital de 4.000 fr. Je demande en quoi l'on soulage la population française quand on lui ôte un homme et les moyens d'existence de deux.
(*Note de l'auteur*, 1850.)

privée l'eût fait tout de même. Donc l'intérêt du travail est
toujours hors de cause.

Il n'entre pas dans l'objet de cet écrit d'apprécier le mérite
intrinsèque des dépenses publiques appliquées à l'Algérie.

Mais je ne puis retenir une observation générale. C'est que
la présomption est toujours défavorable aux dépenses collectives par voie d'impôt. Pourquoi ? Le voici :

D'abord, la justice en souffre toujours quelque peu. Puisque
Jacques Bonhomme avait sué pour gagner sa pièce de cent sous
en vue d'une satisfaction, il est au moins fâcheux que le fisc
intervienne pour enlever à Jacques Bonhomme cette satisfaction
et la conférer à un autre. Certes, c'est alors au fisc ou à ceux
qui le font agir à donner de bonnes raisons. Nous avons vu que
l'État en donne une détestable quand il dit : Avec les cent sous,
je ferai travailler des ouvriers, car Jacques Bonhomme (sitôt
qu'il n'aura plus la cataracte) ne manquera pas de répondre :
Morbleu ! avec ces cent sous, je les ferai bien travailler moi-
même !

Cette raison mise de côté, les autres se présentent dans toute
leur nudité, et le débat entre le fisc et le pauvre Jacques s'en
trouve fort simplifié. Que l'État [1] lui dise : Je te prends cent
sous pour payer le gendarme qui te dispense de veiller à ta
propre sûreté ; — pour paver la rue que tu traverses tous les
jours ; — pour indemniser le magistrat qui fait respecter ta
propriété et ta liberté ; — pour nourrir le soldat qui défend nos
frontières, Jacques Bonhomme payera sans mot dire ou je me
trompe fort. Mais si l'État lui dit : Je te prends tes cent sous
pour te donner un sou de prime dans le cas où tu auras bien
cultivé ton champ ; . . . .
. . . . . . — je te les prends pour bâtir une chaumière en
Algérie, sauf à te prendre cent sous de plus tous les ans pour
y entretenir un colon ; et autres cent sous pour entretenir un
soldat qui garde le colon, et autres cent sous pour entretenir

---

[1] Il eût mieux valu continuer à dire le fisc, ou bien dire le législateur ;
en tout cas, par État on personnifie la Société ou les Autorités nationales, provinciales ou urbaines qui la représentent. J. G.

un général qui garde le soldat, etc., etc., il me semble entendre le pauvre Jacques s'écrier : « Ce régime légal ressemble fort au régime de la forêt de Bondy ! » Et comme l'État prévoit l'objection, que fait-il ? Il brouille toutes choses ; il fait apparaître justement cette raison détestable qui devrait être sans influence sur la question, il parle de l'effet des cent sous sur le travail ; . . montre un colon, un soldat, un général, vivant sur les cinq francs ; il montre enfin *ce qu'on voit.* — Tant que Jacques Bonhomme n'aura pas appris à mettre en regard *ce qu'on ne voit pas,* Jacques Bonhomme sera dupe. C'est pourquoi je m'efforce de le lui enseigner à grands coups de répétitions.

De ce que les dépenses publiques déplacent le travail sans l'accroître, il en résulte contre elle une seconde et grave présomption. Déplacer le travail, c'est déplacer les travailleurs c'est troubler les lois naturelles qui président à la distribution de la population sur le territoire. Quand 50 millions sont laissés au contribuable, comme le contribuable est partout, ils alimentent du travail dans les quarante mille communes de France ; ils agissent dans le sens d'un lien qui retient chacun sur sa terre natale ; ils se répartissent sur tous les travailleurs possibles et sur toutes les industries imaginables. Que si l'État, soutirant ces 50 millions aux citoyens, les accumule et les dépense sur un point donné, il attire sur ce point une quantité proportionnelle de travail déplacé, un nombre correspondant de travailleurs dépaysés ; population flottante, déclassée, et j'ose dire dangereuse, quand le fonds est épuisé !

— Mais il arrive ceci (et je rentre par là dans mon sujet) : cette activité fiévreuse et pour ainsi dire soufflée sur un étroit espace, frappe tous les regards, *c'est ce qu'on voit* ; le peuple applaudit, s'émerveille sur la beauté et la facilité du procédé, en réclame le renouvellement et l'extension.

Ce qu'il ne voit pas, c'est qu'une quantité égale de travail. probablement plus judicieux, a été frappée d'inertie dans tout le reste de la France.

Réflexion finale.

Ainsi, on le voit par les nombreux sujets que j'ai parcourus, ne pas savoir l'économie politique, c'est se laisser éblouir par l'effet immédiat d'un phénomène ; la savoir, c'est embrasser dans sa pensée et dans sa prévision l'ensemble des effets.

Je pourrais soumettre ici une foule d'autres questions à la même épreuve. Mais je recule devant la monotonie d'une démonstration toujours uniforme.(*Relire l'Avant-propos*, p. 209.)

PÉTITION

DES FABRICANTS DE CHANDELLES, BOUGIES, LAMPES, CHANDELIERS,
RÉVERBÈRES, MOUCHETTES, ÉTEIGNOIRS ET DES PRODUCTEURS DE SUIF,
HUILE, RÉSINE, ALCOOL,
ET GÉNÉRALEMENT DE TOUT CE QUI CONCERNE L'ÉCLAIRAGE.

A MM. les membres de la Chambre des Députés[1].

Messieurs, vous êtes dans la bonne voie. Vous repoussez les théories abstraites ; l'abondance, le bon marché vous touchent peu. Vous vous préoccupez surtout du sort du producteur. Vous le voulez affranchir de la concurrence extérieure, en un mot, vous voulez réserver le *marché national* au *travail national.*

Nous venons vous offrir une admirable occasion d'appliquer votre... comment dirons-nous ? votre théorie ? non, rien n'est plus trompeur que la théorie ; votre doctrine ? votre système ? votre principe ? mais vous n'aimez pas les doctrines, vous avez horreur des systèmes, et, quant aux principes, vous déclarez qu'il n'y en a pas en économie sociale ; nous dirons

---

[1] Avant la révolution de février 1848. Sous cette forme plaisante, Frédéric Bastiat a groupé les arguments invoqués contre la concurrence étrangère.

donc votre pratique, votre pratique sans théorie et sans principe.

Nous subissons l'intolérable concurrence d'un rival étranger placé, à ce qu'il paraît, dans des conditions tellement supérieures aux nôtres, pour la production de la lumière, qu'il en *inonde* notre *marché national* à un prix fabuleusement réduit : car, aussitôt qu'il se montre, notre vente cesse, tous les consommateurs s'adressent à lui, et une branche d'industrie française, dont les ramifications sont innombrables, est tout à coup frappée de la stagnation la plus complète. Ce rival, qui n'est autre que le soleil, nous fait une guerre si acharnée, que nous soupçonnons qu'il nous est suscité par la perfide Albion (bonne diplomatie par le temps qui court !), d'autant qu'il a pour cette île orgueilleuse des ménagements dont il se dispense envers nous.

Nous demandons qu'il vous plaise faire une loi qui ordonne la fermeture de toutes les fenêtres, lucarnes, abat-jour, contre-vents, volets, rideaux, vasistas, œils-de-bœuf, stores, en un mot de toutes ouvertures, trous, fentes et fissures par lesquelles la lumière du soleil a coutume de pénétrer dans les maisons, au préjudice des belles industries dont nous nous flattons d'avoir doté le pays, qui ne saurait sans ingratitude nous abandonner aujourd'hui à une lutte si inégale.

Veuillez, messieurs les députés, ne pas prendre notre demande pour une satire, et ne la repoussez pas du moins sans écouter les raisons que nous avons à faire valoir à l'appui.

Et d'abord, si vous fermez, autant que possible, tout accès à la lumière naturelle, si vous créez ainsi le besoin de lumière artificielle, quelle est en France l'industrie qui, de proche en proche, ne sera pas encouragée ?

S'il se consomme plus de suif, il faudra plus de bœufs et de moutons, et, par suite, on verra se multiplier les prairies artificielles, la viande, la laine, le cuir, et surtout les engrais, cette base de toute richesse agricole.

S'il se consomme plus d'huile, on verra s'étendre la culture du pavot, de l'olivier, du colza. Ces plantes riches et épuisantes viendront à propos mettre à profit cette fertilité que l'élève des bestiaux aura communiquée à notre territoire.

Nos landes se couvriront d'arbres résineux. De nombreux essaims d'abeilles recueilleront sur nos montagnes des trésors parfumés qui s'évaporent aujourd'hui sans utilité, comme les fleur d'où ils émanent. Il n'est donc pas une branche d'agriculture qui ne prenne un grand développement.

Il en est de même de la navigation : des milliers de vaisseaux iront à la pêche de la baleine, et, dans peu de temps, nous aurons une marine capable de soutenir l'honneur de la France et de répondre à la patriotique susceptibilité des pétionnaires soussignés, marchands de chandelles, etc.

Mais que dirons-nous de *l'article de Paris?* Voyez d'ici les dorures, les bronzes, les cristaux en chandeliers, en lampes, en lustres, en candélabres, briller dans de spacieux magasins auprès desquels ceux d'aujourd'hui ne sont que des boutiques.

Il n'est pas jusqu'au pauvre résinier, au sommet de sa dune, ou au triste mineur au fond de sa noire galerie, qui ne voie augmenter son salaire et son bien-être.

Veuillez y réfléchir, messieurs ; et vous resterez convaincus qu'il n'est peut-être pas un Français, depuis l'opulent actionnaire d'Anzin jusqu'au plus humble débitant d'allumettes, dont le succès de notre demande n'améliore la condition.

Nous prévoyons vos objections, messieurs ; mais vous ne nous en opposerez pas une seule que vous n'alliez la ramasser dans les livres usés des partisans de la liberté commerciale. Nous osons vous mettre au défi de prononcer un mot contre nous qui ne se retourne à l'instant contre vous-mêmes et contre le principe qui dirige toute votre politique.

Nous direz-vous que, si nous gagnons à cette protection, la France n'y gagnera point, parce que le consommateur en fera les frais?

Nous vous répondrons :

Vous n'avez plus le droit d'invoquer les intérêts du consommateur. Quand il s'est trouvé aux prises avec le producteur, en toutes circonstances vous l'avez sacrifié. — Vous l'avez fait pour *encourager le travail*, pour *accroître le domaine du travail*. Par le même motif, vous devez le faire encore.

Vous avez été vous-mêmes au-devant de l'objection. Lors-

qu'on vous disait : Le consomma eur est intéressé à la libre introduction du fer, de la houille, du sésame, du froment, des
tissus. — Oui, disiez-vous, mais le producteur est intéressé à
leur exclusion. — Eh bien, si les consommateurs sont intéressés à l'admission de la lumière naturelle, les producteurs le
sont à son interdiction.

Mais, disiez-vous encore, si le producteur et le consommateur
sont intéressés à l'admission de la lumière naturelle, les producteurs le sont à son interdiction.

Mais, disiez-vous encore, le producteur et le consommateur ne font qu'un. Si le fabricant gagne par la protection, il
fera gagner l'agriculteur. Si l'agriculture prospère, elle ouvrira
des débouchés aux fabriques. — Eh bien, si vous nous confé-
rez le monopole de l'éclairage pendant le jour, d'abord nous
achèterons beaucoup de suifs, de charbons, d'huiles, de résines,
de cire, d'alcool, d'argent, de fer, de bronzes, de cristaux,
pour alimenter l'industrie, et, de plus, nous et nos nombreux
fournisseurs, devenus riches, nous consommerons beaucoup et
répandrons l'aisance dans toutes les branches du travail national.

Direz-vous que la lumière du soleil est un don gratuit, et que
repousser des dons gratuits ce serait repousser la richesse même
sous prétexte d'encourager les moyens de l'acquérir ?

Mais prenez garde que vous portez la mort dans le cœur de
votre politique ; prenez garde que jusqu'ici vous avez toujours
repoussé le produit étranger *parce qu'il* se rapproche du don
gratuit, et *d'autant plus* qu'il se rapproche du don gratuit. Pour
obtempérer aux exigences des autres monopoleurs, vous n'aviez
qu'un *demi-motif;* pour accueillir notre demande, vous avez un
motif complet, et nous repousser précisément en vous *fondant*
sur ce que nous sommes plus *fondés* que les autres, ce serait
poser l'équation : $+ \times + = -$; en d'autres termes, ce serait
entasser *absurdité* sur *absurdité.*

Le travail et la nature concourent en proportions diverses,
selon les pays et les climats, à la création d'un produit. La part
qu'y met la nature est toujours gratuite ; c'est la part du travail
qui en fait la valeur et se paye.

Si une orange de Lisbonne se vend à moitié prix d'une orange de Paris, c'est qu'une chaleur naturelle et par conséquent gratuite fait pour l'une ce que l'autre doit à une chaleur artificielle et partant coûteuse.

Donc, quand une orange nous arrive de Portugal, on peut dire qu'elle nous est donnée moitié gratuitement, moitié à titre onéreux, ou, en d'antres termes, à *moitié prix* relativement à celles de Paris.

Or, c'est précisément de cette *demi-gratuité* (pardon du mot) que vous arguez pour l'exclure. Vous dites : Comment le travail national pourrait-il soutenir la concurrence du travail étranger quand celui-là a tout à faire, et que celui-ci n'a à accomplir que la moitié de la besogne, le soleil se chargeant du reste? — Mais si la *demi-gratuité* vous détermine à repousser la concurrence, comment la *gratuité* entière vous porterait-elle à admettre la concurrence? Ou vous n'êtes pas logiciens, ou vous devez, repoussant la demi-gratuité comme nuisible à notre travail national, repousser *a fortiori* et avec deux fois plus de zèle la gratuité entière.

Encore une fois, quand un produit, houille, fer, froment ou tissu, nous vient du dehors et que nous pouvons l'acquérir avec moins de travail que si nous le faisions nous-mêmes, la différence est un *don gratuit* qui nous est conféré. Ce don est plus ou moins considérable, selon que la différence est plus ou moins grande. Il est du quart, de moitié, des trois quarts de la valeur du produit, si l'étranger ne nous demande que les trois quarts, la moitié, le quart du payement. Il est aussi complet qu'il puisse l'être, quand le donateur, comme fait le soleil pour la lumière, ne nous demande rien. La question, et nous la posons formellement, est de savoir si vous voulez pour la France le bénéfice de la consommation gratuite ou les prétendus avantages de la production onéreuse. Choisissez, mais soyez logiques ; car, tant que vous repousserez, comme vous le faites, la houille, le fer, le froment, les tissus étrangers, *en proportion* de ce que leur prix se rapproche de *zéro*, quelle inconséquence ne serait-ce pas d'admettre la lumière du soleil, dont le prix est à *zéro*, pendant toute la journée? »

LA SCIENCE

DU

BONHOMME RICHARD

OU

LE CHEMIN DE LA FORTUNE

TEL QU'IL EST CLAIREMENT INDIQUÉ DANS UN VIEIL ALMANACH DE PENNSYLVANIE
INTITULÉ : L'ALMANACH DU BONHOMME RICHARD

PAR

BENJAMIN FRANKLIN[1].

Comment s'est formée la science du bonhomme Richard.

(C'est Franklin lui-même qui nous apprend l'origine de cet écrit.)

Je commençai, dit-il, en 1732, à publier mon Almanach, sous le nom de *Richard Saunders*. Je le continuai pendant environ vingt-cinq ans, et on l'appelait communément l'*Almanach du bonhomme Richard*. Je m'efforçai de le rendre amusant et utile ; aussi, obtint-il un tel débit que j'en retirai un profit considérable ; j'en vendais près de dix mille exemplaires tous les ans. Voyant qu'il était généralement lu et répandu dans toutes les parties de la province, je le considérai comme un véhicule très-propre à la propagation de l'instruction parmi le peuple, qui achetait rarement d'autres livres. Je remplis donc

---

[1] Un des plus illustres philosophes du dix-huitième siècle ; un des sages fondateurs de la république des États-Unis ; mort en 1790.

tous les petits espaces qui se trouvaient entre les jours remarquables du calendrier par des sentences proverbiales ; choisissant celles qui étaient propres à inspirer l'amour du travail et de l'économie, comme le moyen d'arriver à la fortune, et par conséquent d'affermir la vertu, car il est difficile à un homme dans le besoin de vivre toujours honnêtement ; et pour me servir ici d'un de ces proverbes, *il est difficile qu'un sac vide tienne debout.* Je réunis ces proverbes qui contenaient la sagesse des siècles et des nations, et j'en formai un discours suivi que je mis en tête de l'Almanach de 1757, comme la harangue adressée par un sage vieillard à des gens qui assistaient à une vente. La réunion, en un seul foyer, de tous ces préceptes épars, les mit en état de produire une plus forte impression. Ce morceau ayant été universellement approuvé, fut copié dans tous les journaux du continent américain et imprimé en Angleterre, sur grand papier, en forme d'affiche. On en fit deux traductions en France, et les curés comme les seigneurs en achetèrent un grand nombre d'exemplaires, pour les distribuer à leurs paroissiens et à leurs paysans.

(Voici maintenant comment l'auteur amène le père Abraham à prononcer le discours où se trouve condensée la *Science du bonhomme Richard.*)

Ami lecteur, j'ai ouï dire que rien ne fait tant de plaisir à un auteur que de voir ses ouvrages cités par d'autres avec respect. Juge d'après cela combien je dus être content de l'aventure que je vais te raconter.

J'arrêtai dernièrement mon cheval dans un endroit où il y avait beaucoup de monde assemblé pour une vente à l'enchère. L'heure n'étant pas encore venue, l'on causait de la dureté des temps. Quelqu'un, s'adressant à un bon vieillard à cheveux blancs et assez bien mis, lui dit : « Et vous, père Abraham, que pensez-vous de ce temps-ci ? Ces lourds impôts ne vont-ils pas tout à fait ruiner le pays ? Comment ferons-nous pour les payer ? Que nous conseilleriez vous ? » — Le père Abraham attendit un instant, puis répondit : « Si vous voulez avoir mon

avis, je vais vous le donner en peu de mots, car *un mot suffit
au sage*, comme dit le bonhomme Richard. » — Chacun le priant
de s'expliquer, l'on fit cercle autour de lui, et il poursuivit en
ces termes :

Coût de la paresse et valeur du temps[1].

Mes chers amis et bons voisins, il est certain que les *impôts*
sont très-lourds[2]; cependant, si nous n'avions à payer que ceux
du gouvernement, nous pourrions espérer d'y faire face plus
aisément. Mais nous en avons une quantité d'autres bien plus
onéreux : par exemple, l'impôt de notre *Paresse* nous coûte le
double de la taxe; — notre *Orgueil*, le triple, — et notre *Folie*
le quadruple.

Ces impôts sont tels, qu'ils n'est pas possible aux commissaires
d'y faire la moindre diminution : cependant, si nous sommes
gens à suivre un bon conseil, il y a encore quelque espoir pour
nous; *Dieu aide ceux qui s'aident eux-mêmes*[3], comme dit le
bonhomme Richard, dans son Almanach de 1733.

S'il existait un gouvernement qui obligeât les sujets à donner
régulièrement la dixième partie de leur temps pour son service,
on trouverait assurément cette condition fort dure ; mais la plupart d'entre nous sont taxés par leur **Paresse** d'une manière
beaucoup plus tyrannique. *La Paresse* amène avec elle des ma-
ladies, et raccourcit sensiblement la durée de la vie : *L'oisiveté
comme la rouille use beaucoup plus que le travail. La clef
dont on se sert est toujours claire.* comme dit le bonhomme
Richard.

— Vous aimez la vie, ne prodiguez donc pas **le Temps :**
car, comme dit encore le bonhomme Richard,

Le temps, c'est l'étoffe dont la vie est faite[4].

---

[1] Ces titres et subdivisions ainsi que les dispositions des alinéas sont
de l'éditeur. — La traduction a été revue avec soin, et souvent corri-
gée. J. G.

[2] C'était l'époque où les colonies anglaises de l'Amérique du Nord
luttaient pour leur indépendance. J. G.

[3] Aide-toi et le ciel t'aidera (proverbe français).

[4] *Time is money* (proverbe anglais) : Le temps, c'est de l'argent ; c'est-
à-dire qu'en bien employant son temps on gagne de l'argent. J. G.

Combien de temps ne donnons-nous pas au sommeil au delà du nécessaire ?

Oublions, comme dit le bonhomme Richard, que le *renard qui dort ne prend point de poules*, et que *nous aurons assez de temps à dormir quand nous serons dans la bière*.

Si le temps est le plus précieux des biens, *sa perte doit être*, comme dit le bonhomme Richard, *la plus grande des prodigalités*, puisque, comme il nous l'apprend ailleurs, *le temps perdu ne se retrouve jamais*, et que ce que nous appelons *assez de temps* se trouve être toujours *fort peu de temps*.

— Courage donc ! de l'**Activité**, et agissons pendant que nous le pouvons. *Moyennant l'activité, nous ferons beaucoup plus avec moins de peine.*

L'Oisiveté rend tout difficile ; le Travail rend tout aisé.

Celui qui se lève tard traîne tout le jour, et commence à peine ses affaires qu'il est déjà nuit.

Fainéantise va si lentement, que la Pauvreté l'a bientôt attrapée.

Pousse tes affaires et qu'elles ne te poussent pas.

Se coucher tôt, se lever tôt, donne santé, richesse et sagesse, comme dit le bonhomme Richard.

Le Travail et l'Activité préservent de la Pauvreté et des Soucis. — Ils engendrent l'Aisance, le Plaisir et la Considération. — Il ne faut pas remettre au lendemain.

Que signifient les désirs et les espérances du temps plus heureux ? Nous pouvons rendre le temps meilleur, si nous savons agir. *L'activité,* comme dit le bonhomme Richard, n'a *que faire de souhait. Celui qui vit d'espoir mourra de faim.*

Il n'y a point de profit sans peine. — Il faut me servir de mes mains, puisque je n'ai point de terres ; ou si j'en ai, elles sont fortement imposées ; et, comme le bonhomme Richard l'observe avec raison, *un métier vaut un fonds de terre ;* une profession est un emploi qui réunit honneur et profit : mais il faut travailler à son métier, et suivre sa profession ; autrement, ni le fonds ni l'emploi ne nous mettent en état de payer l'impôt.

Quiconque est laborieux n'a point à craindre la disette. *La faim regarde la porte du travailleur laborieux ; mais elle n'ose pas y entrer.* Les huissiers n'y entreront pas non plus ; car *l'activité paye les dettes, tandis que le découragement les augmente.*

Vous n'avez besoin ni de trouver un trésor, ni d'hériter de riches parents. *Activité est mère de prospérité*, et Dieu ne refuse rien au Travail.

Labourez pendant que le paresseux dort, vous aurez du blé à vendre et à garder. Travaillez aujourd'hui, car vous ne pouvez pas savoir tous les obstacles que vous rencontrerez le lendemain. C'est ce qui a fait dire au bonhomme Richard : *Un « aujourd'hui » vaut mieux que deux « demain ; »* et encore : *Ne remettez jamais à demain ce que vous pourez faire aujourd'hui.*

Si vous étiez le domestique d'un bon maître, ne seriez-vous pas honteux qu'il vous surprît les bras croisés ? Eh bien, puisque vous êtes votre propre maître, rougissez lorsque vous vous surprenez vous-mêmes dans l'oisiveté, quant vous avez tant à faire pour vous, pour votre famille, pour votre pays.

— Levez-vous donc dès le point du jour ; que le soleil, en regardant la terre, ne puisse pas dire : Voilà un lâche qui sommeille. Point de remises, mettez-vous à l'ouvrage, endurcissez vos mains à manier vos outils, et souvenez-vous, comme dit le bonhomme Richard, qu'*un chat ganté ne prend point de souris.*

— Vous me direz qu'il y a beaucoup à faire, et que vous n'avez pas la force. Cela peut être ; mais ayez la volonté et la persévérance ; tenez ferme, et vous verrez des merveilles. *A la longue les gouttes d'eau percent la pierre.* Avec du travail et de la patience, une souris coupe un câble ; de petits coups répétés abattent de grands chênes.

— Il me semble entendre quelqu'un de vous me dire : Ne faut-il donc pas prendre quelques instants de loisir ?

Je vous répondrai, mes amis, ce que dit le bonhomme Richard : employez bien votre temps, si vous voulez mériter le repos, et *ne perdez pas une heure, puisque vous n'êtes pas sûrs d'une*

*minute. — Le loisir c'est le moment de faire quelque chose
d'utile.* Il n'y a que l'homme vigilant qui puisse se procurer
cette espèce de loisir auquel le paresseux ne parvient jamais. Une
vie tranquille et une vie oisive sont deux choses fort différentes.
Croyez-vous que la paressse vous procurera plus d'agrément
que le travail? Vous avez tort ; car *la paresse engendre les soucis,
et le loisir sans nécessité produit l'ennui et les regrets.*

— Bien des gens voudraient vivre sans travailler, par leur
seul esprit ; mais ils échouent faute de fonds. Le travail, au
contraire, amène toujours à sa suite la satisfaction, l'abondance
et la considération. *Le plaisir court après ceux qui le fuient.—
La fileuse vigilante ne manque jamais de chemise. — A présent
que j'ai vache et moutons, chacun me donne le bonjour,* comme
dit très-bien le bonhomme Richard.

La Persévérance et les Soins produisent les mêmes Résultats.— Il faut faire ses affaires soi-même.

Mais indépendamment de l'amour du travail, il faut encore
avoir de la **Constance**, de l'**Ordre** et du **Soin**. Il faut voir
ses affaires avec ses propres yeux, et ne pas trop s'en rap-
porter aux autres. Le bonhomme Richard dit : Je n'ai jamais
vu venir à bien arbre ou famille souvent changés de places ;
*trois déménagements sont pires qu'un incendie ; — Garde ta
boutique, et ta boutique gardera.*

Si vous voulez que vos affaires se fassent, allez-y vous-même.
— Si vous ne voulez pas qu'elles soient faites, envoyez-y. —
L'œil du maître fait plus d'ouvrage que ses deux mains, et *celui
qui par la charrue veut s'enrichir, de ses mains doit la tenir,*
dit encore le bonhomme Richard. — Le défaut de soin et de
surveillance fait plus de tort que le défaut de savoir. — Ne pas
surveiller vos ouvriers, c'est laisser votre bourse à leur discrétion.

Le trop de confiance dans les autres est la ruine de bien des
gens ; car, dans les affaires de ce monde, ce n'est pas par la
foi qu'on se sauve, c'est par le doute. Les soins qu'on prend
soi-même sont les plus profitables : le savoir est pour l'homme

studieux, les richesses pour l'homme vigilant, la puissance pour la bravoure, et le ciel pour la vertu. *Si vous voulez avoir un serviteur fidèle et que vous aimiez, servez-vous vous-même.*

Le bonhomme Richard recommande la circonspection et le soin par rapport aux objets même de la plus petite importance, parce que *grand malheur naît parfois de petite négligence;* — Faute d'un clou, dit-il, le fer d'un cheval se perd; faute d'un fer on perd le cheval; et faute d'un cheval, le cavalier lui-même est perdu, parce que son ennemi l'atteint et le tue.

La Tempérance et l'Économie produisent les mêmes résultats. — Ce que coûte un Vice.

En voilà assez, mes amis, sur le Travail et sur l'attention que chacun doit donner à ses propres affaires ; mais à cela il faut ajouter encore la **Tempérance** et l'**Économie**, si nous voulons assurer le succès de notre travail.

Un homme qui ne sait pas épargner à mesure qu'il gagne mourra sans avoir un sou, après avoir eu toute sa vie le nez collé sur son ouvrage. Plus *la cuisine est grasse*, dit le bonhomme Richard, *plus le testament est maigre.* Bien des fortunes se dissipent en même temps qu'on les gagne, depuis que les femmes ont négligé le rouet et le tricot pour la table à thé, et que les hommes ont quitté pour le punch la hache et le marteau. Si vous voulez être riche, n'apprenez pas seulement à gagner, apprenez aussi à ménager. Les Indes n'ont pas enrichi les Espagnols, parce que leurs dépenses ont été plus fortes que leurs revenus.

Renoncez donc à vos *folies dispendieuses*, et vous aurez moins à vous plaindre de l'ingratitude des temps, de la pesanteur des impôts et des charges du ménage ; car *le vin et les femmes, le jeu et la mauvaise foi font petites les richesses et grands les besoins;* car, comme dit le bonhomme Richard, *un vice coûte plus à nourrir que deux enfants.*

Vous vous imaginez peut-être qu'un peu de thé, quelques tasses de punch, des plats un peu plus recherchés, des habits un peu plus brillants, de petites parties de plaisir, ne peuvent

être de grande conséquence ; mais souvenez-vous de ce que dit
le bonhomme Richard : *Un peu répété fait beaucoup. — Il ne
faut qu'une petite fente pour faire couler un grand navire.— La
friandise conduit à la mendicité. — Les fous donnent les festins
et les sages les mangent.*

Danger du Bon marché. — Le Prix de l'argent.

Vous voilà tous assemblés ici pour acheter des colifichets et
des babioles fort chères. Vous appelez cela des *biens ;* mais, si
vous n'y prenez garde, il en résultera de grands *maux* pour
plusieurs d'entre vous. Vous comptez que tout cela sera vendu
bon marché, peut-être le sera-t-il en effet pour beaucoup
moins qu'il n'a coûté ; mais si vous n'en avez pas réellement
besoin, cela sera toujours trop cher pour vous. Rappelez-vous
les maximes du bonhomme Richard : *Si tu achètes ce qui est
superflu pour toi, tu ne tarderas pas à vendre ce qui t'est le
plus nécessaire. — Réfléchis bien avant de profiter d'un bon
marché.*

Le bonhomme pense sans doute que souvent le bon marché
n'est qu'apparent, et qu'en vous gênant dans vos affaires, il
vous cause plus de tort qu'il ne vous fait de profit ; car je me
souviens qu'il dit ailleurs : *J'ai vu quantité de gens ruinés
pour avoir fait de bons marchés, et il y a folie à employer son
argent à acheter un repentir.*

Et cependant, cette folie se renouvelle tous les jours dans
les ventes, faute de se souvenir de l'Almanach du bonhomme
Richard.

L'homme sage, dit-il, s'instruit par les malheurs d'autrui.
Les fous deviennent rarement plus sages par leur propre malheur : *Felix quem faciunt aliena pericula cautum.* Je sais tel
qui, pour orner ses épaules, a fait jeûner son ventre et a presque
réduit sa famille à se passer de pain. Les étoffes de soie, *les
satins, les écarlates et les velours éteignent le feu de la cuisine,*
Elles sont loin de satisfaire de vrais besoins ; mais, parce qu'elles
brillent, on s'en fait une nécessité : et c'est ainsi que les besoins artificiels du genre humain sont devenus plus nombreux

que les besoins naturels, et que, pour une personne réellement pauvre, il y a cent indigents.

Par ces extravagances et autres semblables, les gens bien nés sont réduits à la pauvreté, et sont forcés d'avoir recours à ceux qu'ils méprisaient auparavant, mais qui ont su se maintenir par le travail, la sobriété et l'économie Ce qui prouve, comme le dit fort bien le bonhomme Richard, qu'*un manant sur ses pieds est plus grand qu'un gentilhomme à genoux.* Peut-être ceux qui sont ruinés avaient-ils hérité d'une fortune ; mais, sans savoir comment elle avait été acquise: *il est jour*, pensaient-ils, *il ne fera jamais nuit.* « Une si petite dépense, disaient-ils, sur une fortune comme la mienne, ne mérite pas qu'on y fasse attention. »

Les enfants et les fous imaginent que vingt ans et vingt francs ne peuvent jamais finir. Mais, à force de prendre à la huche sans y rien mettre, on en trouve bientôt le fond ; et alors quand le puits est sec, on connaît tout le prix de l'eau. C'est ce qu'ils auraient su d'abord s'ils avaient voulu consulter le bonhomme.

Êtes-vous curieux, mes amis, de connaître ce que vaut l'argent, essayez d'en emprunter ; celui qui va faire un emprunt va chercher une mortification ; il en arrive autant à ceux qui prêtent à certaines gens quand ils vont redemander leur dû.

Désastreux effets de l'Orgueil, de la Parure et des Folles dépenses.

Le bonhomme Richard, à propos de ce que je disais tout à l'heure, nous avertit que l'orgueil de la **Parure** est une malédiction.

Quand vous en êtes atteint, dit-il : *Consultez votre bourse avant de consulter votre fantaisie.*

Il ajoute. *L'orgueil est un mendiant qui crie aussi haut que le besoin, et avec bien plus d'effronterie.* De plus, si vous achetez une jolie chose, il vous en faudra dix autres pour que l'assortiment soit complet ; aussi, dit le bonhomme Richard, *il est plus aisé de réprimer le premier désir que de contenter tous ceux qui suivent.*

Il est aussi fou au pauvre de vouloir singer le riche qu'il l'était à la grenouille de s'enfler pour devenir aussi grosse que le bœuf. Les grands vaisseaux peuvent se hasarder en pleine mer ; mais les petits bateaux doivent se tenir près du rivage. Au surplus, les folies de cette nature sont bientôt punies : car, comme le dit le bonhomme Richard, *l'orgueil qui dîne de vanité soupe de mépris.* Il dit encore : *L'orgueil déjeune avec l'abondance, dîne avec la pauvreté et soupe avec la honte.*

Mais, après tout, que revient-il de cette vanité de paraître, pour laquelle on se donne tant de peines et l'on s'expose à de si grands dangers? Elle ne peut ni nous conserver la santé ni adoucir nos souffrances : au contraire, sans augmenter notre mérite personnel, elle nous rend l'objet de l'envie des autres et accélère notre ruine. — Qu'est-ce qu'un papillon? Ce n'est tout au plus qu'une chenille habillée ; et voilà ce qu'est le petit-maître. Quelle folie y a-t-il à s'endetter pour de telles superfluités !

Danger des achats à Crédit et des Dettes. — Rapidité des Échéances.

Dans la vente que l'on va faire ici, mes amis, on nous offre six mois de **Crédit**, et peut-être est-ce l'avantage de cette condition qui a engagé quelques-uns d'entre nous à s'y trouver, parce que, n'ayant point d'argent comptant à dépenser, ils espèrent satisfaire leur fantaisie sans rien débourser.

Mais, hélas! songez-vous bien à ce que vous faites lorsque vous vous endettez? Vous donnez à autrui pouvoir sur votre liberté. Si vous ne pouvez pas payer au terme fixé, vous rougirez de voir votre créancier, vous ne lui parlerez qu'avec crainte ; vous vous excuserez auprès de lui d'une manière humiliante ; peu à peu vous perdrez votre franchise, et vous en viendrez enfin à vous déshonorer par des mensonges misérables. Comme le dit le bonhomme Richard, la première faute est de s'endetter, la seconde est de mentir. Le *mensonge monte en croupe de la dette.* Un homme né libre ne devrait jamais rougir ni appréhender de parler à quelque homme vivant que ce soit, ni de le regarder en face. Mais souvent la pauvreté ôte courage et vertu : car *il est difficile qu'un sac vide puisse se tenir debout,* comme dit le bonhomme Richard.

Que penseriez-vous d'un prince ou d'un gouvernement qui vous défendrait par un édit de vous habiller comme les personnes de distinction, sous peine de prison ou de servitude? — Ne diriez-vous pas que vous êtes nés libres, que vous avez le droit de vous vêtir comme bon vous semble, qu'un tel édit est un attentat formel à vos priviléges, et qu'un tel gouvernement est tyrannique? Et cependant vous vous soumettez volontairement à cette tyrannie quand vous vous endettez *pour briller!* — De plus, votre créancier a le droit, si bon lui semble, de vous priver de votre liberté, en vous confinant dans une prison, ou en vous traitant comme esclave, si vous n'êtes pas en état de le payer.

Quand vous avez fait le marché qui vous plaît, vous ne songez peut-être guère au payement; mais *les créanciers,* comme dit le bonhomme Richard, *ont meilleure mémoire que les débiteurs.* Les créanciers, dit-il encore, forment une secte superstitieuses, observatrice exacte de toutes les époques du calendrier. L'échéance de votre dette arrive sans que vous y preniez garde, et l'on vous en fait la demande avant que vous vous soyez préparé à y satisfaire. — Si, au contraire, vous pensez à ce que vous devez, le terme, qui paraissait d'abord si long, vous semblera extrêmement court ; vous vous imaginerez que le Temps s'est mis des ailes aux talons, comme il en a aux épaules. *Le carême n'est jamais long pour ceux qui doivent payer à Pâques.*

L'emprunteur et le débiteur sont deux esclaves : l'un du prêteur, l'autre du créancier; ayez horreur de cette double chaine. Conservez également votre liberté et votre indépendance[1].

---

[1] Franklin n'a ici en vue que le crédit de consommation et d'imprévoyance ; il dit plus loin (p. 273) que le crédit, c'est de l'argent. Voy.

Jeunesse et Prospérité ne durent pas longtemps.

Peut-être vous croyez-vous en ce moment dans un état d'opulence qui vous permet de satisfaire impunément quelque petite fantaisie ; mais *épargnez* pour le temps de la **Vieillesse** et du **Besoin**, pendant que vous le pouvez : — *le soleil du matin ne dure pas tout le jour.*

Le gain est incertain et passager ; mais la dépense est continuelle et certaine. *Il est plus aisé de bâtir deux cheminées* que d'entretenir du feu dans une, dit le bonhomme Richard : ainsi couchez-vous sans souper plutôt que de vous lever avec des dettes.

Gagnez ce qu'il vous est possible de gagner, et ménagez bien ce que vous gagnez ; c'est le véritable secret de changer votre plomb en or ; et quand vous posséderez cette pierre philosophale, vous ne vous plaindrez pas de la rigueur des temps et de la difficulté à payer impôt [1].

Qu'il faut demander les Bénédictions du ciel, — secourir ceux à qui elles sont refusées, — écouter l'Expérience et les Bons Conseils.

Cette doctrine, mes amis, est celle de la Raison et de la Prudence.

N'allez pas cependant vous confier uniquement à votre Travail, à votre Sobriété et à votre Économie. Ce sont d'excellentes choses, à la vérité ; mais elles vous seraient inutiles, sans la bénédiction du ciel. Demandez donc humblement cette bénédiction ; ne soyez point insensibles aux besoins de ceux à qui elles sont refusées ; mais donnez-leur des consolations et des secours. Souvenez-vous que Job fut bien misérable, et qu'ensuite il retrouva son opulence.

chap. XVII, p. 98, les bons effets du crédit dans les affaires industrielles et commerciales. J. G.

[1] Franklin suppose un pays où l'impôt est rationnel, bien assis, bien employé. J. G.

Je n'en dirai pas davantage. *L'expérience tient une école où les leçons coûtent cher* ; mais c'est la seule où les insensés puissent s'instruire ; encore est-ce fort rare : car, comme dit le bonhomme Richard, *on peut donner un bon avis, mais non la bonne conduite.*

Cependant rappelez-vous que celui *qui ne sait pas être conseillé ne peut être secouru* d'une manière utile ; et que, *si vous ne voulez pas écouter la raison, elle ne manquera pas de se faire sentir.*

Le vieillard finit ainsi sa harangue. On l'avait écouté ; on approuvé ce qu'il venait de dire, et l'on fit sur-le-champ le contraire, précisément comme il arrive aux sermons ordinaires ; car la vente s'ouvrit et chacun enchérit de la manière la plus extravagante.

Mais je vis que ce brave homme avait soigneusement étudié mes Almanachs et digéré tout ce que j'avais dit sur ces matières pendant vingt-cinq ans. Les fréquentes citations qu'il avait faites eussent fatigué tout autre que l'auteur cité ; ma vanité en fut délicieusement affectée, bien que je n'ignorasse pas que, dans toute cette sagesse, il n'y avait pas la dixième partie qui m'appartînt et que je n'eusse glanée dans le bon sens de tous les siècles et de tous les pays. Quoi qu'il en soit, je résolus de mettre cet écho à profit pour moi-même ; et, bien que d'abord je fusse décidé à m'acheter un habit neuf, je me retirai, déterminé à faire durer le vieux.

Ami lecteur, si tu peux en faire autant, tu y gagneras autant que moi.

Souvenez-vous que le *temps est de l'argent.*

Celui, qui, par son travail, peut gagner dix francs par jour, et qui se promène ou reste oisif une moitié de la journée, quoiqu'il ne débourse que quinze sous pendant ce temps de promenade ou de repos, ne doit pas se borner à faire compte de ce débours seulement ; il a réellement dépensé, disons mieux, il a jeté cinq francs de plus.

CONSEILS

POUR FAIRE FORTUNE

PAR FRANKLIN.

Avis d'un vieil ouvrier à un jeune ouvrier.

Souvenez-vous que le *crédit est de l'argent*[1].

Si un homme me laisse son argent dans les mains après l'é-chéance de ma dette, il m'en donne l'intérêt, ou tout le produit que je puis en retirer pendant le temps qu'il me le laisse. Le bénéfice monte à une somme considérable pour un homme qui a un crédit étendu et solide, et qui en fait un bon usage.

Souvenez-vous que *l'argent est de nature à se multiplier par lui-même.*

L'argent peut engendrer l'argent; les petits qu'il a faits en font d'autres plus facilement encore, et ainsi de suite. Cinq francs employés en valent six; employés encore, il y en valent sept et vingt centimes, et proportionnellement ainsi jusqu'à cent louis[2]. Plus les placements se multiplient, plus ils se grossissent; et c'est de plus en plus vite que naissent les profits. Celui qui tue une truie pleine en anéantit toute la descendance, jusqu'à la millième génération. Celui qui engloutit un écu détruit tout ce que cet écu pouvait produire, et jusqu'à des centaines de francs.

Souvenez-vous qu'une somme de cinquante écus par an peut s'amasser en n'épargnant guère plus de huit sous par jour.

[1] Le bon crédit! Voy. plus haut (p. 269) ce qui est dit du mauvais crédit.

[2] 2,400 francs.

Moyennant cette faible somme, que l'on prodigue journellement sur son temps ou sur sa dépense, sans s'en apercevoir, un homme avec du crédit, a, sur sa seule garantie, la possession constante et la jouissance de mille écus à cinq pour cent. Ce capital, mis activement en œuvre par un homme industrieux, produit un grand avantage.

Souvenez-vous du proverbe : *Le bon payeur est le maître de la bourse des autres.*

Celui qui est connu pour payer avec ponctualité et exactitude à l'échéance promise peut, en tout temps, en toute occasion, jouir de tout l'argent dont ses amis peuvent disposer ; ressource parfois très-utile. Après le travail et l'économie, rien ne contribue plus au succès d'un jeune homme dans le monde que la ponctualité et la justice dans toute affaire ; c'est pourquoi, lorsque vous avez emprunté de l'argent, ne le gardez jamais une heure au delà du terme où vous avez promis de le rendre, de peur qu'une inexactitude ne vous ferme pour toujours la bourse de votre ami.

Les moindres actions sont à observer en fait de crédit. Le bruit de votre marteau qui, à cinq heures du matin, ou à neuf heures du soir, frappe l'oreille de votre créancier, le rend facile pour six mois de plus : mais s'il vous voit à un billard, s'il entend votre voix au cabaret, lorsque vous devez être à l'ouvrage, il envoie pour son argent dès le lendemain, et le demande avant de le pouvoir toucher tout à la fois. C'est par ces détails que vous montrez si vos obligations sont présentes à votre pensée ; c'est par là que vous acquérez la réputation d'un homme d'ordre, aussi bien que d'un honnête homme, et que vous augmentez encore votre crédit.

Gardez-vous de tomber dans l'erreur de plusieurs de ceux qui ont du crédit, c'est-à-dire de regarder comme à vous tout ce que vous possédez, et de vivre en conséquence. Pour prévenir ce faux calcul, tenez à mesure un compte exact, tant de votre dépense que de votre recette. Si vous prenez d'abord la peine de mentionner jusqu'aux moindres détails, vous en éprouverez de bons effets : vous découvrirez avec quelle étonnante rapidité une addition de menues dépenses monte à une somme considérable, et vous reconnaîtrez combien vous auriez pu économiser par le passé, combien vous pouvez économiser pour l'avenir, sans vous occasionner une grande gêne.

Enfin, le chemin de la fortune sera, si vous le voulez, aussi uni que celui du marché. Tout dépend surtout de deux mots : *travail* et *économie ;* c'est-à-dire qu'il ne faut dissiper ni le *temps*, ni l'*argent*, mais faire de tous deux le meilleur usage qu'il est possible. Sans travail et sans économie, vous ne ferez rien ; avec eux, vous ferez tout. Celui qui gagne tout ce qu'il peut gagner honnêtement, et qui épargne tout ce qu'il gagne, sau les dépenses nécessaires, ne peut manquer de devenir *riche*, si toutefois cet Être qui gouverne le monde, et vers lequel tous doivent lever les yeux pour obtenir la bénédiction de leurs honnêtes efforts, n'en a pas, dans la sagesse de sa providence, décidé autrement,

Avis nécessaires à ceux qui veulent être riches.

La possession de l'argent n'est avantageuse que par l'usage qu'on en fait.

Avec six louis par an vous pouvez avoir l'usage d'un capital de cent louis, pourvu que vous soyez d'une prudence et d'une honnêteté reconnues.

Celui qui fait par jour une dépense inutile de huit sous [1], dépense inutilement plus de six louis par an [2], ce qui est le prix que coûte l'usage d'un capital de cent louis [3].

Celui qui perd tous les jours dans l'oisiveté pour huit sous de son temps, perd l'avantage de se servir d'une somme de cent louis tous les jours de l'année.

Celui qui prodigue, sans fruit, pour cinq francs de son temps, perd cinq francs tout aussi sagement que s'il les jetait dans la mer.

Celui qui perd cinq francs, perd non-seulement ces cinq francs, mais tous les profits qu'il en aurait encore pu retirer en les faisant travailler, ce qui, dans l'espace de temps qui s'é-

---

[1] 40 centimes. — [2] 144 francs. — [3] 2,400 francs.

coule entre la jeunesse et l'âge avancé, peut monter à une somme considérable.

Autre avis sur la manière d'acheter économiquement.

Celui qui vend à crédit demande de l'objet qu'il vend un prix équivalent au principal et à l'intérêt de son argent, pour le temps pendant lequel il doit en rester privé ; celui qui achète à crédit paye donc un intérêt pour ce qu'il achète ; et celui qui paye en argent comptant pourrait placer cet argent à intérêt ; ainsi, celui qui possède une chose qu'il a achetée paye un intérêt pour l'usage qu'il en fait.

Toutefois, dans ses achats, il est mieux de payer comptant, parce que celui qui vend à crédit, s'attendant à perdre cinq pour cent en mauvaises créances, augmente d'autant le prix de ce qu'il vend à crédit pour se couvrir de cette différence.

Celui qui achète à crédit paye sa part de cette augmentation. Celui qui paye argent comptant y échappe, ou peut y échapper.

Moyens d'avoir toujours de l'argent dans sa poche.

Dans ce temps, où l'on se plaint généralement que l'argent est rare, ce sera faire acte de bonté que d'indiquer aux personnes qui sont à court d'argent le moyen de pouvoir mieux garnir leurs poches. Je veux leur enseigner le véritable secret de gagner de l'argent, la méthode infaillible pour remplir les bourses vides, et la manière de les garder toujours pleines.

Deux simples règles, bien observées, en feront l'affaire.

Voici la première : *Que la probité et le travail soient vos compagnons assidus.*

Et la seconde : *Dépensez un sou de moins par jour que votre bénéfice net.*

Par là, votre poche si plate commencera bientôt à s'enfler, et n'aura plus à crier jamais que son ventre est vide ; vous ne serez pas maltraité par des créanciers, pressé par la misère, rongé par la faim, glacé par la nudité. Le ciel brillera pour vous d'un éclat plus vif, et le plaisir fera battre votre cœur.

Hâtez-vous donc d'embrasser ces règles et d'être heureux.
Écartez loin de votre esprit le souffle glacé du chagrin et vivez
indépendant. Alors vous serez un homme, et vous ne cacherez
point votre visage à l'approche du riche ; vous n'éprouverez
point de déplaisir de vous sentir petit lorsque les fils de la fortune marcheront à votre droite ; car l'indépendance, avec peu
ou beaucoup, est un sort heureux, et vous place de niveau avec
les plus fiers de ceux que décorent les ordres et les rubans. Oh!
soyez donc sages ; que le travail marche avec vous dès le matin ;
qu'il vous accompagne jusqu'au moment où le soir vous amènera
l'heure du sommeil. Que la probité soit comme l'âme de votre
âme, et n'oubliez jamais de conserver un sou de reste, après
toutes vos dépenses comptées et payées ; alors vous aurez atteint
le comble du bonheur, et l'indépendance sera votre cuirasse et
votre bouclier, votre casque et votre couronne ; alors vous mar-
cherez tête levée — sans vous courber devant des habits de soie,
parce qu'ils seront portés par un misérable qui aura des richesses, — sans accepter un affront parce que la main qui
vous l'offrira étincellera de diamants.

Le sifflet ou les dépenses inutiles.

A mon avis, il serait très-possible pour nous de tirer de ce
bas monde beaucoup plus de bien, et d'y souffrir moins de mal,
si nous voulions seulement prendre garde de *ne donner pas
trop pour nos sifflets.* Car il me semble que la plupart des malheureux qu'on trouve dans le monde sont devenus tels par leur
négligence de cette précaution.

Vous demandez ce que je veux dire ? Vous aimez les histoires,
et vous m'excuserez si je vous en donne une qui me regarde
moi-même.

Quand j'étais un enfant de cinq ou six ans, mes amis, un jour
de fête, remplirent ma petite poche de sous. J'allai tout de suite
à une boutique où on vendait des babioles ; mais étant charmé
du son d'un sifflet que je rencontrai en chemin dans les mains
d'un autre petit garçon, je lui offris et lui donnai volontiers
pour cela tout mon argent. Revenu chez moi, sifflant par toute

la maison, fort content de mon achat, mais fatiguant les oreilles de toute la famille ; mes frères, mes sœurs, mes cousines, apprenant que j'avais tant donné pour ce mauvais bruit, me dirent que c'était dix fois plus que la valeur. Alors ils me firent penser au nombre de bonnes choses que j'aurais pu acheter avec le reste de ma monnaie, si j'avais été plus prudent ; ils me ridiculisèrent tant de ma folie, que j'en pleurai de dépit, et la réflexion me donna plus de chagrin que le sifflet de plaisir.

Cet accident fut cependant, dans la suite, de quelque utilité pour moi, l'impression restant sur mon âme ; de sorte que, lorsque j'étais tenté d'acheter quelque chose qui ne m'était pas nécessaire, je disais en moi-même : *Ne donnons pas trop pour le sifflet*, et j'épargnais mon argent.

Devenant grand garçon, entrant dans le monde et observant les actions des hommes, je vis que je rencontrais nombre de gens qui *donnaient trop pour le sifflet*.

Quand j'ai vu quelqu'un qui, ambitieux de la faveur de la cour, consumait son temps en assiduités aux levers, son repos, sa liberté, sa vertu, et peut-être même ses vrais amis, pour obtenir quelque petite distinction, j'ai dit en moi-même : Cet homme *donne trop pour son sifflet*.

Quand j'en ai vu un autre, avide de se rendre populaire, et pour cela s'occupant toujours de contestations publiques, négligeant ses affaires particulières, et les ruinant par cette négligence : *Il paye trop*, ai-je dit, *pour son sifflet*.

Si j'ai connu un avare qui renonçait à toute manière de vivre commodément, à tout le plaisir de faire du bien aux autres, à toute l'estime de ses compatriotes et à tous les charmes de l'amitié, pour avoir un morceau de métal jaune : Pauvre homme, disais-je, *vous donnez trop pour votre sifflet*.

Quand j'ai rencontré un homme de plaisir, sacrifiant tout louable perfectionnement de son âme et toute amélioration de son état aux voluptés du sens purement corporel, et détruisant sa santé dans leur poursuite : Homme trompé, ai-je dit, vous vous procurez des peines au lieu des plaisirs : *vous payez trop pour votre sifflet*.

Si j'en ai vu un autre, entêté de beaux habillements, belles maisons, beaux meubles, beaux équipages, tous au-dessus de sa fortune, qu'il ne se procurait qu'en faisant des dettes, et en allant finir sa carrière dans une prison: Hélas ! ai-je dit, *il a payé trop pour son sifflet.*

Quand j'ai vu une très-belle fille, d'un naturel bon et doux, mariée à un homme féroce et brutal, qui la maltraite continuellement : C'est grand'pitié, ai-je dit, qu'elle ait *tant payé pour un sifflet.*

Enfin j'ai conçu que la plus grande partie des malheurs de l'espèce humaine viennent des estimations fausses qu'on fait de la valeur des choses, de ce qu'*on donne trop pour les sifflets.*

Néanmoins, je sens que je dois avoir de la charité pour ces gens malheureux, quand je considère qu'avec toute la sagesse dont je me vante, il y a certaines choses, dans ce bas monde, si tentantes, que si elles étaient mises à l'enchère, je pourrais être très-facilement porté à me ruiner par leur achat, et trouver que j'aurais encore une fois *donné trop pour le sifflet.*

Conseil général.

Si quelqu'un vous dit — que vous pouvez vous enrichir autrement que par le travail et l'économie,

Ne l'écoutez pas ; — c'est un empoisonneur !

N. B. Par Travail il faut entendre toutes les branches de l'activité humaine; par Économie, il faut entendre l'épargne et la formation du Capital (ch. x). L'assertion de Franklin n'exclut pas la légitimité des héritages, résultat du travail et de l'économie des générations antérieures. (Voy. ch. viii, sur la Propriété.)

PENSÉES SUR LE TRAVAIL

LA RUCHE SOCIALE

I

Le travail est la mise en action de nos facultés physiques, intellectuelles et morales pour produire un résultat utile.

Le travail, quelle que soit la légende du premier homme, est la loi de ce monde; il est indispensable à tous les animaux, spécialement à l'espèce humaine, qui est à la fois la plus besogneuse et la mieux douée pour tirer parti des ressources de la nature ; ce qui fait qu'elle peut progresser et qu'elle va se civilisant.

Sans travail rien n'est produit, conservé, utilisé; sans travail, pas d'individus, pas de familles, pas de sociétés. C'est ce qui fait que « tout homme qui est sans rien faire est une chenille dans l'État » (marquis de Mirabeau); que celui qui ne travaille pas d'une façon ou d'autre n'a pas le droit de manger, selon l'Apôtre.

Le travail est nécessaire à un autre point de vue ; il entretient la santé et la vigueur des organes et de l'esprit. — « La paresse (non-travail) est une rouille qui détruit toutes les vertus. » (Dupont, de Nemours, *Lettres*). De là le dicton populaire qu'elle est la mère de tous les vices. — « Le travail éloigne de nous trois grands maux : l'ennui, le vice et le besoin. » (Voltaire). C'est ce qui fait que « l'oisif est un méchant commencé, » comme disait Servan, avocat au parlement de Grenoble.

II

Le travail produisant salaire et bénéfice est le grand art de faire de l'argent, pour parler le langage usuel, dans lequel ce

mot exprime la richesse par excellence. « Les Don Qui-
chotte de la philosophie et les Sisyphes de la chimie, disait,
il y a cent ans l'abbé Genovesi, après s'être alambiqué le cerveau
pendant de longues années, ont enfin reconnu qu'il n'y a d'autres
moyen de faire de l'argent que le travail honnête. Cette conclusion fait encore le désespoir de bien des fous. »

III

En procurant des ressources, un avoir, la richesse petite ou
grande, le travail aide au développement des facultés intellectuelles et morales; il augmente la puissance, la liberté, la dignité, la moralité de l'homme.

En plus, il procure plaisir, contentement, satisfaction morale
par l'effet des résultats ci-dessus et aussi par l'effet du devoir
accompli : « Rien ne vaut et n'égale cette joie honnête et calme,
ce légitime contentement de soi-même que le travail donne aux
laborieux comme un premier salaire. » (Murger, *Vie de bo-
hème*).

Et ce ne sont pas là les seuls avantages moraux du travail.
« Le travail nous modère dans la prospérité, nous console dans
nos misères.» (E. Laboulaye, *Étude sur l'Allemagne*). — «Travaillez, le travail vous rendra le plaisir plus sensible, la douleur
moins amère. » (Thiers, *Discours*, 1868). — « Le sentiment de
la solitude s'adoucit par le travail ; l'homme qui travaille n'est
jamais complétement malheureux. » (X. de Maistre, *le Lé-
preux*).—«Qui travaille, prie », a dit l'Apôtre.

Adam Smith avait donc bien raison en affirmant dans son
encourageante maxime que « le travail conduit au bonheur. »

IV

Le travail est stimulé, rendu plus fécond, — par la liberté
de travailler ou la libre initiative et la responsabilité, — par
la garantie de la propriété ou droit de jouir et de disposer de
ce que chacun produit, selon son désir ou son intérêt.

V

Ce qui est vrai du travail simple et considéré en lui-même
est vrai de l'action du travail aidé par le capital dans l'œuvre
industrielle petite ou grande, d'où ressort cette consolante vérité que le travail et le capital coopèrent simultanément et har-
moniquement au bonheur social, d'autant mieux que la liberté
et la propriété sont mieux garanties par les pouvoirs publics et
les mœurs des citoyens.

Ceux-là travaillent et coopèrent utilement à l'œuvre industrielle et sociale — qui emploient leurs facultés à créer et à diriger des entreprises dans lesquelles ils occupent les capitaux
et les biens d'autres hommes ; — ou qui emploient leurs
efforts à former et conserver des capitaux ou instruments de
travail, pour les prêter ou louer à ceux qui les font produire.

Ceux-là travaillent et coopèrent utilement à l'œuvre sociale
qui s'occupent de ventes et d'achats, de mobilisations de propriétés, de spéculations, d'importations, d'exportations, parce
qu'ils aident à l'écoulement des produits, au mouvement des
échanges, à l'équilibre d'approvisionnement entre les pays et les
temps où les choses sont plus abondantes, et les pays et les
temps où les choses sont plus rares.

VI

En considérant toutes ces activités, toutes ces coopérations,
on est tenté d'assimiler la société à une immense ruche. Mais
dans cette ruche toutes les abeilles laborieuses ne font pas la
même besogne pour produire le miel social. Elles ne coopèrent pas
non plus avec les mêmes facultés, les mêmes aptitudes, la même
énergie, les mêmes moyens, la même intelligence, le même travail, le même capital, la même bonne fortune, le même esprit
d'économie, la même persévérance. Il en résulte une répartition
proportionnelle qui produit l'inégalité dans les conditions,
laquelle est un des ressorts de l'activité sociale. Dans la ruche,
chaque abeille puise à l'approvisionnement commun selon ses
besoins et selon sa force ; dans la société chaque homme a sa

part individuelle et proportionnelle à l'intelligence, au travail et à la quantité d'instrument fourni en terre ou capital, conformément aux principes de propriété et de libre concurrence qui constituent la justice. Dans la ruche, l'insecte travaille machinalement, par instinct : dans la société, l'homme stimulé par son intérêt et le désir de recevoir le plus possible raisonne et prévoit en être libre et intelligent. En supposant qu'il ambitionnât le sort de l'abeille, il ne pourrait parvenir à atteindre ce but contre nature. C'est à cette impossibilité que se heurtent les communistes et les socialistes.

VII

Mais, dit-on, il y a des frelons dans la ruche sociale ! — Sans aucun doute ; toutefois il n'y en a heureusement pas de nos jours autant que l'on dit, et ceux qui le sont ne le sont pas dans la proportion que l'on croit. Ceux-là sont bien des frelons qui profitent des abus ; mais l'étude et l'expérience signalent ces abus au législateur incessamment occupé à les faire disparaître. Quant aux possesseurs du sol ou des capitaux ils ne sont pas des frelons, par cela seul qu'ils sont propriétaires. En cette qualité, ils concourent à l'œuvre sociale, fonctionnant (mieux et plus utilement qu'on ne saurait le faire administrativement), comme créateurs, conservateurs ou administrateurs d'instruments du travail. Dans un pays libre, ils n'ont pas de privilége, ils ne sont pas en corporation fermée ; s'ils sont mieux partagés, ils ne le sont ni aux dépens, ni à l'exclusion des autres qui ont tous le droit de s'élever à la même condition et de devenir propriétaires par le travail, l'économie et la voie de l'échange, du don ou de l'héritage.

Ici il ne s'agit plus du travail, mais du procédé de l'appropriation individuelle qui le féconde, et dont il est question au chapitre VIII des *Premières notions d'économie politique.*

VOCABULAIRE

DES

PRINCIPAUX TERMES DE LA LANGUE ÉCONOMIQUE

RÉSUMÉ ALPHABÉTIQUE

DES PRINCIPES DE L'ÉCONOMIE POLITIQUE

————

Nous nous sommes attaché à mettre sous cette forme la définition aussi claire que possible des principaux termes de la langue économique, qu'il est encore très-rare de rencontrer dans les dictionnaires, et qu'il est plus facile de trouver dans un Vocabulaire que dans les livres didactiques.

J. B. Say a mis un *Epitome* semblable à la fin de son *Traité*. Malthus a publié un petit traité des définitions de la science. Tous deux s'étendent assez longuement et discutent. Nous avons voulu nous tenir strictement dans les limites d'un Vocabulaire. Notre nomenclature, qui vient après celle de ces illustres savants, doit avoir néanmoins l'avantage d'être plus complète et de donner l'explication d'un grand nombre de termes dont de récentes analyses et les discussions avec les écoles socialistes ont rendu l'adoption nécessaire ou l'usage plus fréquent, et que les progrès de la science nous ont permis, si nous ne nous trompons, de formuler en termes plus clairs et plus exacts.

Souvent, après la définition et l'explication du sens ou des divers sens attachés aux mots, nous établissons quelques propositions fondamentales de nature à se graver dans l'esprit du lecteur.

Nous indiquons aussi les pages de ce volume dans lesquelles on pourra trouver de plus longs développements sur le sujet indiqué par les termes du vocabulaire ; quelques termes usuels sont simplement rappelés à cause de leur application, sans être définis.

Abondance. — Grande quantité de subsistances et autres choses utiles.

L'abondance est d'intérêt général;— la Rareté, d'intérêt particulier.

Toutes les objections faites aux Machines et aux Perfectionnements de toute espèce, au Progrès de l'industrie, à la liberté d'Importation, à la diminution des Impôts, à la suppression des Dépenses de la guerre, sont des objections faites à l'Abondance.

Absentéisme. — Émigration des propriétaires loin des terres dont ils perçoivent les revenus, — défavorable aux campagnes. — Terme usité surtout pour désigner l'émigration des propriétaires d'Irlande et leur séjour en Angleterre ou sur le continent.

Abstinence. — Usuellement : action de se priver de boire et de manger. — En économie politique : action de la privation prévoyante qui fait que l'homme s'abstient de consommer tout son revenu, pour en *épargner* une partie en vue de l'avenir de la Production.

L'abstinence, résultat de la volonté de l'homme, et le Travail, sont les causes premières du Capital.

Abus. — Tout ce qui est contraire à l'ordre économique et à la Justice.

Accaparement. — Expression malveillante dont on a flétri le commerce de spéculation et particulièrement le commerce des grains.

La liberté d'accaparer et de spéculer est plus favorable à l'approvisionnement que les entraves et la violence. — Voy. p. 81.

Achat. — Échange de Monnaie contre un Produit, un Travail ou un Service.

Accumulation. — Action de réunir les épargnes pour former le capital. — Voy. *Épargne, Capital, Travail.*

Activité. — Ses heureux effets. — Voy. p. 263. — Voy. *Travail.*

Administration. — Se dit de l'action d'administrer, de conduire les affaires publiques. — Se dit aussi des corps d'administration et de l'ensemble de ces corps.

Agents naturels. — Forces naturelles concourant à la production : — la force végétative de la Terre, la force de la Vapeur, l'action de la Lumière, etc., et aussi les Facultés de l'homme que l'on désigne sous le nom de Travail. — Voy. ce mot.

Agents personnels de la production. — L'Entrepreneur, le Savant (artiste, ingénieur, etc.) l'Ouvrier ou l'Employé. — Voy. p. 23.

Agio. — Différence entre la valeur nominale et la valeur réelle ou prix courant des monnaies.

Agiotage. — Spéculation sur la hausse ou la baisse des fonds publics et des valeurs négociables à la Bourse, et aussi des marchandises. — Se prend souvent dans un sens de blâme.

Agriculture, industrie agricole. — *Grande et petite culture. — Grande et petite propriété.* — Voy. p. 43. — Voy. *Terre, Faire valoir, Métayage, Empythéose, Rente foncière.*

Amortissement. — Réserve annuelle destinée à la reproduction d'un capital, au rachat d'une dette. — Le taux d'amortissement est la réserve annuelle pour l'amortissement d'un capital de 100 francs. — Une caisse d'amortissement est une institution chargée de recueillir et d'employer les sommes destinées à l'amortissement.

Argent. — L'un des deux métaux, dits précieux, propres à faire la monnaie. — Se dit de la monnaie elle-même, et est synonyme de numéraire. — Voy. ce mot.
Moyen de toujours en avoir dans sa poche. — Voy. p. 276.

Arithmétique politique. — C'est un des noms de la Statistique.

Artiste. — Ouvrier de talent ou entrepreneur dans les beaux-arts. — Voy. *Entrepreneur, Ouvrier.* — Voy. p. 131.

Assiette. — Voy. *Impôt.*

Assignats. — Papier-monnaie émis en France sous la Révolution. — Voy. *Papier-monnaie.*

Association. — Réunion d'efforts dans un but commun. — Réunion de capitalistes et de travailleurs ou de travailleurs entre eux pour une entreprise. — Voy. p. 25, 65, 146.

Avances. — Désigne le capital employé dans la production à l'achat des matières premières, des semences, etc., au payement des salaires, de l'intérêt du capital, du loyer des bâtiments, de la terre, etc.

Balance du commerce. — Différence entre les Exportations et les Importations, que l'on suppose soldée en espèces, d'après une croyance erronée basée sur une fausse notion de la Monnaie, de l'Échange et des opérations du Commerce. — Voy. p. 110. — Voy. *Système mercantile.*

Banque. — Institution ou entreprise de crédit faisant l'escompte, et d'autres opérations de crédit, de commerce et de finances. — Se dit aussi de ces opérations et notamment de l'escompte.

Certaines Banques (la Banque de France, la Banque d'Angleterre, etc.) ont le privilége exclusif d'émettre des billets payables au porteur. — Voy. p. 103.

Banquier. — Entrepreneur dirigeant une maison de banque. Voy. p. 103.

Bénéfice. — Excédant qui reste à l'entrepreneur quand il a remboursé les avances du Capital, payé les services des Travailleurs, la Rente ou le Fermage du propriétaire, l'Intérêt du capital. — Voy. p. 143.

Besoin. — Nécessité ou désir qu'on a des choses ou des services. — Voy. p. 3.

Bienfaisance. — Synonyme de Charité. — Voy. ce mot.

Billet. — Obligation ou promesse de payer une somme à une échéance indiquée.

Billets de Banque. — Obligations des Banques payables à vue et *au porteur.* — Voy. *Banque.* — Voy. p. 100.

Bon marché. — Ses inconvénients au point de vue de la dépense privée. — Voy. p. 267.

Bourse. — Marché des fonds publics et des valeurs industrielles. — Voy. ces mots.

Brevet d'invention. — Privilége temporaire accordé à l'auteur de la découverte d'un procédé nouveau..

Budget. — État détaillé des dépenses et des recettes publiques.

Caisse d'amortissement. — Voy. *Amortissement.*

Caisse d'épargne. — Leur utilité. — Voy. p. 34. — Voy. *Épargne.*

Capital. — Se dit de l'ensemble des produits épargnés destinés à la production, — et de l'ensemble de ces produits, plus des produits destinés à la consommation. — Voy. p. 21, 27, 232.

Le Numéraire fait partie des capitaux, mais il n'est pas le capital par excellence et ne forme que quelques centièmes du capital d'un pays. — Voy. *Monnaie.*

Capital fixe ou *engagé*, c'est-à-dire qui est engagé dans la production. — *Capital circulant* ou *mobile*, pouvant se retirer plus facilement de la production sans perte.

Capital immatériel, intellectuel ou *moral*, comprenant les clientèles, les procédés, les connaissances, etc. — Voy. p. 30. — Se confond avec facultés.

Le Capital est l'auxiliaire indispensable du Travail.

Capitaliste. — Possesseur d'un capital. — C'est à tort qu'on a fait de ce mot un synonyme de Bourgeois et d'Oisif.

Capitation. — Impôt égalitaire par tête.

Change. — Commerce des lettres de change et des billets à ordre payables en divers pays. — Le prix de ces effets de commerce se détermine à tant pour cent ou par rapport entre les monnaies des deux pays, et prend aussi le nom de change, — nom qui s'applique encore à l'échange des monnaies et aussi à l'agio résultant de cet échange.

Charité. — Commisération pour les pauvres. — Secours qu'on leur donne. — Travaux de charité. — Voy. p. 247.

Chèque. — Reçu ou mandat payable à une banque recevant des dépôts, détaché d'un extrait à souches.

Circulation. — Ce mot signifie, dans un sens général : le mouvement des Marchandises et des Monnaies, ainsi que des signes représentatifs changeant de mains. Il signifie, dans un sens plus spécial : la masse de numéraire et de signes représentatifs nécessaires aux transactions. — On distingue la circulation métallique, la circulation en papier, et la circulation mixte (espèces et papier).
L'étude des phénomènes de la Circulation constitue la seconde partie de l'Économie politique.

Civilisation. — Action de civiliser. — État d'un pays qui est civilisé.—Progression des sociétés en aisance, en moralité, en intelligence.

Clearing-House. — Bureau de liquidation où les banquiers de Londres échangent les effets qu'ils ont à recevoir les uns chez les autres.

Coalition. — Entente des ouvriers qui se liguent pour obtenir une hausse du salaire, ou imposer toute autre condition à ceux qui les emploient, au moyen de la *grève* ou cessation concertée du travail. Voy. p. 181.

Collectivisme. — Variété de *communisme*. Voy. ce mot.

Colonies. —Possessions lointaines, acquises ou conquises en vue d'en tirer des avantages par l'importation et l'exportation. — Voy. p. 250.

Colonisation. — Action et art de coloniser, de faire prospérer les colonies. — Établissement des colonies.

Commerce, Industrie commerciale. — Industrie qui met les produits à la portée des consommateurs, et leur donne ainsi une Utilité et une Valeur nouvelles. — *Commerce intérieur*, échanges à l'intérieur de la province ou de la nation.— *Commerce extérieur*, importations des pays étrangers, et Exportations dans les pays étrangers.
Avantages sociaux du commerce. — Voy. p. 219. — Faux moyen de *faire aller le commerce*. — Voy. p. 210.

Communauté.— Société de personnes vivant ensemble sous certaines règles, notamment sous une inspiration religieuse. —Communauté des biens, société de personnes vivant ensemble sans exercer le droit de propriété. — *Communautés* se disait autrefois des *Corporations de métiers.* — Voy. ce mot.

Communication (Voie de). — Nom générique des routes, canaux, chemins de fer, voies fluviales, voies maritimes.

Communisme. — Doctrine ou état de la communauté des biens, opposé au régime de la propriété individuelle. — Voy. *Socialisme*, et p. 170.

Compagnies privilégiées. — Compagnies ou Associations ayant un privilége ou monopole artificiel, constitué par une loi ou un règlement de l'autorité publique.

Concurrence. — Droit d'exercer toute profession. — Indique aussi le fait de l'exercice de ce droit. — Synonyme de *Liberté du travail.*

Consommateur.—Celui qui consomme ou emploie l'Utilité et la Valeur d'un produit.

Tous les hommes sont consommateurs; le consommateur, c'est tout le monde. — Voy. p. 154.

Consommation. — Destruction d'Utilité et de Valeur. — *Consommation reproductive,* destruction d'une utilité dans l'industrie et qui se trouve transformée et reproduite. — *Consommation non reproductive,* destruction d'utilité pour l'entretien ou la satisfaction des personnes.

L'étude des phénomènes de la Consommation constitue la troisième partie de l'Économie politique.

Consommation publique. — Dépenses publiques.

Contrainte morale.—Prévoyance des parents, qui consiste à ne pas augmenter le nombre des enfants au delà des moyens qu'ils ont de les nourrir et de les élever convenablement.

Contrebande. — Fraude faite à la frontière d'un État, ou à la barrière d'une ville pour ne pas payer les droits de douane ou d'octroi, — ou faire entrer ou sortir les produits prohibés.

Contribuable. — Individu payant l'impôt.

Contribution. — Synonyme d'Impôt, de Droit, de Taxe, etc.

Coopération. — Participation à une entreprise. Se dit spécialement, depuis quelques années, de l'association ouvrière.

Corporation. — Association dont les membres sont unis par les mêmes droits et les mêmes devoirs.

Corporations.—On donnait dans l'ancien régime ce nom, ainsi que celui de *Communautés*, de *Jurandes* et de *Maîtrises*, aux corps d'arts et métiers jouissant de priviléges et soumis à des règlements restrictifs. — Voy. p. 54.

Corvée. — Ancien impôt en travail sur les paysans.

Crédit. — Confiance, — facilité d'emprunter, — transformation des capitaux fixes ou engagés en capitaux circulants, — ensemble des moyens par lesquels la circulation est facilitée et devient plus active.

C'est une erreur de croire que le crédit multiplie les capitaux. — Voy. p. 107, 232. — Faux crédit, p. 103, 269.

Crédit foncier, — Mobilier, etc. — Voy. p. 108.

Crise. — Malaise industriel. — Arrêt dans les échanges. — Ralentissement de la circulation ou du crédit. — Non-circulation des Produits, du Numéraire et des Signes représentatifs.

Débouché. —Tout moyen d'écoulement, d'échange, de vente pour un Produit, un Travail ou un Service. — Se dit aussi de tout pays, toute localité, toute industrie où l'on peut trouver le placement et l'écoulement des Produits, du Travail et des Services. — Voy. p. 78.

Demande. — Quantité de Marchandises, de Travail ou de Services demandée, appréciable par l'étendue du Marché, la volonté des acheteurs et les sacrifices qu'ils peuvent faire. — Voy. *Offre et demande.*

Dépenses. — *Dépenses privées :* épargne et luxe ; rôle social de l'économe et du prodigue. — Voy. p. 32, 152, 236. — Inconvénients du bon marché. — Voy. p. 267. — Des achats à crédit. — Voy. p. 269. — Dépenses folles ou inutiles. — Voy. p. 268 et 277.

Dépenses publiques. — Voy. p. 155, 242.

Disette. — Manque des récoltes. — Rareté des substances alimentaires.

Distribution. — La troisième des quatre phases de la Richesse, qui, après avoir été produite, circule, et se répartit entre les ayants droit qui la consomment. — Voy. p. 125.

Division du travail. — Séparation des occupations entre les ouvriers dans une industrie. — Spécialité dans les diverses industries. — Spécialité des industries naturelles dans les divers pays. — Voy. p. 57.

Docks. — Entrepôts perfectionnés ; établissements qui entreprennent le déchargement et le chargement des navires, le magasinage des denrées, qui règlent avec la douane, et qui émettent des papiers représentant les marchandises, appelés *warrants* et circulant comme des effets de commerce. — Voy. p. 116.

Douane. — Institution dans le but fiscal de p rcevoir des droits à l'entrée ou à la sortie des frontières dans l'intérêt du trésor public ; — et aussi dans le but de *protéger* certaines industries nationales en écartant la concurrence étrangère par des Prohibitions ou des droits élevés et d'autres entraves. — Voy. *Protection, Système protecteur, Système exclusif.* — Voy. p. 111, 254.

Drawback. — Droit payé à l'entrée et restitué à la sortie. — Voy. p. 114.

Droit. — A diverses significations : — Ce qui est juste ; — la science de la législation (droit civil, droit commercial, droit criminel, etc.) ; Garantie individuelle (droits civils, droits politiques, droits naturels) ; — Taxes et impôts. — A aussi signifié privilége.

Droit au profit. — Se dit de la prétention de ceux qui demandent des faveurs pour leur industrie afin qu'on leur garantisse des bénéfices. — Voy. p. 201.

Droit au travail. — Se dit de la prétention des classes ouvrières à l'assistance publique par le travail. — Diffère du *droit du travail* ou *liberté du travail.*

Droit de vivre, — droit à l'assistance, — droit de travailler. — Voy. chap. XXVIII et *Ce qu'on voit,* etc.

Droits de douane. — Droits fiscaux ou protecteurs perçus par les agents de la douane à l'entrée ou à la sortie de la frontière de l'État. — Voy. *Douane, Protection, Système protecteur*. — Voy. p. 114.

Droits différentiels. — Droits de douane variant selon les lieux de provenance des produits, leur usage, leur forme, leur dimension, etc.

Droits d'octroi. — Taxes ou droits perçus à l'entrée des villes.

Droits réunis. — Nom des impôts indirects sous le premier empire. — Voy. *Impôt*.

Échange. — Cession d'un Produit, d'un Travail ou d'un Service contre un autre produit, un autre travail ou un autre service. — Si le Numéraire n'intervient pas, l'échange peut s'appeler *troc*. Quand le Numéraire intervient, l'échange prend les noms de *Vente* ou d'*Achat ;* — de Vente, par rapport à celui qui reçoit le Numéraire ; — d'Achat, par rapport à celui qui le donne.
L'Échange est le lien de toute Société. — Voy. p. 74.

Échangeabilité. — Qualité qu'ont les produits ou les services d'être échangéables.

Échelle mobile. — Droits de douane sur les céréales, échelonnés en proportion inverse des prix. Voy. 115.

Économie. — Ordre dans la dépense ou la conduite d'un ménage, — dans l'administration d'un bien.
Synonyme de l'*épargne* et aussi de ce qui est épargné, soustrait à la consommation, mis en réserve. — Voy. p. 31, 266, 279. — Voy. *Épargne*.
Se dit aussi de l'harmonie des parties d'un système, etc. — En ce sens synonyme d'organisation.
Se dit quelquefois de l'Économie politique.

Économie commerciale. — Désigne les questions économiques relatives au commerce.

Économie domestique. — Administration des ressources du ménage.

Économie industrielle. — Un des synonymes d'Économie

politique. — L'économie politique appliquée à l'industrie proprement dite.

Économie politique. — Le plus usité des noms de la science économique. — L'Économie politique est la science de la Richesse, — ou mieux la Science qui traite des phénomènes et des lois générales de la Production, de la Distribution et de la Consommation de la Richesse. — Voy. p. 3.

Économie publique.—Gestion des affaires d'une commune, d'un département, d'une nation.

Économie rurale. — Synonyme d'*Économie rustique* ou *agricole*, d'*Agronomie*, de science agricole, de gestion d'un domaine.

Se dit de la conduite et de l'administration d'une exploitation agricole.

Se dit aussi de l'économie politique considérée au point de vue des questions agricoles.

Économie sociale. — Synonyme (irrationnel) d'économie politique et aussi de Science sociale, et encore de Socialisme, toutes choses bien différentes. Voy. *Économie politique, Science sociale, Socialisme.*

Économique (L'). — Un des noms de l'Économie politique, le moins sujet à confusion; proposé par l'auteur.

Économiste. — Nom générique de ceux qui s'occupent d'Économie politique. A d'abord désigné spécialement, à la fin du dix-huitième siècle, les premiers économistes, qu'on désignait aussi sous le nom de *secte des économistes*, même dans les livres d'Économie politique, et que l'on appelle maintenant *physiocrates*, à cause du nom de *physiocratie* (gouvernement naturel) donné par eux à l'ensemble des idées de leur maître.

Parmi les principaux économistes, fondateurs de la science, on doit citer en première ligne : — le Dr *Quesnay* et ses disciples les *physiocrates* (parmi lesquels a surtout brillé *Turgot*), et *Adam Smith*, qui ont écrit pendant la seconde moitié du dix-huitième siècle, — *Jean-Baptiste Say, Malthus* et *Ricardo*, qui ont écrit au commencement de ce siècle. Le premier, le deuxième et le troisième étaient Français ; les autres, Anglais.

Parmi les économistes contemporains, actuellement morts et qui ont contribué au perfectionnement de la science, on doit citer en première ligne : Storch (russe), Sismondi (de Genève), Florès Estrada (espagnol); Schmalz, Kraus, Soden, Rau (allemands); Dunoyer, Ad. Blanqui, Alban Villeneuve, Ch. Coquelin, Bastiat (français); Mac Culloch, Whately, James Wilson, Senior (anglais); Cibrario, (italien); Rossi (franco-italien). — Storch et Rossi ont écrit en français. — Villeneuve, Blanqui et Cibrario ont fait l'histoire des faits et des doctrines économiques.

Parmi les hommes d'État qui ont défendu les principes économiques brillent en première ligne : Turgot, en France; Huskisson, Robert Peel, Richard Cobden, en Angleterre; Cavour, en Italie.

Effets de commerce. — Désigne les *Lettres de change* et les *Billets* des commerçants, des industriels.— Voy. ces mots.

Égalité. — Peut signifier l'égalité des droits, l'égalité devant la loi, et aussi l'égalité des conditions. — L'inégalité des conditions résulte de l'inégalité des facultés et des aptitudes; c'est un principe social. (Voy. p. 176.)

Émigration. — Établissement en pays lointain. — Ensemble des populations qui émigrent.

Emphytéose. — Bail ou location à terme séculaire (99 ans).

Employés. — Catégories d'agents auxiliaires de l'entrepreneur.

Employeur. — Voy. *Entrepreneur*.

Emprunt. — Action d'emprunter, de recevoir en prêt. — Signifie aussi la chose empruntée. — Les *emprunts publics* sont les emprunts des États, des communes. — Prix de l'argent, 267.

Encombrement. — Surabondance de Produits offerts.

Encouragement. — Voy. *Protection*.

Entrepôt. — Magasin surveillé par la douane où sont déposés les produits venant de l'étranger, en attendant qu'ils payent les droits au fur et à mesure de leur sortie.

Entrepreneur. — Celui qui conçoit et dirige une Exploitation, une Fabrication, une Entreprise quelconque, industrielle, agricole, commerciale, artistique, scientifique ; improprement appelé patron, bourgeois, maître, et qu'il serait plus logique d'appeler *employeur*. — Voy. p. 24 et 143.

Épargne. — Limitation dans la dépense pour soustraire une partie du revenu à la consommation. — Indique aussi la partie soustraite à la consommation, économisée, accumulée, pour former un Capital. — Voy. p. 31 et 236.
Caisse d'épargne. — Institution pour recueillir les petites épargnes, p. 31.

État. — Se dit d'une Nation ou d'une Confédération considérée en corps, et aussi de son Gouvernement. — Se dit aussi de l'autorité publique. — Le commerce par l'État, 219. Un sophisme fréquent consiste à considérer l'État comme une Providence, à l'aide de laquelle chacun voudrait obtenir des faveurs aux dépens d'autrui.

Exclusif (Système) — Voy. *Système.*

Exploitation. — Mise en valeur, administration — d'une mine, d'une forêt, d'une terre, etc. — Synonyme d'entreprise. — Exploitation agricole, manufacturière ou commerciale. — On l'a pris en mauvaise part, dans le sens de spoliation, et on a dit : exploitation de l'homme par l'homme. L'esclavage, le servage, sont, dans ce sens, des exploitations de l'homme. Les monopoles et les abus peuvent engendrer une pareille exploitation ; mais il n'est pas exact de dire que le Salariat soit une exploitation de l'homme par l'homme.

Exportation. — Transport et vente de produits à l'extérieur d'un pays. — Voy. p. 111.

Facultés de l'homme, *facultés industrielles*. — La force, l'aptitude, les qualités physiques, intellectuelles et morales de l'homme, constituant l'Instrument-Travail, ou simplement le Travail.

Faire valoir. — Culture pour le propriétaire foncier ou sous sa direction. — Voy. p. 44.

Fermage. — Mode de location d'une terre pour un certain nombre d'années et moyennant un revenu fixe, qui s'appelle aussi *Fermage* et qui comprend la Rente de la terre et l'Intérêt du capital. — Le locataire prend le nom de Fermier. — Voy. *Rente.* — Voy. p. 44, 140.

Finances. — Administration, — art — et science des revenus publics et des dépenses publiques.

Fisc. — Le trésor public exerçant son action contre le contribuable.

Fonds. — Espèces, Numéraire.

Fonds productifs. — Synonyme d'Instruments du travail.

Fonds de terre, biens-fonds. — Signifie la terre, les champs, les bois, etc. — Voy. *Terre.*

Fonds publics. — Créances sur l'État, par suite des emprunts, représentées par des titres de rentes.

Fonds social. — Avoir d'une Compagnie.

Fortune. — Synonyme de Richesse et grande propriété. — Le moyen de faire fortune par le Travail, l'Activité, l'Ordre, le Soin, la Tempérance et l'Économie. — Voy. p. 263. — Conseils pour faire fortune. — Voy. p. 273.

Frais de production. — Ensemble de ce qu'il en coûte pour créer un Produit ou un Service comprenant, savoir : — les Avances de toute sorte, — le Salaire des ouvriers, — l'Intérêt du capital, — et, selon les cas, la Rente du propriétaire foncier. — Voy. p. 86.

Fraternité. — Sentiment fraternel et de dévouement à ses semblables, à l'espèce humaine. — Voy. p. 180.

Gouvernement. — Se dit de la manière et de l'art de gouverner, de diriger les affaires d'un pays ; — de l'autorité ou des pouvoirs exécutif et législatif qui gouvernent un État. — C'est dans ce dernier sens qu'on le prend le plus souvent en économie politique .— Voy. p. 57.

Harmonie économique. — Accord général (sauf exceptions) et providentiel des Intérêts individuels, résultat de la nature des choses. Synonyme d'*Harmonie sociale*, dans un sens moins étendu.

Importation. — Introduction des produits étrangers dans un pays. — Voy. *Balance du commerce.* Voy. p. 111.

Impôt. — Partie du revenu des citoyens ou des richesses créées

par eux, prélevée par le gouvernement et consacrée par lui
aux dépenses publiques.

L'impôt peut être considéré comme une prime d'assurance
payée par les contribuables pour obtenir la Sécurité.

On ne doit d'impôt qu'à l'État.

La manière dont un impôt est établi ou assis et perçu constitue son assiette.

Il y a diverses catégories d'Impôt : — l'*impôt fixe*, consistant
en un droit fixé et invariable ; — l'*impôt proportionnel*,
exigé en proportion de la valeur de la chose imposée; —
l'*impôt progressif*, consistant en prélèvements faits en
proportion progressive ; — l'*impôt sur le capital*, assis sur
l'instrument de production; — l'*impôt sur le revenu*, assis
sur le revenu; — l'*impôt direct* demandé au contribuable
qui le supporte; — l'*impôt indirect* ou de *consommation*,
demandé à des producteurs ou marchands intermédiaires
qui sont censés se le faire rembourser; — l'*impôt de répartition*, dont le total fixé par la loi est réparti entre les
contribuables, — l'*impôt de quotité*, perçu en vertu d'un
tarif. — Les impôts perçus à la frontière des États s'appellent *droits de douanes;* ceux perçus à l'entrée des villes,
octrois ou *droits d'octroi*. — Voy. chap. xxv.

Individualisme. — Synonyme, en mauvaise part, d'*Intérêt
privé*.

Industrialisme. — Synonyme, en mauvaise part, du développement industriel. — Voy. p. 215.

Industrie. — Action combinée des instruments de production : le Travail de l'homme, la Terre, le Capital, d'où résulte la production d'Utilité et de Valeur. — Il y a l'industrie extractive, l'Industrie agricole, l'Industrie manufacturière,
l'Industrie voiturière, l'Industrie commerciale, l'Industrie
immatérielle. — Voy. p. 14. — Solidarité des industries, 213.

Se dit usuellement, dans un sens restreint, de l'Industrie
manufacturière seulement.

Instruments de travail ou de production. Ce sont :
1° les facultés de l'homme ou le Travail; — 2° l'ensemble

des moyens créés par l'industrie de l'homme ou le Capital ;
— 3° le Sol cultivable et les autres agents naturels ou la
Terre. — Voy. p. 19.

Intérêt ou **loyer** du capital. — Prix de la location d'un Capital ; — Achat des services productifs qu'on peut tirer d'un
capital ; — Part du Capital dans le résultat de l'entreprise.
— Voy. chap. xxi. — Se dit plus spécialement pour le capital
circulant.

Le *taux* de l'intérêt, c'est le prix d'un capital de cent francs
ou évalué à cette somme.

Intérêt de l'argent. C'est une fausse expression pour désigner
l'intérêt du capital. — La monnaie sert de mesure au capital, mais n'est pas le capital.

Intérêt général ou **social**. — L'intérêt de tout le monde,
du consommateur.

Intérêt privé ou **personnel**. — Ce qui convient, ce qui importe à l'Individu et à sa Famille.

C'est le moteur universel de l'humanité. — Les écoles
socialistes ont voulu le flétrir sous le nom d'*Individualisme*
et le confondre avec l'*égoïsme*, qui est l'amour exclusif et
exagéré de soi.

Intermédiaires. — Travailleurs mettant en rapport les consommateurs et les producteurs des Produits ou des Services. — Le travail commercial est fait par des intermédiaires ;
son utilité. — Voy. p. 219.

Intervention. — Immixtion de l'autorité publique dans le domaine du travail. Elle doit être la moindre possible. — Voy.
Gouvernement, Sécurité, Réglementation, Restriction, Subvention.

Inventions. — Procédés, modes de travail nouveaux. — Voy.
Brevets. — Le droit d'invention égal au droit de premier occupant. — Voy. p. 51.

Laisser faire, laisser passer. — Formule des physiocrates
pour exprimer la Liberté du travail en opposition avec les
entraves des corporations et de la réglementation abusive
(*Laisser faire*) ; — et pour exprimer la Liberté (du commerce

ou des échanges aux frontières des provinces et des États (*Laisser passer*). — Voy. p. 55.

Lettre de change. — Ordre de payer donné par un débiteur à son créancier, et transmissible par endossement. — Voy. p. 101.

Lettre de gage. — Signe représentatif du fonds de terre, garanti par les institutions de crédit foncier.

Liberté. — Au point de vue économique, la Liberté s'appelle : Liberté du travail, Concurrence, Liberté des échanges, Liberté du commerce, Libre échange.

Liberté du travail ou **Concurrence**. — Droit naturel de l'homme d'exercer toute profession qui lui convient, de vendre et d'acheter où bon lui semble, et au mieux de ses intérêts, sans empêchements administratifs ou fiscaux, à la seule condition de ne pas nuire à autrui.

La liberté du travail est un corollaire du droit de propriété; elle est synonyme de *Liberté des transactions;* elle comprend : la *Liberté des échanges*, un minimum de réglementation par le législateur ou d'intervention par l'administration, la liberté d'association et de coalition. — Voy. p. 52.

Liberté des échanges ou **liberté du commerce** ou **Libre échange**. — (Comprise dans la Liberté du travail) Droit de vendre et d'acheter librement à l'intérieur ou à l'extérieur d'un pays, — droit d'importer et d'exporter.

La liberté des échanges est un corollaire du droit de propriété, comme la liberté du travail. — Voy. p. 80, 219, 226.

Loyer. — Part de revenu donnée par l'emprunteur au prêteur d'un capital fixe, pour prix de la location, en compensation de la privation.

Luxe. — Consommation de choses rares, belles et chères. — Se dit, par extension, de l'excès de dépenses dans les vêtements, la table, l'ameublement. — Voy. p. 152, 256.

Machines. — Outils et appareils servant à augmenter la puissance productive de l'homme. — Voy. p. 35, 215.

Malthusianisme. — Nom donné aux idées de Malthus sur la population. — Voy. p. 164. — Pris en mauvaise part.

Mandat. — Ordre de payer moins impératif que la *Lettre de change*.

Manufacture. — Synonyme de fabrication. — Grand établissement industriel. — Voy. *Industrie*.

Marchandise. — Produit destiné à être vendu.

Marché. — Lieu où un produit trouve des acheteurs. — Voy. p. 75.

Synonyme de Débouché, et aussi de transaction, ou vente et achat. — Voy. *Débouché*.

Matières premières. — Tous produits servant à la confection d'autres produits. — Font partie des capitaux circulants.

Maximum. — Voy. *Prix*.

Métayage. — Exploitation d'une terre par un fermier partiaire donnant en général moitié des récoltes au propriétaire. — Voy. p. 44.

Misère. — État de ceux qui manquent des choses nécessaires. — Causes et remèdes de la Misère. — Voy. chap. xxvii.

Monnaie. — Disques d'or ou d'argent, — marchandises acceptées par tout le monde à cause de leurs qualités physiques et économiques, — servant d'*intermédiaire* — dans les échanges, et dont la Valeur sert de *dénominateur commun* à toutes les autres. — Voy. p. 12, chap. xvi.

La monnaie, proprement dite, en or ou en argent au titre exact, est à la fois gage et signe de sa valeur; c'est-à-dire qu'elle a une valeur intrinsèque égale à sa valeur nominale.

La *monnaie subdivisionnaire* est en argent plus billonné ou à titre moindre. — Voy. p. 95.

La *monnaie de cuivre* n'a qu'une faible partie de la valeur intrinsèque par rapport à la valeur qu'elle indique. — Voy. p. 96.

La monnaie *réelle* ou *effective* est celle qui existe en une pièce d'or ou d'argent;

La *monnaie* de *compte* est celle qui sert à établir les comptes;

La monnaie de *change* celle qui sert à fixer le prix du *change*

La monnaie *idéale, imaginaire,* de *convention,* est une monnaie n'existant pas réellement, mais ayant un rapport déterminé avec les autres monnaies de compte ou réelles.

Monnaie fiduciaire. — Expression impropre, comme *Monnaie de papier,* pour désigner les signes représentatifs, circulant facilement et notamment les billets de banque.

Monopole. — Avantage exceptionnel.

Monopole naturel, celui qui résulte de la nature des choses ; toutes les propriétés légitimes, toutes les facultés supérieures, sont des monopoles naturels.

Monopole artificiel, celui qui est créé par les lois et les règlements. — Ce monopole est souvent injuste et *abusif* et doit être l'objet des *réformes.*

Morale. — Science des devoirs envers soi-même et ses semblables ; — de la notion du bien et du mal. — Voy. *Sciences morales.*

Mortalité. — Condition de tous les êtres vivants d'être immanquablement sujets à la cessation de la vie.

Les *tables de mortalité* sont des tableaux indiquant la moyenne de la mortalité à chaque âge sur un nombre d'individus donné.

Mutuellisme. — Variété de Communisme. — Voy. ce mot.

Numéraire. — Pièces ou disques d'or ou d'argent dit monnayé et servant aux échanges.

Le Numéraire, comprenant aussi les billets de banque, ne constitue dans chaque pays que quelques centièmes du capital. — Son rôle dans le prêt, 252.

Octroi. — Impôt ou droit perçu à l'entrée des villes. — Se dit aussi de l'administration qui perçoit les droits d'octroi.

Offre. — Quantité de Marchandises, de Travail ou de Services offerts ou susceptibles d'être immédiatement offerts à la vente.

Offre et demande. — Formule qui désigne l'ensemble des circonstances commerciales ou du marché, lesquelles déterminent la fixation des prix. — L'Offre résume les prétentions et les besoins du vendeur ; la Demande résume ceux de l'acheteur. — Voy. p. 85.

Oisif. — Homme qui ne fait absolument rien, qui n'est utile à rien; cas très-rare.

C'est à tort que les écoles socialistes ont qualifié d'oisifs tous les capitalistes, tous les propriétaires, qui sont souvent les plus laborieux.

Or et argent. — Leurs qualités économiques, chap. XVI.

Organisation sociale. — Il y a une *organisation naturelle* de la société, un arrangement qui résulte des facultés et des intérêts de l'homme se développant librement. — L'*organisation artificielle* est celle qui résulte des prescriptions contraires à la nature de l'homme. — On a improprement appelé dans ces derniers temps du nom d'*organisation du travail* un des systèmes de Communisme et de réglementation universelle mis en avant. — Voy. p. 53, 171.

Ouvrier. — Celui qui loue ses facultés, ses bras ou son intelligence, c'est-à-dire qui vend ses services à un entrepreneur. — Voy. *Population.*

Papier-monnaie. — Signe représentatif des monnaies qui n'est pas conversible en monnaie métallique, qui n'est pas suffisamment garanti ou qui est émis hors des proportions avec les besoins de la circulation. — Voy. p. 102.

Paupérisme. — État des pauvres inscrits et recevant officiellement des secours. — Usuellement : synonyme de l'état de Misère en permanence.

Pauvres. — Individus manquant plus ou moins du nécessaire. — S'ils sont secourus ou mendiants, ils vivent aux dépens de la société. — Voy. *Charité.*

Physiocrates. — Voy. *Économistes.*

Population. — Ensemble des hommes vivant dans un pays. La population se partage en *classes* à divers points de vue. — Au point de vue économique on distingue : la classe des propriétaires fonciers, la classe des capitalistes, la classe des entrepreneurs, la classe des ouvriers ou employés. — La classe ou les classes ouvrières sont les plus nombreuses et les plus pauvres. — On les appelle encore les classes *laborieuses* ou des *travailleurs ;* mais il faut remarquer que, dans les autres classes, la plupart des hommes sont des travailleurs, sont très-laborieux, notamment ceux qui dirigent une entreprise quelconque.

Principe de population. — Énergie de la force d'accroissement de la population et rapport de l'accroissement de la population avec les subsistances. — Voy. p. 163.

Port franc. — Port dans lequel l'entrée des produits étrangers est libre. — Voy. p. 116.

Prêt à intérêt. — Location d'un capital (généralement évalué en espèces), moyennant un revenu appelé Intérêt — et généralement évalué à tant pour cent. — Voy. p. 132, 232.

Prévoyance. — Action et faculté de prendre des précautions pour l'avenir. — Emporte l'idée de travail, d'épargne, de contrainte morale.

Prime. — Somme payée pour encourager l'importation ou l'exportation des produits. — Voy. p. 115.

Privilége. — Avantage exceptionnel. — Voy. *Monopole.*

Prix ou **prix courant.** — La valeur des Choses, du Travail ou des Services exprimée en *monnaie*, et résultant de l'offre et de la demande. — Voy. p. 12 et 85.

Prix de revient. — Prix auquel revient un Produit, un Travail ou un Service en évaluant les *frais de production.*

Prix maximum. — Prix fixé par la loi, ne pouvant être dépassé sous peine d'amende ou de toute autre punition.

Prodigalité. — Ses effets. — Voy. p. 152, 276.

Producteur. — Qui produit. — Synonyme d'entrepreneur.

Production. — Création d'Utilité ou de Valeur nouvelle ; augmentation d'utilité et de valeur existante par le travail et l'industrie.

La Production est la première phase de la richesse ; l'ensemble des phénomènes relatifs à la Production constitue la première partie de l'Économie politique. — Voy. *Agents, Instruments.* — Voy. p. 13, 72.

Productivité. — Faculté de produire.

Produit. — Utilité ou Valeur résultant de la Production. — Si l'utilité et la Valeur sont fixées sur les choses, ce sont des produits dits *matériels*, bien que l'utilité et la valeur soient essentiellement immatérielles ; si elles sont fixées sur les hommes ou si elles se résument en Travail ou en Services, ce sont des *produits immatériels*. — Voy. p. 6, 13, 76.

Les Produits s'échangent contre des Produits; c'est-à-dire que les Produits, le Travail ou les Services s'échangent contre d'autres produits, un autre travail ou d'autres services.

Sont synonymes de Produits, quoique à tort, les mots : *Utilités*, — *Valeurs*, — *Services*.

Produit net. — Résultat de la production ou *Bénéfice*, toutes avances et tous frais déduits.

Les physiocrates n'appelaient ainsi que le revenu des propriétaires, la Rente, parce qu'ils croyaient que l'agriculture seule créait un excédant de richesses nouvelles. — Voy. p. 139.

Profit. — Synonyme de Bénéfice.

Pour certains économistes (Adam Smith, etc.), ce mot signifie à la fois le Salaire de l'entrepreneur, en tant que travailleur, l'Intérêt du capital et le Bénéfice de l'entreprise, par opposition au Salaire des ouvriers. — Pour d'autres (Say, etc.), il est quelquefois un synonyme de Revenu général, et s'applique au revenu du Travail, du Capital et de la Terre.

Il n'est pas vrai que « le Dommage de l'un soit le Profit de l'autre. » L'Économie politique établit au contraire qu'en général l'avantage de l'un est le profit de l'autre. — Voy p. 25, chap. xxiii.

Progrès. — Amélioration. Le progrès économique résulte de la diminution des frais de production. — Voy. p. 26.

Prohibition. — Défense d'importer ou d'exporter; — ou encore d'exercer telle ou telle profession.

Propriétaire. — Possesseur d'une propriété ou d'un avoir quelconque, — d'un instrument de travail quelconque : Produit ou Faculté. — Dans le langage usuel, se dit plus souvent des propriétaires de terres et de maisons.

Propriété. — Droit de disposer d'une chose sans nuire à autrui. — La propriété a pour fondement le Travail, la Justice et l'Utilité sociale. — Voy. *Monopole*. — Voy. p. 10, 47.

Grande et petite propriété. — Voy. p. 43.

Protection. — Outre son sens général, ce mot signifie encore l'exclusion, au moyen des droits de douane, des produits étrangers pour favoriser certaines branches de l'industrie intérieure. — Voy. *Système protecteur*.

Réforme. — Diminution ou suppression des abus, des monopoles abusifs, des entraves, des prohibitions, des réglements irrationnels : *réforme douanière*, réforme financière, etc.

La *réforme commerciale*, ou *réforme douanière*, consiste dans la suppression des entraves commerciales, et particulièrement dans la suppression des prohibitions, la suppression ou la diminution des droits de douane.—Voy. p. 117.

La *réforme financière* comprend à la fois la réforme des tarifs de douane et toutes les autres améliorations financières relatives à l'assiette des impôts et à l'emploi des revenus publics.

Réglementation. — Système général de prescriptions pour l'Industrie et le Commerce. — Voy. p. 55.

Rente, — **Rente foncière**. — Nom général de la part du propriétaire foncier dans le résultat de la production, théoriquement considérée; — et qui, stipulée dans un bail à ferme en redevance annuelle, prend le nom de *fermage* contenant souvent plus et quelquefois moins que la rente foncière.

Se dit aussi d'un Revenu en général et particulièrement d'un revenu provenant de créances sur l'État, qui s'appellent aussi du nom de *rentes*. — Voy. p. 138.

Rentes. — Rentes perpétuelles : créances sur les États, ou Communes.

Rentier. — Qui a des rentes sur l'État ou autres. — Qui peut vivre de son revenu, sans être obligé de travailler.

Répartition. — Synonyme de *Distribution*. — Voy. ce mot.

Restriction. — Obstacles, empêchements, contrainte, réglementation. — Voy. p. 55, 226.

Revenu. — Nom générique du résultat de la production pouvant servir à la consommation annuelle et à la formation du Capital, comprenant : le Salaire, revenu du Travail; — l'Intérêt ou Loyer, revenu du Capital; — la Rente ou Fermage, revenu du Sol ; — le Bénéfice de l'entreprise.

Le *Revenu public* est le revenu de l'État. — Le *Revenu national* peut signifier la même chose ou encore la somme des revenus des citoyens.

Richesse. — Produit, Travail ou Service servant à satisfaire les Besoins physiques, intellectuels ou moraux des hommes, et résultant de la Production par l'action de l'Industrie. — Voy. p. 6.

Les sources de la richesse sont les *Instruments du travail;* c'est-à-dire les Facultés de l'homme, la Terre et le Capital, qui constituent, eux aussi, la richesse.

Salaire. — Rétribution, prix courant, revenu du Travail d'un *ouvrier*, d'un *employé* qui loue ses facultés ou vend son temps, son travail et ses services.

Salaire nominal, montant du salaire en espèces; — *Salaire réel*, ce que peut acheter le salaire; — *Taux du salaire*, montant du salaire quotidien. — Voy. *Ouvrier*. — Voy. p. 128.

Savant (artiste, architecte, ingénieur, etc.) — Un des trois agents personnels de la production. — Voy. p. 23, 131.

Sciences morales et politiques. — Comprennent la Philosophie, — la Morale, — le Droit et la Législation, — l'Économie politique et la Statistique, — l'Histoire, — la Politique, etc. — Voy. p. 2.

Science sociale. — Se dit et devrait se dire exclusivement de la synthèse des sciences morales et politiques.

Les uns en ont fait, à tort, un synonyme d'*Économie politique;* d'autres en ont fait, également à tort, un synonyme de diverses conceptions socialistes. — Voy. *Économie politique*, — *Économie sociale*, — *Socialisme*.

Sécurité. — Ce mot comprend l'idée de tranquillité, de justice, de liberté, de propriété, d'ordre garantis.

La sécurité est une condition indispensable pour les sociétés; elle est produite par le travail des agents du gouvernement. Voy. p. 57.

Service. — Travail ou résultat du travail d'un ouvrier, d'un employé, d'un artiste, d'un savant, dont on tire profit. — *Services*, synonyme de *Produits immatériels*.

L'acception de ce mot a été étendue, par quelques économistes (Say, Bastiat), à l'action productive des trois instruments de travail : la Terre, le Capital, le Travail.

Les Services s'échangent contre des Services, du travail ou des produits. — Voy. *Produits*. — Voy. p. 76.

Signes représentatifs. — Pièces de cuivre ou de billon, ou morceau de papier indiquant une somme de Monnaie et représentant des Valeurs de choses ou de services. — Voy. p. 100.

Socialisme. — Nom générique de divers systèmes qui se proposent de réorganiser la société par des procédés *sociétaires* artificiels : — en supprimant la Propriété et la Liberté de l'homme ; — en violant sa liberté ; — en comptant sur le développement excessif de l'esprit de dévouement ; — en rêvant une famille universelle, et en aboutissant à l'absorption de toute initiative par l'État, c'est-à-dire au communisme, dont l'effet serait l'abrutissement de l'humanité. — Voy. p. 170.

Société. — Ensemble des hommes échangeant leurs Produits et leurs Services. — Voy. *Échange*.

Sociologie. — Synonyme peu usité de science sociale.

Sol. — Voy. *Terre*, *Propriété*.

Spéculation. — Achat d'un objet quelconque en vue de bénéficier sur la vente. — Toute entreprise agricole, manufacturière, commerciale, artistique, scientifique, est une spéculation.

Statistique. — Science s'occupant de recueillir les faits naturels ou sociaux qui peuvent être numériquement exprimés. — Elle est une auxiliaire de l'Économie politique, qui est, de son côté, une lumière pour la Statistique.

Subvention. — Secours de l'État accordés aux entreprises privées. — Voy. p. 247.

Système. — Ensemble d'idées économiques.

Système de Law. — Ensemble des mesures financières conseillées par Law, sous la Régence (1716-1720).

Système mercantile ou de la Balance du commerce, faisant consister la richesse exclusivement dans les métaux précieux, et n'attribuant la qualité de produire de la richesse qu'au commerce extérieur. — Voy. *Balance du commerce.* — Voy. p. 111.

Système agricole. — Nom donné aux idées des physiocrates, croyant que l'industrie agricole est seule productive.

Système protecteur, ou de la Protection. — Ensemble des entraves douanières pour exclure la concurrence des produits étrangers et favoriser certaines branches du travail national. — Voy. p. 114 et 254.

Système colonial. — Ensemble des mesures prohibitives liant les colonies à la métropole, et réciproquement.

Système exclusif. — Se dit du système douanier protecteur qui tend à exclure les produits étrangers; se dit aussi des corporations et des monopoles qui repoussent la libre concurrence.

Système réglementaire. — Ensemble des mesures restrictives résultant de l'intervention irrationnelle de l'autorité dans le domaine du travail. — Voy. *Réglementation, Restriction.*

Système continental. — Nom donné au plan de Napoléon Iᵉʳ, si irrationnel et si fécond en fâcheuses conséquences, de fermer le continent aux produits anglais, par un *blocus continental,* pour ruiner la Grande-Bretagne.

Systèmes socialistes. — Voy. ci-dessus *Socialisme.*

Talent. — Capacité, aptitude, habileté supérieure dont un homme est doué naturellement, ou qu'il acquiert par l'étude et le travail et qui constitue, en sa faveur, un *Monopole naturel.*

Taux. — Tantième ou tant pour cent, — quelquefois synonyme de prix : taux des salaires. — Voy. *Amortissement, Intérêt, Salaire.*

Taxe. — Contribution.

Terre. — Ce mot désigne à la fois le Sol cultivable et exploitable, et les autres agents naturels répandus sur le globe et dans l'atmosphère terrestres. — Voy. p. 20, 41, 138.

La Terre est un des trois instruments généraux de production.

Division du sol. — Voy. p. 45.

Travail. — Désigne : 1° les Facultés de l'homme (physiques, intellectuelles ou morales); — 2° l'action suivie de ces facultés vers un but ; — et 3° le résultat de cette action. — Voy. p. 19. — *Pensées* sur le travail. Voy. p. 279.

Le travail est le fondement de la propriété.

Par travail, quelques-uns n'entendent à tort que le travail manuel des ouvriers.

C'est par figure de langage qu'on dit *travail accumulé;* le travail ne s'accumule pas, c'est le résultat du travail, l'utilité qui s'accumule avec le produit.

Heureux effets du travail et de l'activité. — Voy. p. 179, 266.

Travailleurs. — Tous ceux qui travaillent d'une façon quelconque.

C'est à tort qu'on a voulu exclusivement donner cette qualification aux classes ouvrières. — Voy. *Population*.

Travaux publics. — Entreprises faites par l'État, la Province ou la Commune, avec les fonds des contribuables, conduites par des agents de l'autorité, ou exécutées par des entrepreneurs concessionnaires : telles que Routes, Canaux, Chemins de fer, Ports, Desséchements, Plantations, Monuments, Fontaines, Places, etc. — Travaux de charité. — Voy. p. 245.

Usure. — Anciennement, Intérêt ou Loyer de tout Capital ; — aujourd'hui, taux d'intérêt supérieur à celui qui est fixé par des lois de maximum, qui tendent à tomber en désuétude ou à être abolies. — Voy. p. 154, 232.

Utilité. — Qualité économique qu'ont les Produits, le Travail ou les Services, de satisfaire nos besoins.

Synonymes de ce mot employés par divers économistes : *Utilité gratuite,* — *Utilité intrinsèque,* — *Valeur en usage* (Adam Smith), *Valeur directe,* etc. — Voy. p. 6.

Utilités. — Synonyme de Produits.

Valeur. Qualité économique des Produits, du Travail ou des Services, doués à la fois de la qualité d'être utiles et de celle d'être échangeables, c'est-à-dire possédant le pouvoir de faire obtenir à leurs possesseurs des équivalents en produits, en travail ou services.

Synonymes chez divers économistes : *Valeur vénale* (physio-crates). — *Valeur en échange* (Ad. Smith). — *Utilité vala-ble,* — *Utilité onéreuse,* — *Utilité rare.* — Voy. p. 7, 11, 82.

Valeurs. — Synonyme de Produits — et (dans le langage des Banquiers) — de Signes représentatifs des valeurs de la monnaie ou des marchandises : Billets, Lettres de change, etc.

Valeurs industrielles. — Se dit des Actions et Obligations des grandes compagnies négociables à la Bourse.

Valeurs. — Signifie évaluation, prix, dans le langage de la douane, qui distingue les valeurs *actuelles* (des produits importés ou exportés) calculées d'après les prix moyens récents, — et les *valeurs officielles,* calculées d'après des prix moyens anciens pour pouvoir faire des comparaisons.

Vente. — Échange d'un Produit, d'un Travail ou d'un Service contre de la Monnaie.

Virement. — Annotation ou opération de comptabilité par laquelle un débiteur ou un créancier sont remplacés par d'autres au moyen d'une compensation. — Les grandes Banques font des virements par milliards.

Warrant. — Récépissé ou reconnaissance délivrée par l'administration des Docks ou autres institutions de dépôt, en représentation des marchandises déposées, et circulant comme signe représentatif. — Voy. p. 101.

QUESTIONNAIRE

MM. les professeurs peuvent, à l'aide du *Vocabulaire* qui précède ou de la *Table générale* qui suit, improviser des séries de questions variées.

TABLE DES MATIÈRES

PREMIÈRES NOTIONS D'ÉCONOMIE POLITIQUE

OU SOCIALE, OU INDUSTRIELLE

PAR M. JOSEPH GARNIER

PREMIÈRE PARTIE

NOTIONS PRÉLIMINAIRES

DEUXIÈME PARTIE

PRODUCTION ET CIRCULATION DE LA RICHESSE

TROISIÈME PARTIE

ÉCHANGE ET CIRCULATION DE LA RICHESSE. — DÉBOUCHÉS. — CRÉDIT.

SIXIÈME PARTIE

POPULATION. — BIEN-ÊTRE ET MISÈRE. — CHARITÉ. — SOCIALISME. — COMMUNISME. — LIBERTÉ. — ÉGALITÉ. — FRATERNITÉ.

QU'EST-CE QUE L'ÉCONOMIE INDUSTRIELLE ?

PAR M. JOSEPH GARNIER

CE QU'ON VOIT ET CE QU'ON NE VOIT PAS

OU L'ÉCONOMIE POLITIQUE EN UNE LEÇON

PAR FRÉDÉRIC BASTIAT

PÉTITION DES FABRICANTS DE CHANDELLES

PAR FRÉDÉRIC BASTIAT

LA SCIENCE DU BONHOMME RICHARD

OU LE CHEMIN DE LA FORTUNE

PAR BENJAMIN FRANKLIN

CONSEILS POUR FAIRE FORTUNE

PAR FRANKLIN

PENSÉES SUR LE TRAVAIL.— LA RUCHE SOCIALE

PAR M. JOSEPH GARNIER

VOCABULAIRE

DES PRINCIPAUX TERMES DE LA LANGUE ÉCONOMIQUE

PAR M. JOSEPH GARNIER

PUBLICATIONS DE M. JOSEPH GARNIER

Richard Cobden. Précis de la Révolution économique et financière en
Angleterre. — 1 vol. in-32. . . . . 50 c.

Sur l'association, l'économie politique et la misère, — position du problème de la misère. — Mémoire lu à l'Académie
des sciences morales et politiques. — Broch. gr. in-8, 1846. (Reproduit
dans *Notes et petits Traités*.)

Études sur les profits et les salaires. — Mémoire lu à l'Académie des sciences morales et politiques. — Broch. in-8, 1848. (Refondu
dans le *Traité d'économie politique* à partir de la 2ᵉ édit.).

Le droit au travail à l'Assemblée nationale. Recueil complet
de tous les discours prononcés dans cette mémorable discussion, etc., avec
une Introduction et des Notes. 1 vol. in-8, 1849 . . . . 7 fr. 50

**Congrès des amis de la paix universelle, réunis à Paris
en 1849.** Compte rendu des séances, etc., d'une visite au président de
la république, de trois meetings en Angleterre; précédé d'un résumé
historique sur le Mouvement en faveur de la paix. 1850. — Br. in-8.

**De l'origine et de la filiation du mot Économie politique et
des divers autres noms donnés à la science économique.**
1852. — Br. in-8.

Mélanges d'Économie politique, d'Alcide Fonteyraud, mis en ordre,
annotés et augmentés d'une Notice sur l'auteur. — 1 v. in-8, 1853. . 6 fr.

Annuaire de l'Économie politique et de la statistique,
publié de concert avec M. Guillaumin (les douze premières années, 1844
à 1855); élaboration des documents officiels; diverses notices spéciales;
un coup d'œil sur les événements de l'année.

Nouvelle édition de **la Richesse des nations,** de Adam Smith, avec
Notes, 1859. — 3 vol. in-18. . . . . 10 fr.

L'association considérée au point de vue Politique, Social, Religieux,
Économique (article extrait du *Dictionnaire général de la politique*).
Br. in-8, 1863. — Reproduit dans la 2ᵉ édition des *Notes et petits Traités*.

**La question des paysans en Pologne et les Ukases du
2 mars 1864,** avec documents officiels. — Broch. in-8. Guillaumin.
1864. . . . . 50 c.

Qu'est-ce que l'Économie industrielle? Introduction aux leçons
d'Économie industrielle faites par l'Association polytechnique. Iʳᵉ série,
Hachette, 1866, reproduite dans la 4ᵉ édition des *Premières notions*. —
La Concurrence, VIᵉ série, 1868.

ENCYCLOPÉDIES ET REVUES

Articles divers d'Économie politique, de Statistique, de Finances, d'Industrie, de Commerce, etc.: — dans le **Dictionnaire du commerce
et des marchandises** (1837-1839); — dans le **Journal des Économistes,** depuis sa fondation (1842), rédaction en chef de 1845 à 1855
et depuis 1866; — dans le **Dictionnaire de l'Économie politique** (1852-1853). 5 vol. grand in-8; — le *Nouveau Journal des connaissances utiles* (direction des 7 premiers volumes 1854-1860); — le nouveau *Dictionnaire universel du Commerce et de la Navigation;* — le
Dictionnaire général de la Politique (1863-1873), etc.

PARIS. — IMP. SIMON RAÇON ET COMP., RUE D'ERFURTH, 1.